三聯學術

科学作为天职

韦伯与我们时代的命运

Wissenschaft als Beruf

〔德〕马克斯·韦伯 等著
李 猛 编

生活·讀書·新知 三联书店

图书在版编目（CIP）数据

科学作为天职：韦伯与我们时代的命运 /［德］马克斯 · 韦伯等著
李猛编. —北京：生活 · 读书 · 新知三联书店，2018.10 （2024.8 重印）
ISBN 978 – 7 – 108 – 06315 – 1

Ⅰ. ①科… Ⅱ. ①李… Ⅲ. ①社会科学 – 文集
Ⅳ. ① C53

中国版本图书馆 CIP 数据核字（2018）第 101152 号

责任编辑 冯金红
装帧设计 薛 宇
责任校对 张 睿
责任印制 董 欢
出版发行 生活 · 讀書 · 新知 三联书店
（北京市东城区美术馆东街 22 号 100010）
网 址 www.sdxjpc.com
经 销 新华书店
印 刷 河北鹏润印刷有限公司
版 次 2018 年 10 月北京第 1 版
2024 年 8 月北京第 3 次印刷
开 本 880 毫米 × 1092 毫米 1/32 印张 11.125
字 数 230 千字 图 4 幅
印 数 15,001 – 17,000 册
定 价 56.00 元
（印装查询：01064002715；邮购查询：01084010542）

韦伯在劳恩斯坦堡（1917年）

韦伯在1917年11月7日发表“科学作为天职”演讲的
慕尼黑斯坦尼克艺术厅

韦伯与恩斯特·托勒尔（Ernst Toller）在劳恩斯坦堡（1917年）

Geistige Arbeit als Beruf

Vorträge vor dem
Freistudentischen Bund

Erster Vortrag

Prof. Max Weber

(München)

Wissenschaft als Beruf

München und Leipzig
Verlag von Duncker & Humblot
1919

《科学作为天职》德文初版（1919年）

目 录

编者说明

1917年11月7日周三晚8点，受德国自由学生联盟巴伐利亚分会（Freistudentischen Bund. Landesverband Bayern）的邀请，韦伯在慕尼黑的斯坦尼克艺术厅（Kunstsaal Steinicke），以“科学作为天职”为题做了一场演讲，这是“脑力劳动作为职业”（Geistige Arbeit als Beruf）系列演讲的第一讲。[1] 德国自由学生运动一直关注德国大学生经常面对的文化政治问题，特别是德国高等教育体制特有的专业化与职业的问题。当时对“青年文化”影响巨大的教学

〔1〕对“科学作为天职”的演讲时间的勘定以及相关背景的介绍，主要依据德文版全集相关编者说明（*Max Weber Gesamtausgabe*, I/17：49-69, Tübingen：J. C. B. Mohr, 1992）以及韦伯传记的记载（Marianne Weber, *Max Weber：Ein Lebensbild*, Heidelberg：Lambert Schneider, 1950; Joachim Radkau, *Max Weber：Die Leidenschaft des Denkens*, München：Carl Hanser, 2005；Dirk Kaesler, *Max Weber：Eine Biographie*, München：C. H. Beck, 2014）；参见Guenther Roth and Wolfgang Schluchter, *Max Weber's Vision of History：Ethics and Methods*, Berkeley：The University of California Press, 1979, pp.113-6。中译文参见《韦伯作品集I：学术与政治》，桂林：广西师范大学出版社，2004年，第277—283页。

改革倡导者维内肯（Gustav Wyneken）[1]，强烈反对将高等教育视为单纯的职业培训。阿尔弗雷德·韦伯（Alfred Weber）在战前也撰文尖锐批评政府官僚与资本主义的职业工作，斥其为吞噬一切的巨大机器。受这些思想的启发，在自由学生运动中相当活跃的青年学生施瓦布（Alexander Schwab），在1917年5月发表了一篇题为“职业与青年”（Beruf und Jugend）的文章，将“职业”描述为现代世界中具有致命力量的可怕魔王，与古希腊世界中人的完美处境相比，“职业”在现代欧美“人”的谋生与精神之间制造了巨大的分裂，断送了青年人完整的灵魂，使现代人的生活沦为扭曲与倒错的不幸处境。在这篇尖锐文章的触动下，巴伐利亚的自由学生联盟，决定邀请一批“专家”，探讨在现代世界中生活与精神的关系，尤其是脑力劳动作为职业的情形。曾经撰写过《新教伦理与资本主义精神》的韦伯，被视为处理这一主题的绝佳人选。

按照韦伯演讲的惯例，“科学作为天职”并没有预先写就讲稿，而只是准备了关键主题的简要提纲。[2]洛维特多年后仍然对演讲留有深刻的印象：

> 他苍白而疲惫，急促地穿过爆满的讲堂走向演讲桌……他的脸庞与下巴长满了浓密的大胡子，令人想起

[1] 参见肖勒姆：《本雅明：一个友谊的故事》，朱刘华译，上海：上海译文出版社，2009年，第1—3页。

[2] 参见“政治作为天职”的演讲提纲，*Max Weber Gesamtausgabe*, I/17: 138-55。

> 班贝格大教堂的先知雕像深沉而炽热的神情。他这场演说从头到尾都没看稿子，也没有停顿索词之处……这演说带给我们的印象是极其震撼的，他的话语之中浓缩了毕生的经验与见识，所有的话都从内心毫无转折地倾掏而出，都经过他批判的理解彻头彻尾地斟酌过，都由于他的富于人性的凝重气质而显得强劲而有穿透力——而正是这种人性的凝重气质凸显了他出众的人格。他提问题之犀利，一如他拒绝诉诸任何方便的解答。他撕裂一切美好憧憬所穿戴的面纱，但是每个人一定都感受得到，他清明的心智深处，有着深刻而真诚的人文理想。在文艺积极分子们做过了不计其数的革命演说之后，韦伯的话真可说是一种救赎。[1]

一次告诫听众不要等待先知与救世主的演讲，却意外留下了“先知”与“救赎”的印象[2]，无疑反映了当时听众的普遍渴望。

在发表“科学作为天职”的演讲前不久，韦伯刚刚参加耶拿书商狄德里希（Eugen Diederichs）在图林根的劳恩斯坦堡（Burg Lauenstein）召集的非正式聚会，在5月和10月两度与桑巴特（Werner Sombart）、梅尼克（Friedrich

[1] 洛维特：《纳粹上台前后我的生活回忆》，区立远译，上海：学林出版社，2008年，第23页。

[2] 不仅作为听众的洛维特，当时组织演讲的Immanuel Birnbaum在回忆中也有类似的描述。Radkau, *Max Weber*, p.746.

Meinecke）等许多文化人以及德国自由学生运动的一些代表人物讨论德国当时面临的文化与政治问题（主题分别是“我们时代的意义与使命”和“国家与文化中的领袖问题”）。韦伯曾戏称以往类似的聚会为“世界观的百货商店”（Warenhaus für Weltanschauungen）。但在劳恩斯坦堡，韦伯夜以继日地与持有各种不同价值和理念的人交流，激烈反对各种浪漫派的政治主张与文化观点。与会的青年尤其受到韦伯“个性与理智诚实”的感召，渴望韦伯这样的人能够引导他们。韦伯夫人记录了年青一代当时的情绪：

> 年轻人则由于拒绝一切传统价值，尤其是持续导致战争的国家秩序和社会秩序，与老一代人分道扬镳。他们渴望更单纯的存在，新的共同体，新的信念。在他们眼中，这个与上帝相异的世界，已经到了该被摧毁的时候。他们期待着新世界，一个超越国族联合在一起的新世界的降生，在这个新世界中，最终占支配地位的是和平、兄弟之情、团结与社会主义。[1]

在德国政治与文化的危机时刻，青年渴望的是韦伯拒绝担当的领袖或者先知。而韦伯之所以“主动接受”“科学作为天职”的演讲邀请，或许正是为了回答这些青年。

---

〔1〕玛丽安妮·韦伯，《韦伯传》，阎克文等译，南京：江苏人民出版社，2002年，第685页。

1919年年中，在演讲速记稿的基础上，经过彻底的修订，《科学作为天职》正式出版。[1]部分因为韦伯于1919年1月28日在同一演讲系列中又做了“政治作为天职”的演讲，加上韦伯夫人在韦伯权威传记中的错误说法，许多人误以为两场演讲时间相距不久，并误把“科学作为天职”看作针对1918年战后政治气氛的言论。

《科学作为天职》出版后不久，年仅56岁的韦伯就于次年不幸离世。但这篇文章却在德国学界引发了一场不小的争论。来自诗人格奥尔格（Stephen George）圈子的文人卡勒尔，在《科学作为天职》出版前[2]，就大声疾呼“科学的危机”（*Die Crisis der Wissenschaft*, 1919年5月），但没有引起太大反响。对大学中专业化科学的批评，在战前就是受诗人格奥尔格强烈影响的文人圈中屡见不鲜的话题。在推崇迷狂与灵感的诗人及其追随者那里，“灵魂的命运就取决于他是否对抄本此处的文本做出了正确的推测”这样一种维拉莫维茨式的科学精神，太过技术化，缺乏人性和创造力。[3]因此，当右翼文人克瑞克（Ernst Krieck）倡导“科学的革命”（*Die*

---

〔1〕 Max Weber, *Wissenschaft als Beruf*, München /Leipzig：Duncker und Humblot, 1919.

〔2〕 详见Fritz Ringer, *The Decline of the German Mandarins：The German Academic Community, 1890-1933*, London：University Press of New England, 1969, pp.352-63; cf. Peter Lassman and Irving Velody ed. *Max Weber's 'Science as a Vocation'*, London：Unwin Hyman, 1989.

〔3〕 Peter Ghosh, “Max Weber and the Literati”, *Max Weber in Context：Essays in the History of German Ideas c.1870-1930*, Wiesbaden：Harrassowitz, 2016, pp.226-7.

Revolution der Wissenschaft，1920），卡勒尔立即撰文响应这一主张，并以此旗号抨击以韦伯演讲为代表的“旧科学”。正如特洛尔奇在评论中指出的，这篇文章，虽然言之尚未成理，却代表了战后一代青年对“旧科学”的不满。卡勒尔对科学的“贬斥”，表面上是对韦伯演讲的批评，实质却是对大学和“旧科学”全面宣战的宣言。社会科学家萨尔茨撰文应战，“捍卫科学”（*Für die Wissenschaft gegen die Gebildeten unter ihren Verächtern*, 1921），从而围绕韦伯的演讲引发了激烈的辩论。不仅熟悉韦伯思想的特洛尔奇与李凯尔特相继加入卡勒尔与萨尔茨的争论，青年文学学者库尔提乌斯与资深的哲学家舍勒也贡献了相当重要的意见。从这场争论可以看出，洪堡一代在建立德国大学时倡导的自由“教化”（Bildung）的精神理想，处在专业化的职业要求与民族国家的精神使命的双重压力下，面临日益加剧的紧张与难以避免的分裂。这些争论，在我们这里，仍然具有不容忽视的思想意义。

直到今天，当一位学生对科学的职业产生了兴趣，有志成为一位学者，他的老师仍然可能会递给他一本《科学作为天职》，让他了解这一职业的苦辛，明白献身其中的巨大风险，希望他能三思而后行。然而，老师的经验告诉我，这样一篇意在劝诫的文章，却隐含了强烈而持久的感召力。在一个文化背景与生活处境相当不同的国度，韦伯的声音，仍然强迫我们去思考科学职业对于个人伦理生活的要求与意义，以及科学对于整个现代社会的文明使命与精神后果。科学仍然是个问题。无论作为外在的职业，还是内在的天职，科学工作带来的快乐和痛苦，仍然是“我们时代的命运”。

为了纪念韦伯演讲发表一百周年，我们编辑了这本文集。感谢李康为我们重新翻译了《科学作为天职》[1]一文，吉砚茹从德文翻译了魏玛时期科学争论的一些重要篇章（其中还包括洛维特在20世纪60年代对韦伯演讲的继续思考），渠敬东、应星和田耕从我们今天的处境出发重新阅读了韦伯的演讲，希望能将韦伯的思考延续下去。

李猛

2017年11月

重印附识：感谢孟凡礼、童可依和程炜等先生对译文与印刷错讹提出的指正和建议。

2019年2月

---

〔1〕国内通行的译本一般将韦伯这篇演讲标题中的Wissenschaft译为“学术”（但在翻译演讲正文时，则不可避免地使用“科学”甚至“知识”等译法），迁就中文的语用习惯，避免读者误以为演讲只限于自然科学意义上的“科学”。但无论就演讲在德语学界的语境，还是其后在魏玛德国导致的争论，韦伯的演讲针对的正是现代科学的思想方式、制度化经营与伦理要求对所有科学——无论是“自然科学”（达·芬奇、伽利略、斯瓦姆默丹），还是“精神科学”或“历史性科学”（比如古典语文学、“国家学”或国民经济学）——造成的理性化效果。而涉及文化意义和价值的历史性科学（各种人文学与社会科学），之所以会面临更大的挑战，不是因为它们不是“科学”，而恰恰因为它们也被转变为“科学”——以大学为中心的现代知识体制在专业化的制度经营与生活方式上对这些领域的“研究者”提出了“职业科学人”的同样要求。将标题译为“科学”，既保持了关键术语的一致，也有助于我们更准确地理解演讲的核心问题。

科学作为天职

[德]马克斯·韦伯 著
李康 译 李猛 校

你们[1]希望我来讲一讲“科学作为天职”。可我们国民经济学家有种学究习惯，总要从外部条件入手，我也不打算免俗。那么就从这个问题开始吧：就天职（Beruf）这个词的物质意义上来说，作为一种职业的科学情形如何呢？这个问题在今天实际上等于是问：一名毕了业的学生，要是他决定献身科学，以职业的方式投入学术生活，会有怎样的处境？为了理解我们德国境况的特殊性，我们最好是通过比较的方式，先看看在这方面与我们有着鲜明差异的美国的情况。 *71*

〔1〕慕尼黑的“德国自由学生联盟巴伐利亚分会”（Freistudentische Bund. Landesverband Bayern）举办了一系列“脑力劳动作为职业”（Geistige Arbeit als Beruf）的演讲，韦伯以“科学作为天职”为题在1917年11月7日做了第一场演讲。其后Hausenstein博士做了“艺术作为天职”的演讲，而Kershensteiner博士演讲的题目是“教育作为天职”。（下文如无注明，均为中译者注）。

众所周知，在我国，献身科学职业的年轻人，他的整个学术生涯一般得从大学里的编外讲师[1]的职位做起。他先得求教于相关领域的专业权威，征得他们的同意，提交一部著作，还要在全体教职人员面前接受一次通常流于形式的面试，然后才具备在这所大学正式教书的资格。此后他便可以开课，但除了听课学生付给他听课费外，他没有分文的固定薪水。不过，他完全可以在其所获授课许可的界限内自行决定讲课的主题。而在美国，学术生涯一般是以一种相当不同的方式开始的，就是说担任“助理”（assistant）。这与我国自然科学与医学领域的大型研究机构的方式多少有些类似，在这些机构里，通常，助理中只有一部分会获得编外讲师的正式资格，而且经常是在干了好长一段时间以后。这种差异实际上意味着，在我们的体制下，一个从事科学的人，其整个生涯是建立在财富统治的基础上的。因为，对于一名年轻的学者来说，没有多少财力使自己面对这种条件下的学术生涯，是件风险极大的事情。他必须得有能力承受这种状况，至少得苦熬好几年，还不能肯定自己此后是否有机会获得一个足以维持自己生活的职位。而美国，与我们不同，有一套官僚体系。年轻人从一开始就有固定薪酬，当然也就是过得去，经常都赶不上一个技工的工资。但他好歹是从一个看起来有些保障的位置开始了，因为他领着一份固定的薪水。不

72

〔1〕编外讲师（Privatdozent），指做完了“任课资格论文”，获得了在大学授课的资格，但尚未得到教授职务的大学老师。

过话说回来，按照规则，他也和我国的助理一样可能会被解雇，要是不符合期望，他要随时准备走人。所谓期望也就是他的课能招徕“满堂学生”。而这对一位德国编外讲师来说是无须操心的事情；只要聘请了他，就永远不能赶他走。当然，他也没资格主张什么“权利”，但他完全有理由认为，在经过几年的工作之后，他便拥有某种道德上的权利，要求人们要考虑到他。而且，相当重要的是，在决定其他编外讲师的任教资格问题时，也能考虑到他。问题是，究竟是让每一位合格的学者原则上都合法地取得任教的资格，还是从“教学需要”的考虑出发，从而让在职的教师垄断教课权。这是个让人左右为难的困境，和学术职业的两面性有着密切关系，这一点我们待会儿再谈。大体上会更倾向于后一种选择。但它会增加一种危险，因为相关专业的资深教授，不管他在主观上多么秉公办事，也难免会对自己的门生有所偏爱。就我个人而言，自己一向是奉行这样一条原则：在我培养下获得博士学位的学生，必须到**另一位教授**那里合法地获得任教资格。可结果却是我一个最好的门生被另一所大学拒之门外，因为那儿没人**相信**，他是为着这一点才另寻出路的。

73

德国和美国还有一点差别，在我们德国，编外讲师开设的讲授课一般比自己所希望的要**少**。诚然，他有权开设属于本学科的任何课程，但如果他真是那么做，人家就会认为他不合规矩，不把其他资历较深的编外讲师放在眼里。一般来说，那些“重头”课属于作为学科权威的正教授，而编外讲师只能开些比较次要的课。尽管年轻的学者不太情愿接受这种限制，但这些安排的好处在于，在年轻的时候，他能有充裕的自由时间从事科学工作。

而在美国，体制的安排在原则上不同。年轻讲师正好在刚开始工作的头几年里忙得不可开交，就因为他是付薪的。比如说有一个德语系，全职教授每周只要开三个课时的歌德课就能交差，可年轻的助理教授一星期有十二课时的教学工作量，尽管如此，要是他除了机械操练德语用法之外，还能捎带介绍一些像乌兰德[1]一流的人物，也就该心满意足了。课程的计划是由院系上层预先排好的。在这方面，助理教授和我们的研究助理一样，只能仰人鼻息。

74 近来，我们可以明显地观察到，德国大学体制，在一般而言的科学领域，都在向着美国体制的方向发展。医学或者自然科学的大型研究机构成了“国家资本主义”的企业，要是没有相当可观的资金，是无法运营的。这里，我们碰上的是所有资本主义经营都会出现的状况：“工人和他的生产资料相分离。”工人，这里说的就是研究助理，依赖国家交给他使用的工作手段，因此他得仰仗研究机构的领导，就像工厂雇的工人得依赖雇主。领导者实心实意地相信这个机构真是“他的”，他在其中主事。这样一来，研究助理的处境，时常就和任何“准无产阶级”[2]的生存状态一样缺乏保障，

〔1〕乌兰德（Johann Ludwig Uhland, 1787—1862）：德国浪漫派诗人。

〔2〕韦伯这里采用的是桑巴特的用法。桑巴特在他的书中区分了完全（转下页）

和美国大学里助理教授的位置没什么分别。

在许多重要的方面，德国的大学都正趋向美国化，这和我们整个的生活状况一样。我相信，这一发展将会吞没那些由手工工匠自己拥有工具的行当，而我自己所属的学科目前还基本处在这样的状态（本质上，个人藏书就是工具），就好像旧式的手工匠人其行当的工具。这一发展已是势不可当。

和所有资本主义的经营，同时也是官僚化经营中的情形一样，这一发展趋势在技术上的好处是不容置疑的。但支配这些发展的“精神”与德国大学历史上的传统气氛并不一致。这些类似于资本主义大型企业的大学管理者与人们熟知的老派教授之间，无论外在，还是内在，都存在着极深的鸿沟，内在心态方面也是如此，这个问题我这里不打算深谈。无论是内在，还是外在，老式的大学**建制**都已经变得虚有其表了。唯一还维持原样，并且实际上还有所强化的，是大学**生涯**一个特有的问题：这种编外讲师，更不用说研究助理，是不是能够有朝一日升到全职正教授的位置，甚至做到一个研究机构的首脑，纯属**运气**。当然，机遇不能支配一切，但它是一个相当有力的因素。我几乎数不出这世上还有什么别的行当，机遇能在里面发挥这样大的作用。我想自己尤其有资格说这话，因为我非常年轻就得到了一个学科的正教授职

75

（接上页）成为雇佣劳动者的无产阶级（Vollblutproletariern）与保留一定独立地位的无产者，即所谓“准无产阶级”（proletaroide，halbblut）的存在处境（Werner Sombart, *Das Proletariat, Bilder und Studien*, Frankfurt a.M.: Rütten & Loening, 1906, S.5ff）。

位[1]，而在这个学科里，和我年纪相当的一些人无疑比我成就更大。我个人认为，这完全只是出于某些偶然的因素。这

76

种亲身经历使我能更深切体会许多学者所遭受的不公命运。他们尽管各具才华，却时运不济，没能够在这种选拔机制中得到他们应得的位置。

是运气，而非才华本身，起了更大的作用，这一点不能只归因于人的因素，甚至可以说主要不在人的因素。当然，学术选拔和其他所有选择一样，都会带有人的因素。无疑，在各个大学里，现在有众多平庸之辈占据着显赫的位置，但如果把这种局面归咎于教授团或者主管教育的官员，因为他们个人不称职，就不太公道了。相反，问题在于人与人共同协作的法则，特别是几个团体之间协作的法则。在这里，也就是负责提名的教授团与教育部门官员之间的协作。可以与教皇选举的流程做个比较。教皇选举有数百年的历史，是与学术选拔同类的人事选择机制中最重要的可验证事例。所谓"呼声最高"的枢机主教，最终胜出的机会很少，一般的规律反而是排在第二或第三候选位置的枢机主教当选。美国总统大选的情形也是这样。冲在最前面的候选人只是在非常例外的情况下才会赢得全党代表大会的提名参选，在绝大多数情况下，赢得提名并参加大选的是排在第二的人物，时常还是排在第三的人选。美国人早已替这类人物概括出了社会学

〔1〕韦伯于1894年4月25日就任弗莱堡大学"国民经济学与财政科学"正教授，时年三十岁。

意义上的术语。通过考察这些例子，对通过形成集体意志进行选拔的法则做一番深入的研究，会很有意思。这虽然不是 77 我们今晚演讲的主题，但这些法则也同样适用于大学教员，而且对于经常发生的选拔失误，也没有什么可以奇怪的。让人感到惊奇的反倒是，不管怎么说，正确任命的数目还是相当可观的。在一些国家的议会里，或者像迄今为止的德国王室（它们的运作方式完全相似），又或者像眼下的革命当权者，他们出于政治的理由干预人才选拔，只有在像这样的情况下，人们可以确定，那些得过且过的平庸之辈，或者说那些野心勃勃的钻营之徒，才会把持所有的机会。

78 没有哪位大学教师会津津乐道地回味任命事宜的讨论过程，因为它们很少能让人感到愉快。但我可以说，在我所知的许多事例中，无一例外地，人们都诚意根据纯粹客观的理由做决定。

还有一点大家得清楚：有关学术命运的决定之所以在这么大的程度上成了一种“运气”，不仅是因为通过形成集体意志来进行选拔的做法难称完备。每一个自认为以学者为职业的年轻人，都必须明确地认识到，等待他的是双重的重任。他不仅得是一位合格的学者，还必须成为一名合格的教师。而这两方面并不总是一致的。一位杰出的学者可能却是个糟糕透顶的教师。我可以向诸位举像亥姆霍兹或兰克〔1〕这

〔1〕亥姆霍兹（Hermann von Helmholtz, 1821—1894）：德国物理学家和生理学家，论证并发展了能量守恒和转换定律，曾任海德堡大学及柏（转下页）

样的人在讲台上的表现，而他们绝不能说是罕见的例外。而现在的情形却是，我们德国的大学，特别是那些小学校，都以极其可笑的方式竞相招徕学生。大学城寄宿宿舍的房主们会举办庆祝会，庆贺第一千个学生的到来，而到了学生突破两千的时候，他们就该欢天喜地地用火炬游行来庆祝了。应该坦率承认，听课费的收入会因为相近学科聘请到“听众满堂”的走红教师而大受影响。此外，选课人数还成了以数字评价水平的明确标识。而学者的品质原本是无法精确地衡量的，时常会有不同意见（这是很自然的事情），特别是对那[79]些锐意创新的人，就更是众说纷纭。所以，几乎所有人多少都会认为，选课人数多，具有难以衡量的好处，乃至价值。要是说一个讲师是个拙劣的教师，这差不多等于在学术上判了他死刑，哪怕他是这世上最出色的学者。他到底算不算一个好教师，这个问题得根据出席情况来回答，要看学生老爷们是否愿意去上课赏识老师。但事实是，学生是不是都涌到某位教师那儿去，由许多纯属外在的因素决定——他的脾气，甚至说话的腔调，其影响程度一般人都想象不到。这方面我的经验相当丰富，也有不少平静的思考，因而我对那些受大众欢迎的课程产生了深深的疑虑，虽说这类情况也许是不可避免的。民主有它该在的地方。我们依照德国大学传统所进行的科学训练，原本就是属于**精神贵族**的事情，我们

（接上页）林大学教授；兰克（Leopold von Ranke, 1795—1885）：德国历史学家，倡导推重考据、叙述史实的“兰克史学”，曾任柏林大学教授近六十年。

无须掩饰这一点。但另一方面，也确实需要以某种方式表述科学问题，让那些未经训练但乐于接受的头脑也能领会，而且对我们来说至关重要的是，他们还可以独立地思考这些问题，这或许是最艰巨的一项教育任务。但这项任务是否能够完成，并不取决于选课人数的多少。而且，回到我们讨论的主题，这种技艺，纯属个人禀赋，与学者的科学能力完全没有对应关系。何况，与法国的情形不同，我国科学界并不存在一群“不朽之士”[1]。根据我们的传统，各大学理当兼顾研究和教学两方面的要求。至于说一个人是否同时兼具这两方面的能力，完全是碰运气。

所以说，学术生活就是一场疯狂的赌博。如果年轻学者询问我有关讲师的建议，我几乎担负不起鼓励他的责任。如果他是个犹太人，你当然可以说：“放弃一切希望吧”（Lasciate ogni speranza）[2]。但对其他人，你还要让其发自内心地自问：您是否确信，年复一年地眼看着一个又一个平庸之辈踩过自己的肩膀，自己还能够忍受，既不怨怼，也不沮丧？当然人人都会这么回答：“自然了，我只为我的‘天职’而活着。”可至少我发现，能承受住这样的处境而不自怨自艾的人寥寥无几。 80

关于学者职业的外在条件，该说的也就差不多了。

---

〔1〕通常指17世纪路易十三时期建立的法兰西学术院（Académie Français）的院士，据说自黎塞留起，被称为“不朽者”（les Immortels）。

〔2〕但丁，《神曲·地狱篇》第三歌第九行。

但我相信，其实诸位还想要听到些别的，就是说关于科学的内在天职。在今天这个时代，与作为职业的科学的经营相对，科学的内在处境，首先是受到专业化的限制，科学已经踏入了一个前所未知的专业化阶段，而这种趋势在未来还会持续下去。不仅就外在而言，而且恰恰在内在的意义上，科学的实情都是这样的：一个人只有在严格的专业化情况下，他才能确实体会到，自己在科学领域里获得了某种真正完善的成就。我们不时会越出自己的领域，进入邻近的学科，举例来说，特别是社会学家总是必须要这样做。但在这样做的时候，我们必定要甘于接受，自己所做的工作充其量不过是给专家提供一些有用的问题，对于这些问题，专家们从自己的专业视角出发或许不那么容易发现。而我们自己的工作则注定始终是不完善的。只有通过严格的专业化，科学工作者才能真正有时，也许一生只有一次，充分地感受到，“我获得了某种会持久的东西”。在今天，一项最终确定的杰出成就无不属于专业性的成就。而如果谁没有能力，完全蒙上双眼，不顾周围一切地想象，他灵魂的命运就取决于他是否对抄本此处的文本做出了正确的推测，他就尚未步入科学的门径，他自身也将永远不会对科学有所谓“体验”。一个人要是没有一种被每个局外人嘲笑的奇特的迷狂，一种“生前千载已逝，身后寂寞千年”[1]都取决于你能否对释读做出

81

[1] 这一韦伯经常引用的说法或许来自德国学者Paul Hensel对卡莱尔思想的复述。卡莱尔在描述但丁的形象，特别是乔托笔下的但丁时曾说：（转下页）

正确的推测的激情，那么他也就没有科学的天职，趁早改行算了。因为，人之为人，不能以激情去做的事情，就是没有价值的事情。

但事实是，这样的激情不论多么强烈，多么真诚而深邃，也不一定能取得成果。诚然，激情是“灵感”的先决条件，而“灵感”又起着决定性的作用。当下在年轻人中间有一种观念很广泛，就是说科学已经成了一种计算，可以在实验室或统计资料处理中制造出来，就跟“在工厂里”的生产一样，只需冷静的理性，而非一个人的全部“灵魂”。首先，有一点要指出，这些年轻人大部分对实验室中所发生的事情，与对工厂里的实际情况一样，都不大清楚。无论在实验室，还是在工厂里，一个人要想取得有价值的成就，在头脑里都得涌现某种想法，还得是正确的想法。可想法来不来，强逼不得，这与冷冰冰的计算也没关系。当然，计算也是一项必不可少的先决条件。就拿社会学家来说吧，不管是谁，即使到了晚年，也不能自视甚高，认为可以不用在脑子里进行成千上万相当琐碎的计算，有时这些计算要花上几个月的时间。而一个人如果碰到要计算的事情，就想把这工作整个儿扔给技术助理，撒手不管，那就别想从中得出什么有价值的东西。当然，一个人最终得到的，通常只是那么一丁

82

（接上页）这是一张悲剧性的脸，从这张脸上可以看见一个毕生与世界对抗的战斗者——“这就是但丁的形象，但丁，‘沉默千年的声音’（voice of ten silent centuries）。” Thomas Carlyle, *On Heroes and Hero-Worship*, London：Macmillan, 1897, Lecture III.

点儿。但如果对计算的方向没有一些确定的想法，而且在计算的过程中，对出现的具体结果的意涵也毫无感想，那么就连这一丁点儿也得不出。照常理说，只有在完全艰苦的工作的基础上，才能孕育出这样的“想法”。但说实话，也不总是这样。在科学上，业余者（Dilettant）出现的想法很可能与一位专家不相上下，甚至还要意义重大。我们有许多非常出色的问题和理论，都恰恰出自业余者。亥姆霍兹曾经对迈尔[1]有过这样的评论：业余者与专家的唯一不同，就在于他缺乏一套完全确定的工作方法，因此，对于自己的想法，他一般不能完全控制、评估乃至贯彻执行其中的全部意涵。想法不能代替工作；反过来，工作也不能代替或者逼出想法，激情也同样无济于事。激情和工作一样，都只能对想法起一种诱发的作用，这两个方面结合在一起就更是这样了。但想法来不来，得想法说了算，而不是我们说了算。实际上，最好的想法降临的时候，就像耶林[2]所说的，我们正躺在沙发上抽雪茄呢；或像亥姆霍兹以自然科学的精确表达的，是在顺着一条坡度平缓的街道漫步上行的时候；或者类似的情形。反正就是说，是在我们不经意的时候降临的，而不是我们趴在书桌前苦思冥想、求索不得的时候。当然，如果我们不曾在书桌前苦思，满怀激情地探问，想法也不会从天而

83

〔1〕迈尔（Julius Robert Mayer，1814—1878）：德国医生、物理学家，热力学的先驱，率先提出能量守恒定律，并计算出热功当量，但当时未受科学界重视。

〔2〕耶林（Rudolf Ihering，1818—1892）：德国罗马法学家，曾在哥廷根大学任教。

降。但不管怎么说，每位从事科学工作的人都要接受机遇的挑战——“灵感”会不会来？一个人也许是位兢兢业业的工作者，却从不曾有过任何有价值的想法。谁要是认为这只是科学界的特殊情况，像商号账房里的生意往来不同于实验室的情形，那可就大错特错了。一个商人或者实业大亨，要是没有“商机想象力”，脑子里缺乏想法或灵感，那他这一辈子最多就只配当个小伙计或技术职员，永远也不会在组织中带来创新。灵感在科学领域中所起到的作用，绝对不是像自命不凡的学究们所想象的那样，要比一个现代企业家处理实践生活中的问题时的作用来得更大些。另一方面，人们往往未能认识到，灵感在科学领域的作用不亚于它在艺术领域所起的作用。以为一个数学家坐在书桌前面，只要给他尺子或其他什么实用工具和计算器，他就能够得出具有科学价值的成果，这是一种孩子气的想法。像维尔斯特拉斯[1]这样的人，他在数学方面的想象力，就其意涵和结果而言，自然都和一个艺术家的大不一样，在性质上二者也有着根本的差别。可是心理过程并没有什么分别，二者都是迷狂（就是柏拉图所说的mania）[2]，都是“灵感”。

84

所以，一个人是否有科学上的灵感，取决于我们所未知的命运，也取决于“天赋”。部分出于这条不容置疑的真理，

〔1〕维尔斯特拉斯（Karl Weierstrass，1815—1897）：德国数学家，现代函数论创立者之一，曾在柏林等大学任教。

〔2〕柏拉图，《斐德若》，244a—245a。

产生了一种完全可以理解的态度，特别是在年轻人中间，崇拜一些新的偶像。在今天，这种崇拜已经遍及街头巷尾、报章杂志。这些偶像便是“人格”（Persönlichkeit）与“体验”（Erleben），二者紧密关联。人们普遍认为，是“体验”造就“人格”，并属于“人格”的一部分。人们煞费苦心地去“体验”，以为这是依据人格的生活之道必不可少的。即使达不到，至少也得做得像是一副拥有这份荣宠的样子。从前我们在德语里管这种“体验”叫“感受”（Sensation）；我相信，那时的我们对人格的意涵和所指有着更加适当的看法。

尊敬的听众！在科学的领域里，只有那些全心全意地为事业服务（der rein der Sache dienst）的人，才具有“人格”。而且，这一点也不仅限于科学领域。我们知道，所有伟大的艺术家都是心无旁骛地做自己的事业（Sache），为自己的事业服务。即使像歌德这样宽广的人格，如果想要自由自在地把自己的“生活”变成一件艺术作品，对他的艺术来说，也将是有害的。即使有人怀疑这一点，那么想要容许自己享有这样的自由，那他也得是另一个歌德，至少每个人都必须承认：即使像歌德这样千载难逢的人物，这种自由也是要付出代价的。在政治上，情况也没什么两样，但我们今天不谈这个话题。[1] 在科学领域里，有些人对他本该献身的事业，却只想即兴地表演，仿佛走上舞台一样，企图用“体验”使自己具有合法性，并问自己，我怎样才能证明自己不只是一个

---

〔1〕韦伯的“政治作为天职”的演讲发表于1919年1月28日。

“专家”，怎么才能使自己在形式上或者内容上，发前人所未发？——不管怎么说，这样的人肯定毫无“人格”可言。在今天，诸如此类的现象已经蔚然成风。它们始终让人感到一股小家子气，也有损于自己的品格。相反，只有发自内心地献身于自己的使命，才能提升自己，使自己达到自己宣称致力的那项事业的高贵与尊严。在这一点上，艺术家的情况也没有什么分别。

这些先决条件是我们的工作与艺术所共有的，但科学另有一种命运，完全不同于艺术。科学工作注定处于进步的过程。而在艺术的领域里，并不存在相同意义上的进步。如果某个时期的艺术作品采纳了新的技法，或者掌握了像透视法这样的新方式，从纯粹艺术的角度看，因此就高于对这些技法一无所知的艺术作品，这样的想法是错误的——只要后者在实质和形式上，都是恰当的，也就是说，只要它在选择和塑造自己的对象时，即使不采用后来的条件和技法，也在艺术上恰当地处理了它的对象。一件真正“完美”的艺术作品是永远不会被超越的，它永远不会过时。该怎么评价艺术作品完美的意涵，自是见仁见智，但没有人可以声称，一件真正在艺术意义上完美的作品，会被另一件同样“完美”的作品所“超越”。而在科学的领域里，与此相反，我们每个人都明白，自己所完成的工作，过了十年、二十年、五十年就会过时。这就是科学的命运，事实上，这就是科学工作的意义。文化的所有其他要素大体上也这样，但科学在非常特别的意义上受制于这一命运，并致力于这一超越。每一项科学的“成果”，都意味着新的“问题”，*意在*被“超越”，成为过时。面对这一事实，任何致力科学的人都必须泰然处之。当然，科学工作自有其内在的艺术品质，因“耐人品味”而流传，或作为一种工作训练的手段，继续发挥着重要作用。不过，原谅我重复一句，在科学上被超越，不只是我们所有人的命运，更是我们所有人的目标。我们在工作的时候，不能不期望别人将会比我们更上一层楼。从原则上说，这种进步将会是永无止境的。而由此，我们得以探讨科学的*意义问题*。因为一项服从于这样的进步法则的事业，并不是自明地具有自身的意义和理性。对于一项实际上永无止境，也永远不可能有止境的事业，人们为什么为之献身呢？人们首先会回答，完全是出于实践的目的，或者说出于广义的技术性目的，也就是说，是为了能够依据科学经验给我们提供的期待，调整自己实践行动的方向。不错。可是，这只能对实践行动者有意义。那么对于科学人来说，又该对他的职业抱有怎样的内在态度呢？——如果他确实想要寻求一种这样的态度的话。他会坚持说，自己之所以献身科学，是在“为科学而科学”，而不只是因为别人可以利用科学，取得商业成果或技术成果，可以吃得更好，穿得更好，照明更好，统治得更好。可是，他把自己完全纳入到这种永无止境地运转的专业化经营中，致力于取得注定将会过时的创造成果，那么在何种意义上，他相信这样是有意义呢？这个问题要求我们进行通盘的考虑。

86

千百年来，我们一直在经历着理智化的进程，科学的进步是其中的一部分，而且是最重要的一部分，今天的人们通常对此抱以极度否定的态度。

让我们首先澄清一下，通过科学和以科学为取向的技术实现的这种理智方面的理性化过程（intellektualistische Rationalisierung），在实践生活中，究竟意味着什么。这种过程在今天是不是意味着，比如说，我们每一个坐在这礼堂里的人，比起一个印第安人或霍屯督人[1]，对自己所处的生活状况知道得更多些？很难这么说。街上搭乘电车的人，自己要不是专业物理学家，根本就搞不清楚车子是怎么发动起来的。他也不需要弄明白这一点，只要可以“算出”电车的活动，也就足够了。他根据这种计算来调整自己行动的方向。但是他并不知道这样一种会动的轨道机车是怎么造出来的。而那些野蛮人对他们的工具懂得可比我们多得多。今天我们大家都在用货币，我敢打赌，如果问起礼堂里就座的国民经济学的专业同行：人怎么能用货币来买或多或少的东西？保管他们一人一个答案。而野蛮人就知道，他们要想得到每天所需要的食物，都应该干些什么；他们也知道，什么制度会帮助他做到这一点。所以，日益加强的理智化和理性化，并不意味着人们对所处的生活状况的普遍认识也随着增加。这一过程倒意味着这样一种认识或者信念：人，只要想要了解，就能随时了解到。这就等于说，在原则上，所有发挥作

87

〔1〕霍屯督人（Hottentot）：非洲南部部落名，与布希曼人有血缘关系，现已几乎绝迹。

用的力量都不是神秘莫测的，相反，人们原则上可以通过计算支配所有事物。这就意味着世界的除魔（die Entzauberung der Welt）。人们再也不需要像相信这种魔力的野蛮人那样求助于巫术的手段，支配或祈求神灵。取而代之的是技术手段和计算。这就是理智化本身首要的意义。

西方文化千百年来一直持续推进除魔的进程，而且这首先也是一种“进步”，科学是其中的组成部分，也是推动力。那么，在这一进程中，除了纯粹实践的、技术的效果，还有没有什么别的意义？在托尔斯泰的作品中，可以发现他从原则上提出了这个问题，他以独有的方式想到了这一问题。他所有的思索都围绕这样一个问题：死亡到底是不是一种有意义的现象？他的回答是：对一个文明人来讲，死亡不具有任何意义。之所以这么说，是因为文明人的个人生活处在永无止境的“进步”当中，就其自身的内在意义而言，找不到终极所在。对于任何一个置身在进步大潮中的人来说，在他的面前，总会有进一步的进步在等待着他。没有人能够在离开这个世界的时候，登上无可超越的峰巅，它位于无限之中。亚伯拉罕也好，过去世代的一个什么农民也好，在他们死去的时候，都是“寿高年迈”[1]、安宁辞世的，因为他们处在生命的有机循环之中；因为在他们的暮年，生命已经把一切能够提供的意义都赐给了他们；因为对他们来说，这世上

88

[1]《圣经·创世记》：“亚伯拉罕一生的年日是一百七十五岁。亚伯拉罕寿高年迈，气绝而死。”（25.7—8）

已经没有任何他想要解答的迷惑。所以说，对于生活，他们已经活得“足够”了。而文明人却处在各种观念、知识和问题不断丰富的文明潮流当中，会逐渐感到“活累”了，但不会“活够”了。精神生活一刻不停地产生出新的东西，可他能抓取的只是其中微乎其微的一点点，而抓住的这一点东西也只不过是临时，不是终极有效的。在这种情况下，死亡对他来讲就成了一桩毫无意义的偶然事件。而由于死亡没有意义，文明的生活本身也就没有了意义。文明的生活正是通过自身毫无意义的“进步性”，给死亡打上了“毫无意义”的印记。通观托尔斯泰晚期的小说，你都会感受到这种思想，这成了他艺术的基调。

那么我们又该采取怎样的态度？我们从如此这般的“进步”当中，是不是可以把握到一种超出技术范围的可以认识的意义，通过这一意义使致力于“进步”成为有意义的天职？我们必须直面这个问题。但这就已经不再只是关于人以科学为天职的问题，也就是说，不再只是关于科学作为一种天职，对那些献身者来讲意味着什么的问题，而是完全不同的问题：放在人的整个生活之中，什么是*科学的天职*？它的价值何在？

在这一点上，过去和现在有着天壤之别。大家可以回想一下柏拉图的《理想国》第七卷一开头那个令人惊奇的图景：洞穴之中，那是一群身缚锁链的囚徒，面朝眼前的岩壁。光源在他们的身后，可他们却看不见，满脑子只是光在岩壁上投射出的各种阴影，试图揣摩这些阴影之间的关系。

直到最后，在他们中间，终于有一个人成功地挣脱了锁链，转过身去，看见了太阳。他的眼睛一下子花了，他四下摸索，结结巴巴地述说着自己看见的景象。可其他的人都说他89 疯了。但是，慢慢地，他的眼睛学会了如何直视光。然后，他的使命便是回到洞穴的囚徒中去，引导他们走向光明。他，就是哲学家；而太阳，就是科学的真理。只有它才能捕捉到真实的存在，而不是捕捉幻象和阴影。[1]

可是，今天又有谁对科学持有这样的态度呢？今天的年轻人，他们的感觉恰恰与此相反：在他们眼里，科学的思想图景是通过人为抽象建立的一个彼岸王国，这一抽象凭着自己瘦骨嶙峋的双手，企图把握血肉饱满的真实生活，却从未成功地捕捉到它。而在此世的生活中，柏拉图所谓洞穴墙壁上的影子戏，是真真切切的现实在脉动着，而其他都不过是从中派生的、没有生命的幽灵。这种变化到底是怎么发生的？柏拉图在《理想国》中充满激情的欢欣，归根结底，是因为当时人们第一次自觉地发现了对于所有科学认识都重要的一个工具，概念（Begriff）。苏格拉底已经发现了它的重要性，但他并不是世界上唯一发现这一点的人。印度就有人创立了一种和亚里士多德逻辑非常相似的逻辑，但没有任何地方的人如此自觉地意识到概念的这种意义。在希腊，第一次出现了一种方便的手段，可以将一个人置于逻辑的铁钳中，让他最终要么承认自己一无所知，要么就接受只有这一

〔1〕柏拉图，《理想国》，514a—517a。

点是真理，永恒真理，绝不会像盲目之人的所作所为那样消逝。而这就是苏格拉底的学生们的宏伟体验。而由此我们似乎可以得出结论，一个人只要发现了关于美、善，或许还有勇敢，以及灵魂或不管什么的正确概念，那么他也就能够把握到它们的真实存在。而这又似乎给人指明了在知识和教育中可以遵循的道路，知道并能教导——人在生活中，特别是作为公民，应该如何正确行动。因为对于希腊人来说，思想彻头彻尾是政治性的，这一问题最为重要。人们就是为此经营科学的。 *90*

继希腊精神的这一发现之后，文艺复兴时期出现了科学工作的第二项重大工具——理性的实验。凭借这一手段，人们可以对经验进行可靠的控制；要是没有这种手段，也就不可能产生当今的经验科学。当然，历史上早就出现过实验：比如在印度，为了修习瑜伽苦行，就进行了生理实验；在古希腊，为了战争技艺，也曾经出现过数学实验；而在中世纪，实验是为了采矿。但是，将实验提升为研究本身的原则，则是文艺复兴的成就。而开创之功则归于艺术领域的那些伟大创新者，达·芬奇与他的同道，首先是16世纪那批用实验键琴进行音乐实验的乐匠们，他们就是其中的典型代表。通过伽利略所做的工作，实验从这些圈子进入到了科学领域，在培根的努力下进入了理论的领域。在此以后，欧洲大陆——首先是意大利和尼德兰——各大学的各门精确学科，采纳了实验的方法。

那么，对于这些站在现代世界的门槛上的人们来讲，科学又意味着什么呢？对像达·芬奇和音乐创新者这些艺术实验者来说，科学意味着通向真实艺术的道路，而也就意味着通向真实自然的道路。艺术需要被提升到科学的高度，而要做到这一点，首先也就等于说从社会的角度，从他生活的意义的角度，将艺术家提升到博士的高度。达·芬奇就是抱着 91 这样的雄心写了那些笔记。[1]那么今天呢？“科学作为通向自然的道路？”这在年轻人听来，简直就是亵渎！今天年轻人的论调和这刚好相反：摆脱科学的理智主义，返回自身的本性（Natur），从而返回自然本身！至于说“科学作为通向艺术的道路”，这根本就是无稽之谈，不值一驳。但是，在精确的自然科学兴起的时代，人们对科学的期望可就要高得多。诸位不妨回想一下，斯瓦姆默丹曾经声称：“我将从对一只虱子的解剖当中，向您证明上帝的旨意”[2]，从中大家可以看到受到新教（间接）和清教影响的科学工作，是怎样思考自己的使命——通向上帝的道路。人们不再只在哲学家那里，借助他们的概念和演绎，来找寻这条道路。当时的所有虔敬派 92 神学家，首先是斯彭内尔[3]，都认识到，再继续沿着中世纪曾经找寻的道路走下去，找不到上帝。上帝是隐藏的，他的道

[1] 所谓“达·芬奇笔记”，选本参见郑福洁译，《达·芬奇笔记》，北京：生活·读书·新知三联书店，2007年。

[2] 斯瓦姆默丹（Jan Swammerdam，1637—1680）：荷兰博物学家，古典显微镜研究学者，阐明多种昆虫生活史和解剖结构，著有《大自然的圣经》等。

[3] 斯彭内尔（Phillip Spener，1635—1705）：德国基督教神学家，虔敬派领袖之一，反对僵守死板的教条形式，强调“内心的虔诚”，著有《虔诚的禀告》等。

路并非我们的道路，他的思想也不同于我们的思想。[1]但不管怎么说，在精确的自然科学中，人们可以从物理（physisch）中把握他的作品，从这些痕迹里捕捉到他对这个世界的意图。那么今天呢？除了我们的确可以在自然科学领域找到几个长不大的孩子，又有谁还相信，天文学、生物学、物理学或化学的知识，会告诉我们什么关于世界的意义之类的东西呢？假如真有所谓“意义”，那人们又能沿着哪一条道路，去捕捉它的轨迹呢？今天如果自然科学有何自身使命的话，也是要将存在世界的“意义”这样的信念连根铲除。最后一点，科学到底是“通向上帝”的道路，还是一种纯粹与上帝相异的力量？今天的科学确实是与上帝相异的力量，任何人都不会打心眼里怀疑这一点，无论他愿不愿意承认。从科学的理性主义和唯智主义当中解脱出来，这是与上帝同在的根本前提。这一点，或者是与此意义相近的什么东西，是那些抱有宗教情绪或渴求宗教体验的德国年轻人最常表达自己感受的基本说法。他们渴求的不仅是宗教的体验，而且是体验本身。唯一奇异的是他们现在遵循的道路：非理性的领域本来是唯智主义迄今为止唯一尚未涉足的领域，现在也被提到了意识的层面，被放在放大镜下检视。这就是，在实践中，现代理智主义的浪漫派对待非理性事物的做法。沿着这条道路摆脱理

〔1〕《旧约全书·以赛亚书》第45章：“神啊，你们实在是自隐的神。”《以赛亚书》第55章：“耶和华说：‘我的意念非同你们的意念，我的道路非同你们的道路。’”

智主义获得解放，完全与践行者的初衷背道而驰。最后，还有一种幼稚的乐观主义，相信以科学为基础的技术，能够支配我们的生活，赞美科学是通向幸福之路，在尼采对“创造幸福”的“末人”进行了毁灭性的批评之后[1]，除了占着大学教席和编辑部的几个长不大的孩子，现在谁还信这个？

93 让我们言归正传吧。在这些内在的前提条件之下，当往日所有的幻觉，像“通向真实存在之路”“通向真实艺术之路”“通向真实自然之路”“通向真正上帝之路”“通向真正幸福之路”，等等，都已消散，究竟什么是科学作为一种天职的意义呢？对此，托尔斯泰已经给出了最简要的答案：“它是没有意义的。因为对于我们来说唯一重要的问题就是：‘我们应该做什么？我们应该怎样生活？’而科学并不能回答这个问题。”科学对这个问题没有给出答案，这已是不争的事实。留待我们讨论的问题只不过是：在什么样的意义上，可以说科学“没有”给出“任何”答案？并且，对那些正确提出问题的人，科学是否还有用处？今天的人们总是把“无预设”的科学挂在嘴边，有这样的东西吗？那可得看大家对“无预设”是怎样理解了。所有的科学工作都预设了一个前提，自己在逻辑和方法上采用的规则是有效的，这是我们在这世界中的取向的总体基础，同时，至少对我们现在的特定问题来讲，这个预设又是科学中最不成问题的一个方面。但科学还有进一步的预设，就

---

〔1〕尼采，《查拉图斯特拉如是说》，“查拉图斯特拉前言”，黄明嘉译，桂林：漓江出版社，2000年，第10—11页。

是说，科学工作的成果之所以重要，正因为它们“值得我们知道”。显然，这就是我们所有问题的根源。因为像这样的预设，本身没有办法通过科学的手段来证明，而只能依据它的终极意义来解释（deuten）。可是对于这种终极意义，我们是拒绝还是接受，就要看我们对生活所持有的终极态度了。

况且，科学工作和它的预设之间的关系，就其结构而言，方式千差万别。就拿自然科学来说，物理学、化学，还有天文学，其不言自明的预设都是，只要科学做得到，构建宇宙现象的终极法则就是一件值得去做的事情。之所以值得做，不仅仅是因为具备了这样的知识，便可以产生技术成果；更因为，如果科学要成为一项“天职”，就应该“为了科学本身而科学”。可是，这一预设本身又绝对是无法证明的。更不用说证明科学所描述的这个世界，它的存在本身是否有价值，是否具有某种“意义”，或者在这个世界中存在是否有意义——科学并不问这样的问题。再看看现代医学，这可是门在科学上高度发达的实用技术。医疗活动总体上有一个“预设”，说出来平淡无奇，就是主张医疗的任务在于竭尽所能地维续生命本身，减少病痛。可这一点是很成问题的。医学工作者凭借他的手段维持绝症病人的生命，哪怕这个病人自己恳求让他一死了之；哪怕对病人的亲属而言，病人的生命毫无价值，而家属也承受不起为了维持这条毫无价值的生命所付出的开销——或许病人是个可怜的疯子，他的亲属不管自己承不承认，也希望他死。可在医学的预设和刑法条文面前，医生也不敢放弃治疗。生命是不是还有价值，在什么情况下有，这并不是医学要问的问题。如

94

果我们想要在技术上支配生命，所有的自然科学会回答我们该怎样去做。但我们是否应当在技术上支配生命，是否想要如此，这么做最终是否有自身的意义，对于这些问题，自然科学置之不理，即便谈，也无非将它们预设为自己的目标。再来看看艺术科学这一学科。对于美学来说，艺术品的存在是既定的事实。美学的目标就是要探究，在什么样的条件下会出现这样的艺术内容。但美学不会去问：艺术王国是否几乎就是一个恶魔支配的王国，一个此世的王国，并因此在内心最深处与上帝 95 格格不入，其最内在的贵族精神，也与博爱精神背道而驰？如此一来，美学也就不会去问：是否应该有艺术作品？再来说说法学。法学根据逻辑上有约束力的规则或习惯建立的图式，一起构成法学思想的规则，根据这一规则来确立何者有效，也就是说，只要法权规则和解释规则的确定方法被承认，也就能确立什么结论是有效的。至于说是否应该存在法权，是否应该设立这些规则，法学并不回答这些问题。它只是表明：如果人们想要这样的结果，根据我们法律思想的规范，这种法律规则就是实现这一目标最合适的手段。再来看看历史性文化科学的情况。它教导我们，如何理解各种政治、艺术、文学以及社会的文化现象形成的条件。但是，这门科学并没有告诉我们，这些文化现象在过去和现在是否有存在的价值。也没有回答另一个问题：是不是值得付出这么多努力去认识这些现象？这些科学只是预设，人们应该有兴趣通过这样的步骤，参与到“文化人”的共同体当中去。可它们无法向任何人“科学地”证明这一点；历史性的文化科学预设了这种兴趣，绝不等于证明，这一点就是理所当然的。事实上，这根本就不是不言自明的。

最后还剩下我最熟悉的那些学科：社会学、历史学、国民经济学和国家学，以及那些以解释上述学科为己任的文化哲学。有人主张，课堂不是谈政治的地方，我也同意这一主张。从学生这方面来说，政治不属于课堂该做的事。比如说，如果在我过去的同事，现在柏林大学的舍费尔教授的课堂上，反战学生们把他的讲台团团围住，吵吵嚷嚷的话，我当然会表示遗憾，就像不赞成那些据说是对弗尔斯特[1]教授指手画脚的主战学生一样，虽说弗尔斯特教授的观点在许多方面与我相去甚远。不过，就老师这方面来讲，政治尤其不是课堂的分内之事，如果老师是以科学的方式研究政治的，那就更不该，尤其不应该，在课堂上谈政治。在实践中采取某种政治立场是一码事，而分析政治结构和政党立场则是另一码事。在公共集会上谈论民主的时候，一个人不应该隐瞒自己个人的立场；相反，采取明确而可辨认的党派立场，是我们责无旁贷的义务和职分。人们在这样的集会上所使用的语言，不是科学分析的手段，而是在政治上说服别人接受自己立场的工具。这些语言不是为沉思的思

96

〔1〕舍费尔（Dietrich Schäfer，1845—1929）：德国历史学家，曾任海德堡大学、柏林大学等多所大学的教授，在“一战”期间，全德战时宣传的重要人物，倡导将战争范围扩展到全世界，并支持无限制潜艇战。1896年至1903年曾在海德堡大学任教（韦伯于1897年就任海德堡大学的国民经济学与财政科学的教职）。弗尔斯特（Friedrich Wilhelm Förster，1869—1966）：德国哲学家和教育家，在“一战”期间积极致力于和平运动，曾任慕尼黑大学教育学教授。

想松整土壤的犁头，而是刺向敌人的刀剑[1]——是武器。但在课堂上或报告厅里，以这种方式使用语言就是冒犯。在这种环境，比如，要是对“民主”进行讨论，那就该考察它的各种形式，分析它们的运作方式，确定这种或那种形式对生活状况产生的具体后果，然后将这些形式与其他非民主形式的政治秩序进行对比，努力做到，在这样的情况下，让听众**本人**找到一个立足点，能够根据他们**自己的**终极理想，选取立场。但是，一位真正的教师会时刻提醒自己，不要站在讲台上居高临下地把某种自己的立场强加给学生——不管是明确主张，还是含蓄暗示——因为所谓“让事实自己说话”往往是一种最不诚实的做法。

那么，为什么我们应该约束自己别这么做？首先声明，许多颇具威望的同事认为，不可能真正做到这种自我节制；即使真有可能做到，也不过是可笑的幌子，最好加以避免。确实，从来不能从科学上预先证明一位学院教师都应该履行什么义务，只能要求他具有理智的诚实（die intellectuale Rechtschaffenheit）[2]：确定事实、确定文化价值的数学或逻辑关系以及内在结构是一回事，而要回答文化及其各部分具体内容有什么**价值**，以及因此在文化共同体和政治团体当中应该如何**行动**这样的问题，则又是另一回事了。要清楚二者

［1］《圣经·以赛亚书》：“他必在列国中施行审判，为许多国民断定是非。他们要将刀打成犁头，把枪打成镰刀。这国不举刀攻击那国，他们也不再学习战事。”（2.4）

［2］尼采，《偶像的黄昏》，“格言与箭”。

是完全不同的问题，如果有人进一步追问：为什么在课堂上他不应该同时处理这两种问题？我们对此的回答是：因为在学术的讲坛上，没有先知和煽动家的位置。对于先知和煽动家，我们要说："走出去，到大街上，公开去讲！"也就是说，到人家可以发表批评意见的地方讲去。在课堂上，我们面对听众侃侃而谈，而他们只能坐在对面，默不作声。在课堂上，学生们为着自己的前程，不得不来听老师上课，而没有一个人胆敢站出来，回应老师，提出批评。利用这样的场合，我认为是一种不负责任的行为：教师的任务是用自己的知识和科学经验使学生获益，而不是把自己个人的政治见解强加给学生。当然，老师作为个人，确实不可能将自己的主观同情清除得一干二净，但他在自己良心的法庭上，会因此受到极为严厉的批评。而且，这种缺点完全不能证明什么，我们都有可能犯一些事实上的错误，但这并不能用来证明，我们没有追求真理的义务。我之所以要提出这样的批评，也正是出于纯粹科学的利益。我们历史学家的作品可以证明，一旦科学工作者在研究中掺入了自己个人的价值判断，对事实的充分理解就到头了。不过，这一点需要详细地阐明，超出了今晚演讲的主题。

98

我只想问：假如一边是虔诚的天主教徒，另一边是共济会[1]成员，这样两个人，在讨论教会和国家的形式的课

〔1〕共济会（Freemason）：这是一个历史悠久的团体，起源于中世纪的石匠和教堂建筑工匠的行会。在纲领中强调道德、慈善、互助、遵纪（转下页）

上，或者在有关宗教史的课上，难道大家有什么办法能让他们对所讨论的主题产生同样的评价吗？绝无可能。尽管如此，学院的教师还必须期望，必须要求自己，用自己的知识和方法使这两个人同时受益。的确，大家完全有理由指出，一位教师，即使在教义方面不抱有任何预设，把推动基督教产生的所有因素都原原本本地告诉虔敬的天主教徒，后者也永远不会接受老师的事实描述。当然！可差别在于："无预设"的科学，就其拒弃了宗教束缚的意义而言，事实上并不承认"奇迹"和"启示"，否则就是不忠于自己的"预设"。而信徒是承认奇迹和启示的。"无预设"的科学只要求信徒承认（既不少于此，也不多于此）：如果不考虑超自然力量的干预，将之从经验解释的因果环节中排除出去，那么对基督教兴起的说明，就一定得按照科学寻求的方式进行。信徒也可以在不背叛自己信仰的情况下做到这一点。

但一个人，如果不关心事实本身，而只在意实践立场，那么，科学的成就就毫无意义了吗？我看未必。首先可以举一点。一个称职的教师，首要的任务就是教导自己的学生们承认让人不舒服的事实，我指的是与本人党派政见不合的事实。而对任何党派政见，包括我个人的意见来说，总会有些听起来非常不舒服的事实。我相信，如果学院教师能迫

99

（接上页）守法等，后来逐渐发展成为全世界最大的秘密社团，被天主教会和大多数保守国家宣布为非法社团。

使他的听众习惯这一点，那么他所完成的可不仅仅是一项理智成就。我甚至想冒昧地称之为“道德成就”，虽说这原本就是理所当然的事情，用“道德成就”来形容，未免有些过于煽情了。

上述还都是些避免把个人立场强加给别人的实践理由，但不止于此。除非是讨论对一个既定的预设目标的手段问题，否则不可能“在科学上”为实践立场辩护，这么说还有更深的理由。这样做在原则上没有意义，因为世界上各种不同的价值秩序，彼此之间处于不可解消的争斗之中。穆勒的哲学思想其他方面我并不赞赏，但他晚年说过的一点是对的：纯粹从经验出发，人就会走向多神论。这句话说起来平庸无奇，听上去还有些自相矛盾，但其中却包含着真理。今天，如果说我们知道了些什么，不过是重新认识到，某种东西有可能虽说不美，但可能是神圣的；非但如此，它之所以是神圣的，正是因为它不美，而且只有当它不美时，才如此。大家可以在《以赛亚书》的第53章和《诗篇》第21篇，找到这方面的例证。[1]而在尼采以后，我们又认识到，一件东西不仅可以因为不善而成为美的，而且正是在不善的条件

---

〔1〕《圣经·以赛亚书》第53章：“他无佳形美容，我们看见他的时候，也无美貌使我们羡慕他。他被藐视，被人厌弃，多受痛苦，常经忧患……耶和华却定意……使他受痛苦；耶和华以他为赎罪祭，……所喜悦的事必在他的手中亨通”；《圣经·诗篇》第22篇（韦伯误引作第21篇）：“因为他没有藐视憎恶受苦的人，也没有向他掩面；那受苦之人呼吁的时候，他就垂听。”

100 下才是美的。而在尼采之前，大家还可以在《恶之花》中发现，波德莱尔如此命名自己的诗集，就体现了这一点。[1]还有个人人皆知的智慧，有些东西虽说既不美，不神圣，也不善，却是真的。实际上，它或许正是因为不美、不神圣、不善，才是真的。而不同的秩序和价值都有自己的神，这些就是诸神之争最基本的情形。我不知道，怎么能够指望“在科学上”判定法国文化与德国文化的**价值**。这里同样是诸神交战，现在如此，将来也永远如此。这与古代世界的情形没什么不同，只不过古代世界还没有从诸神与精灵的魔力中解脱出来，而我们的诸神之争含义有所不同。希腊人有时敬奉阿芙洛狄特，有时敬奉阿波罗，而首先每个人都敬奉自己城邦的守护神。我们今天的情形也差不多，只不过已经除去了魔力，除去了希腊人的行为中神秘却具有真实内涵的造型力量。而主宰诸神及其斗争的，当然是命运，而不是什么“科学”。你能理解的，只是对这一套或者那一套秩序来讲，**何者**为神。不管怎么说，一位教授有权拿到课堂上去讨论的，只能是到此为止。当然这绝不等于说，这里涉及的巨大的**生命**问题也到此为止了。但这得要听大学课堂之外的力量来发言了。那么，对于登山宝训的伦理，又有谁会如此倨傲，试图“在科学上驳斥”，比

[1]《恶之花》是波德莱尔编选了自己于1847—1857年所写的100首诗，于1857年在巴黎首次推出的。在遭到审判之后，波德莱尔于1861年推出了《恶之花》第二版，删去被认为诲淫诲盗的6首诗，另外加了35首。

如说，“不要与恶人作对”，或者把另一边脸也转过去的图景？[1]显然，从此世的眼光看，这里训导的是毫无尊严的伦理；人必须选择，要么拥有这种伦理所赋予的宗教尊严，要么拥有男人的尊严，这训导就是与此截然不同的东西：“挺身抗恶，否则就是为虎作伥。”根据每个人的终极立场，一个人的魔鬼，就是另一人的上帝，而每个人必须自己做出决断：对你自己而言，何者是上帝，何者是魔鬼？在所有的生活秩序当中，都贯穿着这一抉择。所有的宗教先知，都产生了一种依据伦理上条理井然的生活之道建立的宏大的理性主义，这就将多神论赶下了神坛，取而代之的是“唯一必然之神”[2]；不过，面对外在生活与内在生活的现实，这一理性主义不得不做出妥协让步，接受相对化的立场，这一点我们只要看一看基督教的历史，就一目了然。而今天，这种宗教的状况已经成了“日常”。许多古老的神又从坟墓里爬了出来，不过，由于他们已经被除魔，所以化身为非人格性的力量。他们企图夺取支配我们生活的权力，并且重新开始了彼此之间的永恒斗争。这就是我们生活中的日常。对于现代人困难的是，对于年青一代格外困难的是，怎样挺身面对这样的日常。所有对“体验”的追求，都是出于软弱。这种软弱就是不能严肃地直面

101

[1] 《圣经・马太福音》第5章：“你们听见有话说：‘以眼还眼，以牙还牙。’只是我告诉你们：不要与恶人作对。有人打你的右脸，连左脸也转过来由他打。”（5.39）

[2] 《圣经・路加福音》第10章：“不可少的只有一件。”（10.42）

我们时代的命运。

而我们文化的命运就是——虽然千百年来，我们一直有意无意地以基督教伦理宏伟的激情作为生活的最终取向，这一直蒙蔽着我们的双眼；但千百年后，我们重新更加清楚地意识到诸神之争的处境。

但就讲到这里吧，对这一问题的讨论已经离题太远了。我们有些年轻人，对此也许会回答："话是这么说，可我们来听课，就是想体验些别的东西，可不想只听些分析和事实陈述。"这他们可就错了，错就错在想从他们面前站着的教授那里寻求一些不同的东西。他们要找的不是一位教师，而是一位领袖。可我们只是作为教师而站在这个讲台上。这是两码事，而且大家很容易明白这一点。请允许我把大家再一次带到美国，因为在那儿你经常可以看到这类事情最显著的原生状态。美国小伙子们学到的东西，远远比不上我们德国的学生。虽说他们在自己整个学校生活中，需要经过令人难以置信的众多考试，可就学校生活的意义而言，他们仍然没有转变成为一个像德国学生这样的绝对的考试人（Examensmensch）。这是因为官僚制在美国才刚刚起步，而这种体制的前提，就是以考试文凭作为拿到固定官职薪俸的敲门砖。一个美国青年，对任何事，任何人，不管是任何传统，还是任何官员，都毫无敬意，除非它是个人自己取得的成就。这就是美国人所说的"民主"。无论与这种民主观念相比，现实有多扭曲，这种观念就是我们这里关注的问题的要害。美国人对站在他面前的老师是这样想的：我爸爸掏了

102

钱，所以他就得把自己的知识和方法卖给我，这和卖菜的卖给我妈大白菜没什么分别。仅此而已。当然，假如老师碰巧是个橄榄球教练，那么好，在那个行当里，他就是领袖。可要是他不干这行（或其他什么体育行当），那他就只不过是个教师而已，没有一个美国年轻人会指望从老师那儿买到一种叫作“世界观”的东西，或者一套规定自己生活之道的堪称典范的行为规则。当然，如果采用这样的表达方式，我们德国人也会拒绝这种东西。虽然我的表述有意采取了某种极端的方式，但问题在于，在这种情感中是否也包含了几分真理？

男女同学们！大家来听我们的课，要求我们表现出领袖的品质，却没有预先告诫自己，在一百位教授里，至少就有九十九位不仅不是人生球场的教练，而且他们不会也不允许自称在生活之道的关键问题上是“领袖”。请记住，一个人的价值，并不取决于他是否具有领袖的品质。而且无论如何，造就一位杰出的学者或学院教师的那些品质，并不能同样使这个人在生活的实践取向中，或者更具体地说，在政治方面，成为一位领袖。如果某位老师也具有后面这些才能，那纯属偶然。而假如每个学院教师到了课堂上，都觉得学生对自己抱着这种不切实际的要求，以为自己会自称具有这样的品质，那可就麻烦了。更麻烦的是让每一个学院教师在课堂上都以领袖自居。因为恰恰是那些成天以领袖自居的人，往往最不具备领袖的品质；而更重要的，撇开他们是不是具备领袖品质这一点不谈，单单站在讲台上，这一处境根本没

103 有一丁点儿可能证明自己就是领袖。教授们如果觉得自己有义务充当青年的导师，享有他们的信任，可以在人与人的私人交往当中证明自己堪当此任。而如果教授们觉得自己的天职是介入世界观和党派政见的斗争，他可以走出课堂，到生活的市场上去，比如报纸、集会、协会团体，或任何他喜欢的地方。可是，如果只敢在所有在场者——他们可能都持有不同的想法——都注定沉默的地方展现自己坚持信念的勇气，未免太便宜了吧。

最后，大家也许会问："如果真是这样，那么，对于个人的实践'生活'，科学事实上又能贡献什么积极的东西呢？"这样一来，我们就又回到科学的"天职"这个问题上来了。首先，当然，科学的知识提供了人们可以通过计算支配生活——无论是外在的物，还是人的行动——的技术。大家会说，说来说去，这和那位美国小伙子脑子里的卖菜的有什么分别？没什么分别，我深有同感。其次，科学可以贡献的某些东西，是卖菜的无法贡献的，如思维的方法、工具和训练。也许大家会说：现在好一点，不只是菜了，可也只不过是怎么买到菜的手段罢了。说得不错，但这一点今天我们暂且按下不提。不过，值得庆幸的是，科学的贡献不止于此。我们能向大家提供第三点助益：清明（Klarheit）。当然，前提是我们自己得拥有一份清明。只要有了这一点，我们就可以让大家明白以下的问题：在实践当中，诸位在考虑价值问题的时候，可以采取这样那样的立场。为简便起见，我们不妨就以社会现象为例。如果一个人采取某种特定的立场，那么，根据科学的经验，他要在实践中贯彻自己的立场，就不得不采用某种特定的**手段**。但是，这种手段也许恰恰是你相信自己必须抛弃的。这样一来，你就只能是在目标和不可避免的手段之间做出选择，看看目标是不是能够让手段也变得“神圣”。教师会让大家认识到这种选择是不可避免的。只要教师还想让自己保持教师的职责，不想成为一个煽动家，他所能够做的，也就仅限于此。当然，他还可以进一步告诉诸位：假如你想要某个目标，那么就必须接受根据经验将会随之产生的后果。我们再一次处于同样的处境。这不过是每个技师同样会面临的问题，在无数情况下，他不得不根据坏处最小或相对最优的原则来做决定。对他来讲，一般只有一件事，一件主要的事，是既定的，无须考虑的，那就是**目标**。但一旦我们面对的是真正的“终极”问题，情况就**并非如此**。这就使我们进入到科学本身可以为清明服务的最终贡献，同时，也就是科学的界限：我们能够告诉你们，也应该告诉你们的是：就其**意义**而言，某种特定的实践立场，如果要保持内在的一致性，因此也保持诚实，只能是出于某种世界观的根本立场（可能是一个，也可能是几个不同的立场），但不可能来自其他的立场。形象地说，你敬奉了这个神，如果决定要坚持自己的态度，**就得冒犯其他的神**。因此，你只要始终忠于自己，你就必然会导致某种具有内在意义的终极**结论**。至少在原则上这是完全有可能实现的。哲学作为专业学科，以及具体学科中那些就其本质而言属

104

于哲学的原则性讨论，都是在努力做出这一贡献。因此，如果我们对我们的事业理解正确的话（我在这里必须预先假定这一点），我们就能够迫使个人对自己所作所为的终极意义做出交代，或至少帮他做到这一点。这在我看来可并非小事，哪怕只是为了纯粹的个人生活，也绝不能等闲视之。说到这儿，我又禁不住想说，一位成功地做到这一点的教师，是在为“道德”力量服务，担负了创造清明与责任感的义务。而我相信，只要他更加自觉地避免将自己的立场强加或暗示给他的听众，他将能更好地尽到这份职责。

我在这里所提出的这一假设，始终基于一个基本的事实：只要生活还按自身的方式进行，还依据自身来理解，生活中就只会存在诸神之间永无休止的斗争。或者用不那么形象的话说，对生活最终可能抱有的各种立场，相互之间是不可调和的，因此，它们之间的斗争也永远不会终结。所以，105 我们必须在这些立场之间做出决断。在这样的条件下，科学对于一个人来说，是否还是一项值得献身的“天职”，科学本身是否还是具有客观价值的“天职”，就又成了价值判断的问题，在课堂上是无法讨论的。站在课堂上课，就有一个预设，对这样的问题做出肯定的回答。就我个人而言，是通过自己的工作，对这一问题给出肯定的回答。今天的年轻人视理智主义为最可怕的魔鬼（或者经常想象他们是这样），即使对于像这样的人来说，也恰恰持有这样的立场。有句老话对于这些年轻人仍然适用：“记住：魔鬼是老人，要理解他，先要变老！”[1]这里说的年纪，可不是出生证书上的年龄。它意味着，如果你想要胜过这个魔鬼，可别像今天许多人那样喜欢临阵脱逃，而是必须彻底看清他的手段，才能了解他的力量和局限。

在今天，科学是一项围绕专业经营的“天职”，为了实现自我的反省，知道事物彼此之间的关联，而不是预言者或先知凭借恩典的天赋散布神圣之物或启示，也不是贤人或哲学家沉思世界意义的组成部分。这当然就是我们历史处境无法逃避的既定事实。只要我们还对自己保持真诚，就无法回避这一点。假如托尔斯泰再次从你们当中站出来，问我们：“如果科学不能回答：我们应该做什么？我们应该如何安排自己的生活？谁又能回答？”或者，用今晚演讲的话来说：“在彼此交战的诸神当中，我们应该敬奉哪一位？或者，我们是不是应该敬奉一位全新的神，可这位全新的神又是哪一位？”那么回答只能是，只有先知或救世主才能指点迷津。但，如果这样的人没有出现，或者，如果他的布道不再为人所信，那么，即使有成千上万的教授作为享有特权的政府雇员，想要接过昔日先知的角色，在课堂上勉为其难地扮演小预言家，也肯定不能让一位先知重临于世。而这样唯一能做到的，就是让我们最年青一代中许多渴盼先知的人，始终无法知道一项决定性的事实，无法活生生地体会到这一事实带来的全部后果——那就是：他们渴盼的先知，其

---

[1] 歌德，《浮士德》第二部第二幕第一景“哥特式的居室”。

106 实并不存在。我相信，生活在一个与上帝相异、没有先知的时代，企望用所有这些讲台先知作为替代品，来蒙蔽他的命运，对于一个真正具有宗教“共鸣”的人来说，现在不能，也永远不会，满足他内在的关切。在我看来，他在宗教感受上的诚实，必定使他反对这种蒙蔽。现在，大家也许想要说：不过，有所谓“神学”，并自称是一门“科学”，对这一事实应该采取什么态度？对这个问题，我们不要回避。要知道，虽说并非处处都有“神学”与“教义”，但也不是只有基督教才有这种现象。相反，回溯历史的话，在许多宗教中都有它们高度发达的形式，比如伊斯兰教、摩尼教、诺斯替教、俄尔甫斯教、波斯教、佛教、各印度教派、道教、《奥义书》，当然，还有犹太教。当然，在不同的宗教中其发展的系统性程度千差万别。比如，和犹太教的神学相比，西方基督教更加系统地拓展了神学学说，或者说努力做到这一点，这绝非偶然。而神学学说在西方的这一发展迄今为止已经产生了极其深远的历史意义。这是希腊精神的结晶，所有的西方神学都以它为源头，正像（显然）所有的东方神学都以印度思想为源头一样。所有的神学都是在理智上对宗教的救赎占有（Heilsbesitz）的理性化。没有一门科学绝对无预设，也没有一门科学能够向一个拒绝接受这些预设的人证明自身的价值。不过，每一种神学都为自身的工作，从而也替自身存在的正当性，增添了几条专门的预设。其意义和范围都非常不同。每一种神学，也包括像印度神学这样的学说，都预设：世界必定具有某种意义，问题只在于怎样去解释这种意义，使其在思想上成为可能。在这一点上，康德的认识论也是如此，它预设的出发点是：“的确存在有效的科学真理”，然后追问：“从什么样的思想预设出发，这才（在有意义的情况下）是可能的？”或者像现代的美学家们那样，从“存在艺术品”这一预设出发，然后就追问：“它们的存在如何才（在有意义的情况下）是可能的？”（像卢卡奇那样直接提出这一问题，或事实上遵循了这一思路。）不过，一般而言，神学家并不满足于这种本质上属于宗教哲学的预设。他们通常是从一个更进一步的预设出发的：完全相信特定的“启示”是救赎上意义重大的事实，也就是说，这一“启示”本身就是有意义的生活之道成为可能的条件。他们还相信，某些特定的状态和行动具有神圣的品质，也就是说，这些状态和行动构成了一种具有宗教意义的生活之道或至少其中的组成部分。这样，神学的问题就成了：这些完全被接受的预设，如何能在一个整体世界图景中获得有意义的解释？就此而言，对于神学来说，这些预设本身已经超出了“科学”的范围。它们并非通常理解的“知识”，而是一种“拥有”（Haben）。谁要是不“拥有”信仰或者其他神圣状态，神学也代替不了，其他任何一门科学更不行。相反，在每一种“肯定”神学中，信徒都会达到奥古斯丁的话所描述的那种境界：“我信，非其荒谬，正因其荒谬。”（*credo non quod, sed quia absurdum est.*）[1]是不是具有实现宗教行家们“牺牲

107 108

〔1〕现在一般将此言归于德尔图良。

理智”的能力，是决定一个人是不是肯定意义上的宗教人的标志。事实如此，这表明：尽管有神学的存在，“科学”的价值领域和宗教“神圣”事物的领域之间的张力，还是无法跨越。而且正是因为神学的存在，才揭开了笼罩在这种张力关系上的面纱。

照理说，只有门徒向先知，信徒向教会，“牺牲理智”。不过，到目前为止，还没有出现任何新的预言——在这里，我有意重复了曾经冒犯过一些人的意象——因为某些现代知识分子，觉得需要用所谓保证为真的古董，来装饰自己的灵 109 魂。而这些人还记起，宗教也曾属于这种古董，而且偏偏还并不为他们所拥有。不过，他们用从世界各地搜罗来的小圣像，装模作样地修饰出一座私人小教堂，作为替代；或者赋予各式各样的体验以神秘的神圣占有感，创造一个代用品，拿到书市上兜售。这是一种地地道道的自欺欺人。当然，近些年成长起来的一些青年团体，在解释他们所组成的人类共同体关系时，多半出于对自己的误解，说成是某种宗教的、宇宙的或神秘的关系，这完全不是欺骗，而是严肃和真诚。诚然，每一种真正的同胞关系（Brüderlichkeit）的行为，都可能会同时伴有一种意识，知道这样的行为会为超出人际关系的领域提供一些永恒的东西，但对这一点进行宗教的解释，是不是真的会增进属人的共同体关系的尊严，在我看来，颇为可疑。不过，这一点已经不属于我们今晚演讲的主题了。

我们的时代的命运，这个伴随理性化和理智化的时代，首先就是世界的除魔。恰恰是那些最崇高的终极价值，已经退出了公共生活，要么进入神秘生活的彼岸王国，要么返回人与人之间直接的同胞关系中。我们所拥有的最伟大的艺术都以亲密见长，而不是宏伟的纪念碑，今天唯有在非常小的共同体圈子里，从一个人到另一个人，才能找到某种东西，微弱地脉动着，而换到从前，这就是先知的“灵”（pneuma），以燎原之势席卷各大共同体，将它们融为一体——这些都并非偶然。假如我们企图强行“造出”一种纪念碑式的艺术观念，其结果便是过去二十年里出现的许多纪念建筑，一个个都像怪物似的丑陋不堪。如果有人企图在没有新的真正预言的情况下，就酝酿新的宗教架构，那从内在的意义上来讲，也会出现类似的怪物，而且只会更丑陋。至于课堂先知，最终也会变成狂热的宗派，永远也不会创造真正的共同体。一个人，如果无法像男人一样担负我们时代的命运，必须告诫他，最好保持沉默：别像通常的叛教者那样大张旗鼓地表态，而是老老实实地回归旧的教会，它正张开双臂，满怀慈爱地迎接你，而不会刻意为难。他必定以某种方式做出“理智的牺牲”，这是不可避免的。如果他真的做到了这一点，我们不会因此斥责他。因为只有当缺乏勇气说清楚自己的终极立场，反而却借软弱无力的相对化来搪塞，这就是回避履行理智诚实这一朴实的义务；而为无条件的宗教献身而做出的理智的牺牲，从伦理的角度上说，与此完全不同。在我看来，这种“理智的牺牲”也比课堂先知要高尚得多。因为那些先知们并不清楚，在教室里面，唯一有效的品德就是朴实的理智诚实。

110

不过，这一义务也要求我们指出，今天有许多人等待着新的先知与救世主，可他们的处境无异于《以赛亚书》的预言中仍在流亡的以东人的守望者动人的歌声唱到的："有人声从西珥呼问以东：守望的啊，夜里如何？守望者说，黎明将至，而黑夜仍在。你们若要问，可以回头再来。"听这话的那一族人已经追问并等待了两千多年，而我们知道他们令人战栗的命运。我们应该从中汲取教训：单凭渴望与等待，将一无所获，应该做些别的。投入我们的工作，无论作为一个人，还是一项天职，达到"日常的要求"[1]。这其实朴实、简单，只要每个人都找到主掌自己生命之线的神灵（dämon），听从它。

111

[1] 歌德，《威廉·迈斯特的漫游年代》，"在漫游者意义上的观察思考"："什么是你的义务？日常的要求。"（Was aber ist deine Pflicht？ Die Forderung des Tages.）董问樵译，上海：上海译文出版社，1993年。

I

韦伯与他的时代

吉砚茹 译　李猛 校

科学的天职[1]

卡勒尔[2]

……我们已经知道，如果旧科学不愿牺牲自身在理性上的自我解放和固有法则，仍旧秉持其“科学性”，倘若它坚持原初的方法前提——系统性与因果性（Systematik und Kausalität）——而不借助其势力范围之外的任何条件，那它仍需补充另外两条前提来维持它对科学的信心。首先，科学会“永远停留”在目前的分裂与专门化的阶段。深究起来，这不过是傲慢的同义反复，它不过意味着，纯粹理性的科学会始终如此继续存在。只要理性这种纯属区分与分解（分析）的能力保持自主，不借助那种综合直观能力，换言之，只要理性仍处于领导地位而未听命于综合直观，那科学当然会永远如此，压根不存在其他可能性。第二项前提是一般而

〔1〕 Erich von Kahler, *Der Beruf der Wissenschaft*, Berlin：Georg Bondi, 1920：22-30, 99-101.

〔2〕 卡勒尔（Erich von Kahler, 1885—1970），与著名诗人格奥尔格（Stefan George）的圈子联系密切的文化批评家。他是一位不在大学任职的民间学者。

言的理智的无限进步，或具体而言，科学的进步。这意味着，科学不得不赋予其知识无休止的临时性和无尽的绝望以正面的价值，只要科学继续循着自身独有的路径走下去，就不得不面对摆在它面前的这一点，而且要承认这一点。但另一方面，出于整体上狭隘的理解力与自我意识，科学必然沉溺于一种幻觉，复而支持了上述相当傲慢的自我评价：仿佛千百年来，我们仅仅处于理智化的进程，或者说“世界的除魔”中，“在原则上，所有发挥作用的力量都不是神秘莫测的，相反，人们原则上可以通过计算支配所有事物”。所谓“原则上”，是仅就理性科学自身的法则而言。如果我们不是出于理性科学的固有法则并采取相应的视角，而是从当下一般的生活处境赋予我们更宽广的视野来看，就得考察这些说法在多大程度上成立了。

不过，让我们先来看看韦伯怎么说的吧，他基于上述三项前提回应了科学的内在天职问题。他把科学对技术进步的作用撇在一边，因为对他来说，这显然没法为纯粹的、真正的科学提供充分的理由，这样无论如何也无法证成科学在精神上的尊严。但是，除去技术进步，科学对一门职业来说还剩什么呢？韦伯列举了科学在早先的时代曾经对人们意味着什么，然而对现代人已经不再如此了。直到我们的时代，虽然日常需要仍激发着科学的基本问题（但不像以前那样仅限于较低的需要），科学也绝不只服务于人的低级需求，这就是所谓“技术进步”。同样地，科学自身也不只是纯粹的事实知识。科学是“通向真实存在之路”“通向真正艺术之路”“通向真正上帝之路”“通向真正幸福之路”。确切地说，这些路，经过或多或少的迂回，最终都是通向真正生活之道（der Weg zum wahren Leben），通向崇高的、精神的，也就是有意义的生活。韦伯承认，科学也许曾经如此，但现在已经不是这样了；他甚至必须承认，遵照科学现在建立的法则性，它压根不想再成为这样的科学。毫无疑问，韦伯也认为科学不能回答托尔斯泰的大问题：“对于我们来说唯一重要的问题就是：我们应该做什么？我们应该怎样生活？”不过，也许科学另外有些意义呢？在韦伯看来，如果对科学提出恰当的问题，科学还是能有所助益的。所谓恰当的问题是指：科学工作的产出是否在“值得知道”的意义上是重要的。

这个问题，虽然经过了还原，放弃了更高的目标，但韦伯的处理方式却不像一个毫无先入之见的人，反倒像旧科学的代表，认为旧科学的前提颠扑不破。唯有基于旧科学的前提，考虑到旧的理性科学的当下处境，才可能相应产生“价值问题”（Wertproblem）。这一问题始终萦绕在韦伯心头，又成为他眼中所有问题的枢纽。“科学工作的产出是否值得我们知道”，他将这个问题导向了另一个问题，科学能否自己决断什么是值得知道的，换言之，科学应否、能否做价值判断？倘若科学不能做价值判断，那么对知识对象无法选择的，毫无价值判断的科学，能否对行动着的人（意即真正生活的人）提供任何值得知道的东西？

至此，我们得先澄清韦伯立场中存在的一些混淆。首先，他没能区分科学之中价值判断的三种可能性：（1）某个已经存在的事物值不值得继续存在；（2）对我们来说值不值得促进其存在；（3）它是否为我们所知，它该在何种程度上、以何种形式值得为我们所知。假如我们这样区分三种价值判断，那第一种显然在任何情况下都不成问题。对全人类或每一个个人来说，纠结所有存在的事物，或者一度存在的事物，所在的世界值不值得存在，根本毫无意义。存在本身就足以回答这个问题。对此，人只能扪心自问一个决定性的问题：他想留在世上还是离开。与其问世界配不配得上这个人，不如说在问这个人对世界的价值。[1]于是乎，只剩后两个问题：对我们而言，某既存事物该不该被支持，它该在多大范围、以何种形式被支持？相应地，它是否值得为我们所知，又在多大范围、以何种形式值得为我们所知？这两个问题紧密相关，其实说到底就是同一个实用主义的问题：某一既存事物——例如艺术或科学——值不值得我们去提倡，尤其是值不值得我们为之斗争，进而使其受到尊重、为人所知？它又是在多大范围、在何种层次、以什么形式值得我们这么做？

进一步说，那些服务于技术进步的科学并不涉及这一价

〔1〕技术进步的存在本身也算不上价值问题。技术进步就那么发生了。以我们所能，根本不可能把它推翻，令它不存在，即便我们现在非要乘马车而不坐火车，或者偏要选一辆老式火车而非改良后的火车，也不能改变这一点。这些设施一旦存在，就会不断自我完善和改良，这是活生生的存在本身所决定的，跟行动无关。——原作者注

值判断的问题；因为，为技术进步做贡献算不上纯科学的意义。像医学这样的科学不论技术多么发达，也没法回答生命究竟值不值得活，这个问题对医学根本无关紧要。同样地，修鞋匠或者裁缝也用不着去回答人究竟该不该穿衣服穿鞋。医学的天职是治愈疾病，而不是提供知识。纯科学则不然，它恰恰要让我们知道，因此才会产生这样的问题，这些知识有什么价值。

那么，只剩下一个问题了——沿着韦伯的思路这也是唯一可能的问题：纯科学能否、应否决定它所传授的这些东西，对我们来说，是否值得支持（抑或为之斗争），进而使其受到重视、为人所知？它又是在多大范围、在何种层次、以什么形式值得我们这么做？其实问题本身已经蕴含了答案，这就是韦伯事实上的回答：科学不能也不该这样做。

让我们来看看韦伯自己选的例子，即国家科学（Staatswissenschaften）和历史科学的例子；这些例子确实最富有教益。针对这样的科学，问题就成了：国家科学与历史科学的教师能不能依据他所传授的知识来指导实践生活（在这里指政治生活）里的决断？他该不该这样做？此外，他可不可以遵照这些实践政治决断来塑造他所要传授的知识材料？在韦伯眼中，彻头彻尾反柏拉图主义的答案就一句话：政治不属于课堂。为什么呢？既出于实践考虑，也有更本质的理由，它们相互交织，又都与其理性科学的前提关联颇深，所以得放到一块儿讨论。

在韦伯看来，诸生活领域，与理性、持久，且日益概念化的专业化截然不同：科学是纯粹的、孤立的、理性的学说（Lehre）。换言之，科学是对一套经验事实材料的纯粹介绍，通过因果关系和系统抽象可以归纳推知一套不受时空局限，因而在生活之外的概念性的法则；就国家科学与历史科学而言，这意味着介绍一套对“原则上不受非理性力量摆布”的人的事件的计算。从特定的情况推断出特定的结果，前提是预设了人类活动拥有固有的理性法则，在韦伯看来，这样一种对人的事件的计算，不仅是科学学说可能的内容，而且是唯一可能的内容。政治则不然，他将政治视为纯粹的、孤立的实践领导，或像他进一步解释的，一种基于深刻的非理性根基的世界观所产生的煽动（Demagogie）与预言（Prophetie）。在民族有机体共同的架构之内，一个人必须采取明确稳定的党派立场，这是他“责无旁贷的义务和职分”。这时，语言不是知的手段，而是被用来“招徕他人同意”的手段。在政治之中，“语言不是为沉思的思想松整土壤的犁头，而是刺向敌人的刀剑——是武器”。遵照超生活的理性的系统态度，由这些稳固的“世界观”可以估算出相应的党派归属，这样一来，世界观就成了原则上或客观上平等的，也就是说，它们在生活中都受到同等的尊重。不论何时何地，它们都有同等的权利适用于生活，产生这样或那样可以预料的后果，就像概念那样普遍适用，例如领袖的概念普遍适用于任何时代任何地区，因此既包括煽动家又包括先知。某人追随这一派，会发生这些事；倘若他选择另一派，也许事情就变样了。一切的走向都由一个人依据他的世界观来决定。

这些稳定的世界观，在原则上，或客观上，是平等的，它们彼此间相互斗争。韦伯认识到诸世界观的斗争不可避免，是任何时代都不可改变的事实，原则上不可能为任何世俗权威解决。继承穆勒的提法，韦伯将其等同于希腊多神教的某种“除魔”形式：“希腊人有时敬奉阿芙洛狄特，有时敬奉阿波罗，而首先每个人都敬奉自己城邦的守护神。我们今天的情形也差不多，只不过已经除去了魔力，除去了希腊人的行为中神秘却具有内在真实的造型力量。”这里我们必须再次插上几句。事实上，今天的情形不仅与古代世界不同，甚至是后者的彻底颠倒，正如我们前面描述的观念与概念的关系（政治自由民主的相对主义与科学概念的相对主义之间的关联极为密切）。希腊诸神从来不是概念或原则性的世界观，在生活之外，也就是没有时空，至高的，又彼此平等，随时随地任人召唤；相反，希腊诸神都是特定时空的生命力量的化身。这些时间的精灵、地域的精灵，其多样性与地上人们生活无限的多样性相呼应。虽然诸神固有不朽的力量，但在必朽者中却彼此制约着。正如人们是以单一的、共同的、普世的人性紧密结合在一起；同样地，诸神也由共同的、单一的、普世的神性维系着。正因为如此，诸神在特定时刻，在特定处所才被认可，才能发挥自己的力量。在一个神的城邦之内，牺牲就必须敬奉给这个神，在另一座城就得献给另一个城邦神，因为每一种生命活动都要敬奉该活动相应的神。所以说，诸神之争是不同生活之争，而不是关于或相对于生活的各种概念原则之争。诸神之争是不同部族与联盟特有的分裂，是划定疆界、濒临危机的斗争，是极其可怕的事态，在原则上，从来没有人承认存在这样的事态。[1]古代与现代的本质差别在于，古代世界的诸神之争或观点冲突不可能是选择，仿佛此时此地存在两种同等有效的可能行动，待个体依据各自的终极立场来取舍。在古代，此时此地的生活一清二楚，人会去找有智慧的人，寻求唯一的可能性，了解命运独一无二的法则与此时此地的那个神。当然，有智慧的人也会有观点的冲突，其中也会有人宣扬彻底的无原则，个体主义，完全低劣、只顾眼前的机会主义，否认存在任何高于表面现实的真理。可在古希腊，没有任何一个以传授知识为业的人会承认，对于一个人的一生来说，各种各样相互冲突的原则或可能性都是同样有效的。他们整个民族都从未这么想过，而在所有民族中，他们对独特性与唯一性感触最深，甚至发现了一个神圣的词：ΚΑΙΡΟΣ。这就是古代多神论相比于现代相对主义[2]的根本区别。

---

〔1〕“阿德曼托斯呀！在我们城邦里不应该多讲这类故事。一个年轻人不应该听了故事得到这样一种想法：对一个大逆不道，甚至想尽方法来严惩犯了错误的父亲的人也不要大惊小怪，因为他不过是仿效了最伟大的头号天神的做法而已。”柏拉图，《理想国》，378b。——原作者注。中译参考《理想国》，郭斌和、张竹明译，北京：商务印书馆，1986年。

〔2〕这是实践的相对主义，只关乎实践，不管韦伯在《社会学与经济学的诸科学之“价值自由”的意义》里多么强烈地反对将其描绘为相对主义，称其为“极大的误解”。如果我跟人说，“现在有若干种行动的可能，取决于你决定采纳的原则。你可以选这条路，选那条也行，总之不关我事，我也无权评价。原则上，我得承认所有这些可能性”，又或者（转下页）

从对生活整体存在的专业分割与力量分配，产生科学的纯粹学说与实践政治的纯粹领导（这里领导就等于煽动）；实践政治的生活处境又进一步分解为各种原则上或客观上平等的稳定世界观体系，它们彼此之间的斗争，表现为不同党派之争，被承认为给定的事实。价值问题，以及韦伯的回答，都源自这一整套假设，一旦提出这样的问题，那么韦伯的回答的确就是唯一自洽的：科学不允许做价值判断，不允许插手实践政治生活，因为先知和煽动家（即领袖）不属于教室，一个不可能发表任何批评意见的地方，韦伯认为这是不可抵赖的事实（“在课堂上，老师面对听众侃侃而谈，而听众只能保持沉默”）。不过，科学压根就不可能做价值判断，“因为世界上各种不同（但同样有效）的价值秩序，彼此之间处于不可解消的争斗之中……现在如此，将来也永远如此”，正如前文所言，诸神之争是系统上稳定的、不受时空局限的斗争。[1]唯有伦理领袖（这里说的是先知）能裁断

（接上页）我跟人说，“现在这种特殊的情势下，只有一种必然正确的行动。若是情况不同，在其他时候，在别的地方，或许有另一种同样正确的特定行动方式，不过当前这是唯一正确的决定”，我想问问，在这两种中，哪一种是实践的相对主义呢？——原作者注

〔1〕对此韦伯这么说：“我不知道，怎么能够指望‘在科学上’判定法国文化与德国文化的价值。”再一次混淆了实践的价值问题（我们已经发现，这是唯一要处理的问题）和理论上的评价或高下之分，换言之，判断这种或那种文化值不值得存在，或者既存的某种文化的价值该不该高过或低于另一种。正如我们所言，诸如此类的理论上的评价，如果推至客观或绝对，那它自然毫无意义；唯独在主观和相对的意义上，也就是说，（转下页）

诸神之争，他就处于生活之中，因而有机会去检验自己的观点；但讲台上纯属思辨的教师却没有这样的机会来检验自己的观点。抛开这些不论，考虑到不同的生活领域在概念上被切分成不同的专业，教师的资质跟领袖的品质压根是两码事，教师的角色是要传授事实，做出符合逻辑的演算，领袖却得扮演煽动家和先知。

韦伯认为，科学不允许也不可能进行价值判断。科学所传达的知识究竟值不值得发现，进而值不值得为人所知、受到重视，抑或在多大范围、在何种程度、以什么形式值得，都由不得科学。它不允许也不可能决定什么值得知道、什么不值得。[1]因此，它只能也只应该告诉我们哪些是可以计算的以及它算出了什么。至此，就涉及了最终的问题，真正的问题，即纯粹科学的天职问题，倘若韦伯来提这问题就是：这些未经价值评判的纯粹知识素材，这些由可计算性和计算构成的东西，能否为行动取向的人（意即真正活生生的人）提供任何值得知道的东西？

韦伯的答案是肯定的，通过传授纯粹的知识素材，科学有助于行动者获得清明（Klarheit）。换言之，科学把各种彼此不同，永远相互斗争的世界观或价值秩序之间的抉择摆到人面前，指明某种行为选择在原则上可预料到的实际后果：

（接上页）就其与别的存在的关系，与某种愿景或同情联系起来，才有正当性。——原作者注

〔1〕整篇讨论中，我们所谓值得知道自然是指实践上值得知道。——原作者注

“如果一个人采取某种特定的立场，那么，根据科学的经验，他要在实践中贯彻自己的立场，就不得不采用某种特定的手段……假如你想要某个目标，那么就必须接受根据经验将会随之产生的后果。”或者相反地：“就其意义而言，某种特定的实践立场，如果要保持内在的一致性，因此也保持诚实，只能是出于某种世界观的根本立场（可能是一个，也可能是几个不同的立场），但不可能来自其他的立场。形象地说，你敬奉了这个神，如果决定要坚持自己的态度，就得冒犯其他的神。”

伟大的古代智慧只熔成了这些残渣。韦伯说，至少原则上，科学能做的仅此而已；哲学作为专业学科以及各学科内哲学式的讨论所试图达到的也仅此而已。人们竟然从来没意识到，它们只追求这些——至少原则上讲如此。

但对另一个真正的问题，对于我们所有人来说都非常紧迫的问题，一个事关智慧的根本的大问题：“我们该做什么？谁能回答？”韦伯正等着你这么问呢，要是真跑去问他，他不过耸耸肩，如果你不肯忍受绝望，只怪生命力太弱。我们当然明白他耸肩是什么意思：我们的职责和能力始终都不在此，原则上讲不在于此。我们已经给你们提供了可计算的和已算出的事实知识。其余的得诉诸救世主或先知，不过还是别白费工夫了，你们渴盼的先知，在今天肯定不会出现。

……

原则上，旧科学是一套计算与可计算性的体系，其中，“所有发挥作用的力量都不是神秘莫测的、不可计算的”。不过，韦伯自己的论述也表明，活生生的世界没法完全纳入该体系，更确切地说，计算得出的整栋建筑都仅仅建立在一个潜藏的、神秘的基础上。所有本质的东西，隐秘地、以偶然的方式，作为一股不可计算的、非理性的力量，充实着形式化的计算过程，让它变得有血有肉。“神灵”（Dämon）、世界观、党派信条、灵感或“灵机一动的正确想法”，随便我们怎么称呼这种非理性力量，总之按照纯粹理性的标准来看肯定不对劲，我们只能通过活生生的感受试着大体上把握它。非理性元素会听命于理性的处置，人们相信能由此克服非理性，事实上，这样只能强暴它。旧科学永远禁锢在源于晚期基督教的分裂中，生硬地耦合一些死气沉沉、不可解释的东西，或是一些空荡荡悬浮着的解释：“肉与灵”“内容与形式”“感情和思想”“纯信仰与纯知识”或其他措辞，都说的是同样四分五裂的状态。人们哪会料到，这只不过是人类发展经历的一个中间状态而已。这样的分裂只承认两种可能：要么自己彻底为理智献身，要么在自己这里彻底牺牲理智；要么只会思考，要么只会相信，绝无第三种可能。谁要是彻底不承认分裂，纯粹理性的立场会指责他缺乏理智诚实，站在纯粹信仰的立场上，把非理性的东西强行理性化了。

现在，我们显然已既不能牺牲我们的理智，也不能让我们为理智献身。在即将新生的时代，扪心自问，二者都背叛了我们自己，我们感到一种全新的、浑然一体的、活生生的整体在内心滋长。直观万物源于造物主的旧信仰，与用逻辑推理消解那些信仰的旧思想，都已经过时了。面对将来的世界，旧的理性科学，与僵化的旧宗教，都丝毫无助于我们在明天的事件中规定或引导我们的生活，可后者就像我们每天的面包一样是生活所必需的。不过，新人类已经来了，他们现在还在成长，但他们不可避免地拥有理智，无论内在还是外在同样成熟，即便偶有败绩也定然不会被随意消灭；而他们的信仰，虽然在之前的形式里已变得荒芜过时，但在某种新的观看形式中又恢复了完备与统一：没有这些，也就谈不上新的开端。我们必须重新挖掘生命，而这意味着精神化（Vergeistigung），但绝不是理智化（Intellektualisierung）。必须根除在精神与理智之间不幸的混淆：意识领域里的精神，就是伟大自然秩序之中的生命体本身，在最深刻的、最内在的意义上就是生命体本身。唯有在最后一刻，一个有机体要彻底消解为物质，才能将精神等同于理智；那时，有机的身体不复存在了，精神也就消失了。然而理智是物质的最高意义，它区别于物质却又受缚于物质，像物质一样分解、有界限，从一个生命过渡到另一个。

创造一个新的精神基本上相当于创造一个新的生命体。倘若我们现在想要创造一个新精神，仅仅是因为我们察觉到一个新的、身体性的有机存在。不过，我们不用去定义我们是什么、我们在做什么。不管我们对观念的信仰是否崭露着一种新的宗教形式（与至高的力量重新结合），也不管我们说出的是预言还是别的东西，没必要为此冥思苦想或做出抉择，这与我们要做的事情无关紧要。随便人们怎么称呼我们吧，任由他们谴责我们吧！我们将听从内心的指引，由此得到行动的根据，并明白了我们的责任。一条清晰而坚实的道路就在我们脚下展开，我们的内心也有一种清晰而不可动摇的意志，带领我们沿着它走下去。我们遭遇过时代命运最危急的情形，也见识到现代日常生活严酷的一面；我们如此长久地凝视着深渊，几乎看到我们自己的毁灭。于是，我们自信能够告诉现在的年轻人：这样的日常消逝了。千百年未有的一天已经破晓。不论我们究竟是第一人还是最后一名，也不管我们是不是仅仅爬上了山麓小丘，也许在我们看不见的地方，未来会耸立一座高峰。现在正值收获时节，预示着无穷力量带来的喜悦。一切都有待我们去做。等眼前的水汽沉降，一切都是新鲜的，袒露在眼前，连泉水从最深处涌出都清晰可见，就像万物初始那天。周围的大地沉甸甸地载满尚未开始的工作，呼唤人们怀着敬畏去开启它。这一工作会从被遮蔽的地方显露出来，出现在某个面容上，或者许多其他的预兆，这些会告知我们，给我们保证，现在的青年们一定会实现它。为了这种青春，而不是为了与一位令人敬仰的渊博学者痛苦地争执，也不是为了对一种行将就木的制度穷追猛打——唯独为了青春，才敦促我们讲出这些话。

科学的革命[1]

特洛尔奇[2]

要想理解卡勒尔的《科学的天职》[3]，既要熟悉我们的一部分青年人如何同时猛烈批判了威廉二世时期的军国主义，以及现代普世体制（Weltverfassung）与议会民主，也得知道这些背景。[4]这是一种全新的科学向旧科学全体宣战的檄文，是创造性的生命向他们痛加针砭的大学或专业化科学开火，也是新法则对抗旧科学孕育的相对主义，在民主和普及的大众教育中，我们可以发现这种相对主义尽管并非出于有

---

〔1〕Ernst Troeltsch, "Die Revolution in der Wissenschaft", *Gesammelte Schriften*, Aufl.4., Tübingen. 1925：653-677，选自第668—677页。

〔2〕特洛尔奇（Ernst Troeltsch,1865—1923），德国神学家、哲学家和思想史家。他的经典研究《基督教会与社团的社会学说》，与韦伯的《新教伦理与资本主义精神》互为补充，也是处理基督教伦理与现代世界关系的力作。他与韦伯有相当密切的交往。

〔3〕卡勒尔回应韦伯"科学作为天职"的演讲而写就的，即*Der Beruf der Wissenschaft*, Berlin：Georg Bondi, 1920。

〔4〕特洛尔奇文章的前半部分介绍了卡勒尔与萨尔茨（Salz）论辩的思想背景。

意却自然的效应。作者提到，他花了时间得出了这样的观点与抉择。这本书确实还很稚嫩，却绝不平凡，感人至深。它以“一位青年”的名义写就，这位青年“坚信一场精神变革迫在眉睫，努力为科学寻求一种清楚的、方法上更牢靠的新根基”。因此，这本书从头到尾都贯穿着论战的笔调，处处都在反驳韦伯在“科学作为天职”的演讲中表达的观点，他眼中的“旧科学”形象自然就仅限于一种与新康德主义相近的实证主义。[1]如此一来，科学就等于各专门科学的范围，与任何哲学迥然有别，这正是现代世界不容改变的命运与本质。专门科学的方法包括因果解释、自然因果性，以及心理物理学的、心理学的、社会学的因果性。这是人面对世界的立场所达到的终极的理智化，是世界的除魔，一条无限接近事物之总体因果体系的道路。科学思维方式免于落入纯粹自然主义的最后一道防线，是将因果范畴追溯到理性纯粹形式化的先验，它作用在未知的、无法解释的、本身不可确定的质料上，才得以形成。在这些条件下，精神生活及其内容成了实践的价值范畴，唯有人格性的意志决断能从中选择；科学向其提供了可计算的经验现实，作为活动与应用的场地。任何人把握的决定，只能像实践冲突中那样，由决斗者的立场来支持，却不能得到科学的辩护。实然的存在世界（Seinswelt）与应然的价值世界（Wertwelt），这两个世界既没有统一的根

〔1〕参考我在《历史主义及其问题》（I, p. 565ff.）中对韦伯的分析，卡勒尔没有把握到韦伯真正的历史旨趣与方法。——原作者注

基，也缺乏相互的关联。对韦伯来说，所有的形而上学都是谎言，宗教虽然不至于彻底被否定，但也消解在一种阴郁，乃至有些狂暴的怀疑主义中。这种思维方式，不断让卡勒尔联想到民主制以及对进步的傲慢信仰，也自然加剧了他对这种思维方式的反感。卡勒尔就是这样看待旧科学的。他当然知道，这些批评其实都针对康德。科学自柏拉图的辉煌时代和教会信仰以降，到康德这里达到了必然的最低点。面对这种理智主义的悲剧或当下学院科学的讽刺剧，只剩下一条路可走，就是新的个人领袖制以及科学跟生活的新联结，简而言之，就是韦伯眼里只属于先知时代、现今绝无可能的东西。

卡勒尔和他所谓的青年找到了这种新的领袖，以及科学与生活的新联结。他们的出发点与旧科学的前提相当不同，他们自认为经受过军国主义世界与世界民主带来的痛苦，目睹了它们的垮台，也经历了资本主义与社会主义的腐化，因此，他们渴望世界观的统一，一种活生生的法则的统一。就像古希腊人曾经那样坚信他们自己永恒地被选中（Auserwähltheit），相信自己的生活法则刚好符合自然与神圣的诫命。当然，在现代世界，这样的排他性已不再可能。现在，这涉及一个人所属的民族的每种独特法则，涉及存在与价值、具体存在与应然的每一次碰撞。德意志特有的法则必须由一位活着的领袖确立为规范和指导准则，可现在这些空想家净知道瞎嚷嚷，恨不得比旧科学本身还要糟糕，好歹旧科学还有些章法。“［我们的］使命是寻找一种活的相互关联，一条活的法则。”“我们现今处境下（在存在与应然之间）

的统一肯定不同于早先（古希腊）的那样；它不再靠德牧格（Demiurge）那明确静止的统一体来实现，而是只能靠生命那流动—静止的（fließend-ruhende）统一体。”[1]这种流动而静止的、德意志独具的生命统一体与取向统一体的思想，显然与卡勒尔眼中由柏拉图《会饮篇》奠基的真正的古希腊规范紧密相关。作者翻来覆去地琢磨这些思想，企盼能从中找到救赎之路。救赎寄望于新的“有机统一体”，重点不再落在个人。基于有机论，卡勒尔提出了他对智慧（Wissen）的新观念，以取代所谓旧科学单纯的认识（Kenntnisse）。

> “智慧是造型本身的精神，既涉及造型的形体，也涉及其精神；智慧系于一时一地；每一刻，智慧能有多广博取决于其担负者本身有多宽广，所以对每一特定情形下的有机造型而言都是独一无二的；因此，它始终是自洽、完整且完满的，是新鲜的、当下的，又始终是古老而恒久的。”
>
> “智慧源自灵魂的中心，源自最深处，源自统一的有机造物的本原。反过来，它又是该有机体中心与其他有机体中心的深刻关联——直至触及那汇聚一切的最深的独特中心。”

---

〔1〕见Kahler，*Der Beruf der Wissenschaft* 第45页，特洛尔奇引文大体准确，原文如下：“*Die Vereinigung auf unserem heutigen Stande ist freilich eine andere, als jene frühe war, sie kann sich nicht mehr vollziehen auf die eindeutig ruhende Einheit des Demiurgen, sondern nur auf die fließend ruhende Einheit des Lebens.*”

> “与此时此地深刻相关的永恒（Ewigkeit），正好相对于那太局限、在任何地方都不存在的无限（Unendlichkeit），二者的对立最确切地表达为智慧与认识之别。”

智慧会随着普遍历史进程内每个新的有机总体形态而变化、进步。现在正需要让智慧跟上现代的有机生命及有机共同体，之前以专业或成功为中心的人已经把一切都毁了。就那些饱受命运摧残又被科学辜负的德国人而言，柏格森是旧科学最后一班前哨了，在他之后，悲剧已然蕴生转机。柏格森让我们看到世界有机、流动、活生生的一面，但尚未指明任何止境或方向，留待德国兴起的科学来完成这一事业。“一尊高大的形象（格奥尔格）激励着我们，他活生生地现身在我们的时代，带来开启新篇章所需的安慰与鼓舞。”于是又回到了前文讲到的静止—流动、所有有机共同体的总体、每一民族有机体的独特性，得以洞察所有这些有机体以及它们统一的总体形态的那些智慧的基础。问题在于，既要克服相对主义，又要承认个体性；既要赢得有效的真理，又得承认现实的无限涌流；既要对生命形态有总体直观，又要坚守科学研究的严肃性：这些全都是真正紧要的、现实的、现代的问题，只不过遮蔽在重重迷雾和不相干的问题之中。[1]

---

〔1〕我曾用自己的方式处理这一问题，见“关于历史判断的标准”（*Über Maßstäbe zur Beurteilung historischer Dinge*，*Historische Zeitschrift*，1917）。（转下页）

我不可能具体解释，新科学究竟该怎么回应这些问题，或者为何不能从旧有基础上解决这些问题，至少对我而言，卡勒尔的论述几乎没法理解，其中的想法也很不成熟，没必要复述，就连作者自己也说有待日后进一步阐明。人们暂时只能读出青年人对现代专业化的强烈不满，现代专业化的浩瀚无边让他们恼火厌烦，书中还提到了柏格森的“直觉”、胡塞尔的“本质直观”（Wesensschau）（显然是采用舍勒的阐释）和狄尔泰的“体验”——卡勒尔所谓“灵感”就源于这一概念。理论上，他归根结底是在抱怨现代的单一因果论，这确实是一个核心问题，对精神科学（Geisteswissenschaften）来说尤其不堪忍受。但他拿出的方案实在经不起推敲，与其说是出于逻辑的考虑，倒不如说是美学的。那我们就只能揣摩他举的例子。除了挂在嘴边的柏格森，他还提到了生物学家魏克斯库尔（Jacob von Uexküll）和赫特维希（Oskar Hertwig），至于精神科学，继“布克哈特与狄尔泰孤零零的先导”往后，列出的人物就五花八门了：卡西尔、舍勒、阿尔弗雷德·韦伯、潘维茨（Rudolf Pannwitz）与斯宾格勒。“在我们所关心的意义上，唯有描绘伟大人物的领域迈出了典范的第一步，贡道夫（Friedrich Gundolf）独辟蹊径地塑造了歌德的形象……前所未有的、完满和谐的有机形象——这对我们具有象征意义，我们这

（接上页）现为《历史主义及其问题》第二章。克罗齐对此有深入的研究。——原作者注

类人选择从歌德着手，而歌德的人格，像先知一样，指示了我们的趋向。”批判性的研究只是素材，不应拿出来，应该提供的只是个体有机形象的艺术呈现。“人们得习惯于只汲取真正的智慧，意即以绝对牢靠、充满责任感的方式发表的完美、完善、完整的作品。”也就是说，唯有贡道夫的《歌德》、赫弗尔（Herman Hefele）的《但丁》和斯宾格勒的《形态学》[1]之类的书才该被写出来。问题在于，前两本顶多算对“个体形态”（individuellen Gestalt）最狭义的生平描述，第三本又落入相对主义。他真正的理想是用这种方法理解各民族、各文化圈、各生物种属，然后“层层相叠”构成整体，统一“各领域内不同层次、种类和立场的观念”直到“超脱尘寰，汇聚我们一切，那个在旋转中静止的，观念的形而上学的永恒天堂”！如此一来，青年人就从旧科学的无限痛苦中被解救出来。观念的天堂会让他重获一种有机的、具体形态的德意志性（Deutschtum），可以付诸实际行动。从古希腊与教会消解后导致的理智主义中解放出来，青年就可以领悟到：“意识领域里的精神就是伟大自然秩序之中的生命体本身。”

对此该怎么说呢？这里边显然有点问题。卡勒尔对旧科学的概括是一种模糊的妖魔化，归根结底是他对实证科学的认识不太精确。我这么说无意诋毁他，他的人格确实让人钦

〔1〕斯宾格勒的《西方的没落》副标题为《世界史形态学大纲》（*Der Untergang des Abendlandes: Umrisse einer Morphologie der Weltgeschichte*）。

佩。然而他对旧科学的看法并非仅仅来自韦伯演讲那诚然令人惊骇的印象，更多是因为他偶然的个人经历，他就将对旧科学含混的概括套在韦伯这样一位相当独特的人物身上，简直错得离谱。也许作者对旧科学的认识，只是来自对德国大学专业化与韦伯这次演讲的厌恶？更重要也更有代表性的问题是，卡勒尔把三样东西搅在了一起，可它们在精神发展上截然不同，其实本身就有着深刻的区别：一是实证科学，程度有异的精确科学，二是指向全体的哲学，三是个人实践性的生活态度。这位年轻的先生打算一步就把三样东西全解决了。另外，对他而言第三样是真正决定性的。他强行把它们搅在一起，导致了某种玄妙的神秘主义，只能靠幻想与灵感，唯有最先分享这种恩赐的圈子才能以秘传的方式实践它。而这种秘传的教诲同时应该既是科学，又要替代科学，此外还必须最终实际上塑造和拯救德意志民族。一下子解决三样截然不同的任务。事实上，这三种趋向必须谨慎地区分清楚。科学只能是实证的专门科学。这并不意味着它就一定是狭隘或傲慢的，这跟大学本身如何完全不相干；英国的私人学者、研究院中的学者和学院亦如此。在这一点上，我坦言我完全同意旧科学，否则科学根本不可能存在。对此，韦伯以其清明和男子气概讲出了唯一的真相。在我看来，没有一句话不在点。不过，哲学无疑是另一回事了，它显然不是精确的实证科学，而要从某一点出发，开辟一条把握整体的道路，然后才要与具体学科建立稳定的关联。对于这一点，我个人完全不同意韦伯。比起韦伯那种在我看来毫无可能的怀疑主义或强行肯定价值的英雄主义，我相信卡勒尔的著作中所能够感受到的直觉会更接近真理。韦伯的学说实际上并非当下哲学的一般立场。私人生活或公共生活中的实践生活态度又是另一回事。严肃的人肯定会基于某些信仰或世界观来生活，但是也不能就此厌恶不屑地撇开实际的生活情况，他必须去理解，去适应这一时代经济、社会或政治生活形式之中不可改变的东西。每个时代的基督徒都得不断重新经历这一过程。见到卡勒尔式异象的神秘主义者也得体会并承认这些，倘若他们意欲实际影响德意志民族。韦伯与格奥尔格的门徒们交谈时总是说，你们的新浪漫派和曾经的浪漫派一样，会在现实的社会与经济情况上摔得粉碎。现实就是这么回事，不用考虑目前的情况里这样的“硬石头”指什么、有多少，那都不重要。人要么隐居避世或躲进某个唯心的秘密会社，要么让自己的信仰与现实情况相关。写书抱怨是两者之间一条行不通的中间道路。

显然社会学家萨尔茨（Artur Salz）也这样想。萨尔茨与格奥尔格圈子关系密切，跟卡勒尔是学术伙伴，私交甚笃。他以一篇题为“捍卫科学：反驳贬斥它的知识分子”[1]的论战文章友善地反驳了卡勒尔。这篇论文很有教益，也很典型。首先他几乎宿命般的屈从青年人反科学的革命潮流，却又对此深感痛惜，并从中预见对现存秩序残存的敬意即将破

〔1〕 Arthur Salz, *Für die Wissenschaft. Gegen die Gebildeten unter ihren Verächtern*, München, Dreimaskenverlag, 1921.

灭。他谈论“科学的革命”的口吻，像在讨论自明的东西，显得他很了解对手。此处我无法复述他那些精妙的论断，譬如关于现代科学及其与国家、社会、分工、判断自由等方面的关系，也不会论及理所当然与之相关的其他内容，例如他对战争的观察和对历史的构想。我只想选取其中关乎卡勒尔学说的内容，以及该学说与青年的关系——青年的概念变得越来越神秘了，毕竟我们对这些青年人有哪些特性几乎一无所知。[1]虽然整个生活的革命性改造要通过“精神的革命”才能得到真正的保证，但萨尔茨对这一“精神的革命”并无进一步阐释。“唯独通过这场革命，外部社会生活的动荡，才可以说，精确体现了内部精神生活远为深刻的震荡，从而为其创造了此前一直欠缺的良知。”这场革命总的来说是要变革科学，纯粹因为德国人习惯把科学等同于学校，才会抨击大学。因为这层关系，他认为“从敏锐的精神意义上看，卡勒尔的论文是革命小册子的典范”，“最能感动我们存在的根基”。在他看来，卡勒尔的文章总体上扬弃科学，并用一种新的信仰取代教会的宗教信仰。因为卡勒尔所谓“智慧”（Wissen）其实是一种秘传的信仰，压根不是科学。它仅仅出自个人对救赎与生活的需求，是一种享乐主义的放纵；同时它又是某种共同体，一种等级制的秘传教派，也需

---

〔1〕请参阅E. Spranger，《教育改革的三个意图》（Die drei Motive der Schulreform, *Monatsschrift für höhere Schulen*, 1921）。可以看看一本挺特别的小册子，里面详细地介绍了“青年人”对现在这个时代的厌恶，作者是一位瑞士青年（Max Picard, *Der letzte Mensch*, Wien und Zürich, 1921）。——原作者注

要自己的教皇、先知、使徒与异象。卡勒尔凭直觉区分“智慧”与认识或研究，归根结底是靠灵感或魔术。“这类作为智慧的科学，属于一个共同体，或一个选民等级，它所唤醒的精神或灵魂的力量，迥然不同于此前所谓科学，仔细一琢磨，它终究是启示、梦感、巫术，倘若它彻底看清自己，就会宣称自己能施法，并且靠魔法来证明自己。”卡勒尔试图让他那从灵魂内心关联到另一个灵魂内心的“智慧”，跟通常意义上的宗教信仰及一般科学和解。可萨尔茨根本没把这一努力当真，卡勒尔固然用心良苦，却实在说不通。萨尔茨对这种尝试的后果一清二楚：要么滋生不堪忍受的业余心态（Dilettantismus），玩票似的要弄技巧或最恶劣的新闻文体；要么复归天主教——后者正是舍勒基于类似的历史构想所选择的方案。倘若青年人怀着纯洁的心灵翘首企盼新科学福音的预兆，指望从此摆脱疲惫，轻轻松松就能经验丰富，倘若他们觉得能从一种无所不包的世界观中收获可以传授的指示，那么萨尔茨断定，现实注定会让他们大失所望。

说得倒是很清楚，然而萨尔茨自己的想法基本上差不多，不过慎重成熟些罢了！他也将科学与哲学结合得太紧，彻底忽视了数学和自然科学；他不承认知识有任何内在标准，将“科学”全然寄托在生活感受和体验的基础上；继狄尔泰之后，萨尔茨也想基于体验与生活感受的变化建构一套文艺复兴以降的欧洲科学史。类似地，他衡量德意志精神史的尺度是从路德到尼采和格奥尔格，然而，我们这些上了年纪的人更倾向于从路德到歌德和亥姆霍兹。这可是决定性的，无论如何都必然导致新知识以及相应的哲学后果。只有关乎实际生活态度时，这位国民经济学家和社会学家才明白人们必须面对上文提到的那块“硬石头”，因为既不能飞跃它，也没法软化它。但除此之外，他也对新科学着魔，对大学科学也有类似的怨言。所以，他虽猛烈批评卡勒尔的作品，又称赞它“相当严肃地触及了我们当下生活的根本问题，极富洞见与教益，这份出版物无疑应当在整个民族的精神生活之中占据重要地位”。人们这才想起正是这个萨尔茨即将推出米勒（Adam Müller）作品的新版——米勒当真是一位相当有趣而富有教益的人。

我感觉以上论及的两篇文章并没有什么实质内容，不过因为它们有典范意义，仍然值得重视。因此，我才分析了我们最新的现代科学文献之中出现的几个群体，作为理解这两篇论文的背景。大多数上了年纪的人都无视它们，另一些受到惊吓变得悲戚。“您要做什么？”有人就说：“科学曾经有过黄金时代，正如音乐、宗教和艺术也各自有过辉煌；只不过科学的好日子到头了。青年人不再追求它。别的东西会取而代之，毕竟，它享有同等的权利。”说这话的人很熟悉青年运动，也是他们的好朋友。别人却说：“我受不了那个斯宾格勒；不过至少涉及科学方面，他那部《西方的没落》确实在理。这些青年本身就是没落的代表。”我曾提议说“格奥尔格圈子的科学理论”会是一个不错的论辩主题，有人回应得非常粗暴：“我们不关心那些蠢话。”我个人认为——这些事情上也只能谈谈信念和想法——所有这些现象其实都有深刻的意涵，需要认真对待。现在我们经营科学的方式（Wissenschaftsbetrieb）确实残留着许多僵死或过于拘谨的东西，毋庸置疑得更新换代。但我相信新的一代会试图重新接触真正遵循方法的严格的实证科学，也希望他们真的能做到。数学与自然科学会关心这件事，还有语文学——只要它明白自己的职责。尽管语文学现在遭人忌恨，但本质上它代表着科学的纯粹性原则。

人们普遍感到这次更新换代会是一场革命，并且与政治—社会的革命模糊地汇合。在根本上，二者仅有一处共同点：在根本上不再尊敬任何东西，预感到将有大事发生，蠢蠢欲动。然而，在最深的核心处，二者又有最为悖谬的矛盾。因为“科学的革命”恰恰开启了世界范围内针对民主启蒙与社会主义启蒙的大规模反动；它反对理性的独裁，亦即反对理性不受限制地组织存在物；也拒绝对人类平等与知性的预设教条。就像诺瓦利斯曾经评价柏克那样，说他写了一本最具革命性的书来反革命。这些书基本上也是“最具革命性的反革命著作”。这种新浪漫派虽然与旧浪漫派有深刻的区别，却与之紧密相连。审美式的反基督教的异教形态，与一种追求律法规范的天主教化基督教，再一次扭打起来。归根结底，仍是理性启蒙以为自己已经克服了的欧洲宗教问题。正如旧浪漫派反对法国大革命所带来的意识形态和实践转型，是当时世界范围内大反动的要素之一，新浪漫派也会参与即将发生的大规模反动，来针对当今的启蒙革命及其社会主义—理性主义的信条。正如旧浪漫派与它催生的历史性世界观，远比启蒙哲学富有想象力，新浪漫派亦如此。不过，就像旧浪漫派本质上是思辨的、贵族性的，在革命的行动力上稍逊一筹，新浪漫派也终究会有同样的遭遇。它不会带来长久的复辟，而不得不任由经济社会状况那块“硬石头”依旧矗立。话虽如此，它会深刻地改变主导的意识形态和生活态度，用不了多久，现在公认的智慧就会让我们感到空洞乏味。传统科学里单纯的套路和惯例会慢慢被遗忘，其中稳固的、精确的内容或方法会进入新的思维方式。

谁要是没有追随现在的潮流信奉马克思主义学说或者卢梭的学说，而是思考强大的工业集中、工人组织，还有世界政治形势的改组，那他当然只会看到这种政治浪漫派的软弱。不过，若谁能同时领会各种学说和思想，就绝不会将精神剧变视作无关紧要或徒劳无益。

韦伯论科学作为天职[1]

库尔提乌斯[2]

韦伯在演说的开始描绘了一个德国学者的典型学术生涯。通过与美国大学的情况相比较，他认为德国的境况在向美国靠拢，总结道："学术生活就是一场疯狂的赌博。"在这一序言之后，接着讨论的主题就有意思多了，韦伯开始论及科学的内在天职。科学已经踏入了一个专业化的阶段，这种趋势会"一直"持续下去。只有通过极其严格的专业化，学术成果才可能完美而持久。"如果谁没有能力，完全蒙上双眼，不顾周围一切地想象，他灵魂的命运就取决于他是否对抄本此处的文本做出了正确的推测，他就尚未步入科学的门径。"所以科学要求满怀激情的献身。不过，工作激情本身

〔1〕 Ernst Curtius, "Max Weber über Wissenschaft als Beruf", *Arbeitsgemeinschaft Monatsschrift für gesamte Volkshochschulwesen*, 1920(1)：197-203.

〔2〕 库尔提乌斯（Ernst Curtius, 1886—1956），著名的罗曼语文学家，日后以论述欧洲文学传统的大作《欧洲文学与拉丁中世纪》享誉于世。发表此文时他以法国文学的翻译者和文学批评家著称。

并不能确保取得科学成果。一个人还需要“想法”和“灵感”。想法和灵感会不会从天而降，这是学者必须承受的又一场赌博。

青年一听到灵感对科学工作影响这么大，就以为科学里最关键的就是一个人的“人格”和“体验”。韦伯恰恰要打破时下风行的这两个偶像。人们现在常说的人格只是一种迷信。所有伟大的科学家和艺术家都是心无旁骛地致力于自己的事业。韦伯指出，即便像歌德这样的人物，如果想要自由自在地把自己的“生活”变成一件艺术作品，也会损害自己。

艺术与科学在要求“事情本身”（Sachlichkeit）这点上没什么分别。然而艺术领域里并不存在进步，科学却意在被超越，成为过时的。“千百年来，我们一直在经历着理智化的进程，科学的进步是其中的一部分，而且是最重要的一部分，今天的人们通常对此抱以极度否定的态度。”理智化意即相信可以通过计算支配一切，或者换种说法，理智化意味着世界的除魔。

千百年来持续推进的理智化进程，科学决定性地参与其中的“进步”，究竟有意义吗？如此一来，论题就从“科学的职业”（Beruf zur Wissenschaft）转到更宽泛的问题，即人类的生活总体之中“科学的天职”（Beruf der Wissenschaft）。对柏拉图来说，科学是通向真实存在之道；对文艺复兴以降的时代而言，科学是通向真正艺术之道、通向真实自然之道、通向真正上帝之道、通向真正幸福之道。今天，我们已经不再相信科学能实现任何这些理想了。科学不能回答“对于我们来说唯一重要的问题”，亦即：“我们应该做什么？我们应该怎样生活？”可是拿这些拷问科学有道理吗？问题非得这么处理吗？

演说又一次转变了话题。韦伯提出，评价科学的关键是科学在“值得我们知道”的意义上重要与否。不过，对这个问题，我们只能依照“我们对生活所持有的终极立场”来决断。至此，韦伯已经表述了一套清晰成型的主观论，严格说来，排除了人们基于共同基础达成一致的可能。所有科学分支都预设了研究对象的价值，却没法证明其价值（难道科学不能显现这种价值吗？韦伯没有提出这样的问题）。自然科学描绘的世界是否具有存在的价值呢？医生努力挽救的生命值得拯救吗？艺术科学所研究的艺术王国有价值吗？抑或只是“一个恶魔支配的王国……在内心最深处与上帝势不两立，其内心深处的贵族精神，也与人类的博爱背道而驰”？历史性文化科学研究所构建的文化共同体，有值得我们参与其中的价值吗？这些问题全都没法通过科学回答。（难道哲学也不能回答？）科学这里涉及的价值问题绝非自明的。

韦伯由此得出以下结论：科学必须不做任何价值判断，避免表达一切个人的立场。这一结论背后最深的原因是世界上有各种不同的价值秩序，彼此之间处于不可解消的斗争之中。韦伯讲的这些，年轻的勒南在1849年就理解得简单明了：“神圣与真理，美与善，真理与其本身的斗争。”[1]

---

〔1〕 Ernest Renan, *Patrice*, Paris：Calmann-Levy, 1908, pp.5-6.

韦伯不否认它们确实成问题，但这些都是生活问题，不属于讲台。

教授应当是一名教师，而非领袖。照美国人的话说，他就像卖菜的一样，有些知识待售而已。韦伯继而追问，那美国人这种说法就一丁点道理都没有吗？教授如果自认为有义务充当青年的人生导师，可以在私人交往当中证明自己堪当此任。

在韦伯看来，学院教师能传授给听众的最高的、最终的东西是：他能“迫使个人对自己所作所为的终极意义做出交代”。

人们可能会有种印象，觉得韦伯的演说是出于某种防守反击。年青一代对大学科学的态度，他们有些模糊的狂热，对朴素事实知识的蔑视，对即刻能达到一种绝对的渴望，在许多地方都引起了相当热烈的抗议。1919年发表演说的韦伯肯定能照他的经验理解这类情绪。但他也会提醒自己，从战场上归来的青年，心境并无先例可循。倘若年轻人兴奋不已，乱哄哄地要求大学做这做那，面对在逻辑和事实上都如此缺乏纪律的场面，韦伯准会偶尔禁不住哂笑，或者感到厌倦，无可奈何；他也可能试图自我封闭以为防御。不过，倘若他怀着爱与信任接触这些青年，就会感到竭尽所能去帮助他们是一项绝妙的使命，他会相信，最名贵的醇酒由最污浊的发酵酝酿提纯澄清而来。这项使命的责任之重是前所未有的。

所以，虽然韦伯在很多方面的批评都有道理，要是能让人感到他赞同现在这些青年生命中最好的意志，也许他的演讲会更富教益。不过，即便一些人会为韦伯没有肯定青年而感到遗憾，每位读者都一定能从这篇演讲中，如同韦伯的一贯立场一样，看出他那清晰成型的道德人格。一位声名如此卓著的学者，一个如此清晰鲜明的人格，他陈述自己对科学问题的看法时，哪怕透过他援引别人的方式（《以赛亚书》、《诗篇》、托尔斯泰），无意之间就描绘了一幅自画像，就连那些与他意见相左的人，也难以抗拒其中的审美魅力。

韦伯的立场极具个人特点，所以对实际问题的讨论难免会相当片面。譬如韦伯采用的“科学”概念，显然仅仅指向近三百年的机械论式的自然科学以及今天对精确理想的追求。若不带入柏拉图或达·芬奇的知识理念来进一步解释，这种极其相对的科学概念极易导致误解——维拉莫维茨-默伦多夫关于柏拉图的新书[1]也有类似的误读。今天，如果关键在于重提科学的本质和意义的根本问题，那么，无论如何必须一开始就认识到，对知识的系统性追求而言，我们今天的科学绝非唯一的、恒久的典范。然后，人们才会意识到，韦伯似乎主张的科学持续不断地进步，不过是必须抛弃的虚构罢了。因为唯有自身始终如一的事物才可能有进步。然而，谁又敢断言古希腊的科学（ἐπιστήμη）在实质和功能上都跟现代科学是同一个东西？即使不谈这一点，科学稳定进步的理论也不可能涵盖韦伯似乎主张的范围，它仅对解释

〔1〕Ulrich von Wilamowitz-Moellendorff, *Platon*, Berlin：Weidmann, 1920.

性的自然科学完全成立，只在有限程度上适用于历史。蒙森或兰克不会在拉瓦锡或李比希那种意义上被超越，其相对的不可超越性不仅像韦伯说的那样，靠宏大历史描述的审美或教育价值，亦有赖于历史科学的认识论结构。然而，一到哲学领域，进步理论就毫无意义了。哲学里后来者顶多有所补充，何谈进步。柏拉图不可能被超越。

会不会是因为哲学本就是与科学不同的东西（当然这不意味着它更没价值）？韦伯无疑把哲学视为一门“专业学科”。这不过再一次表明他的科学概念意涵过于狭窄，且不够清晰，尚未在哲学上琢磨透彻。

这一点表现得最明显的就是韦伯关于诸神之争的论述。虽然穆勒的哲学思想其他方面韦伯并不赞赏，但他援引“晚年穆勒”，认为价值之争植根于世界的根本，所以就应该干脆把它视为既定事实来接受。然而，这个价值论命题远非一目了然，可以不给出任何理论根据就想当然地接受——韦伯得出的那些深远推论，说服力因而就被削弱了。即便不纠结哲学的价值学说问题，至少得问问：“这种据说普遍有效的价值之争，会不会只是价值的无序状态（Wertanarchie）[1]的征兆，暴露了晚近西欧文化的某种乱象？”

韦伯提到，在科学的领域里，只有那些“全心全意地为事业服务”的人，才具有人格。在我看来，他这样就绕开了

---

〔1〕“无序状态”参见Max Scheler, *Vom Umsturz der Werte*, Leipzig：Der Neue Geist, 1919：194-195。

整个讨论的关键问题，即人格在科学的认识过程中扮演着什么角色。假如“全心全意地为事业服务”指的是摒除一切个人冲动，那它作为事实性的断言就已经错了。因为它仅仅适用于19世纪受康德义务伦理支配的那些人。柏拉图就足以构成反例，对他而言，认识的方法论前提源自人与知识对象之间存在爱的关系。无论如何，需要一套独立的方法论反思才能完成这一任务，重新判断每种认识方法和各类科学究竟是否要求整个人格的分有或预备性的性情倾向。例如，或许“体验”就是这样一种人格对知识的先决作用。至少，“历史性文化科学”也许都如此。宗教史研究或一般的精神史（geistesgeschichtlich）研究的成果，取决于相关学者与工作领域的价值品性之间体验到的心灵契合究竟多广多深。并且，只有他现在对此有所体验，才可能体验到往昔的心灵契合。对有些学者来说，人们可能想要引入一种“体验的义务”（Erlebnispflicht）。

假如这些异议提得不无道理，将会动摇韦伯建立那些实践性推论的理论基础。一旦省略这些推论的理论保证，就清理出了一条道路，让今天的青年针对大学科学的褒贬态度重新获得重视。

这些青年要求“人格”和“体验”，不论如何，其中的想法是颇为正当的：科学存在的意义必须有所转变，转向人本身（Menschtums）的一种意义解释。不能像韦伯那样，从一种发展史的事实状况（理智化的进程）经验地得出科学的意义与价值。更确切地说，科学的意义，只能由生命价值及其次序，从为一切奠定普遍基础的总体直观（Gesamtanschauung）中得到确定，总体直观必定是一切哲学思考的目的所在，即使在总体直观的严格哲学表达不及之处，它的基本特征也可能已经明见地给予了。即使我们都不是形而上学家，我们也晓得：有神圣，有善，有美，有真，这无须争辩；一个人越是深刻、越是广泛地觉察并且实现这些价值，就越有价值；我们必须首先是人，而后才是学者；科学的意义可以被编排进生命的意义整体；假如我们献身于科学——不论作为老师还是学生——却又在我们的科学生活和作为人的生活之间插入一道隔膜，这是不祥的、恶劣的、荒谬的。我们还知道，在专门的研究所中致力于纯粹的研究目标不错，也是必要的；然而，大学不仅是一处研究机构，也是教育机构；（我们当前迫切需要的）培养科学面向事情（Sachlichkeit）的教育，可以与传授精神上的诸多生命价值结合在一起；一位教师，让青年大学生心甘情愿地接受这面向事情的训练，他们对此确信无疑，认定能从中获得其他一些更深的启迪。谁若是有意环顾我们的大学寻找这样的教师，列举其中最令人印象深刻的形象，凭借其强大人格和悲剧式的紧张气质，站出来，想为一种非人格性的专门科学辩护，准会说出他的名字——马克斯·韦伯。

韦伯及其科学观[1]

李凯尔特[2]

可惜，我和韦伯只在同一所大学共事了短短几年。[3] 1897年他受聘前往海德堡，不久就生病了，虽然在弗莱堡时他的健康状况和工作精力看起来都坚不可摧，他的神经遭受如此严重的疾病，以致不得不彻底中断科学工作，遑论政治活动。他甚至回避私人交往，经常出去旅行。那些日子我们

〔1〕全文见Heinrich Rickert, “Max Weber und seine Stellung zur Wissenschaft”, *Logos*, 1926（15）：222-237（本文节选自第227—237页）。此前，李凯尔特曾在1926年6月16日的《法兰克福报》上发表本文选段，题为“Das Lebensbild Max Webers”，收入R. König与J. Winckelmann编辑的*Max Weber zum Gedächtnis：Materialien und Dokumente zur Bewertung von Werk und Persönlichkeit*, Cologne：Verlag für Sozialwissenschaften, 1963, 109-115。

〔2〕李凯尔特（Heinrich Rickert,1863—1936）,新康德主义哲学家，他对文化科学与自然科学在方法论方面差异的论述，以及人文科学形成概念的学说，对韦伯阐述自己的科学学说有所帮助，韦伯讨论相关问题时多次援引他的相关论述。

〔3〕1894—1897年在弗莱堡大学共事，1897年韦伯前往海德堡大学接任克尼斯的教席。

很少见面。过些年，他的健康状况大为改善，才得以断断续续地重拾科学研究。那么，现在他对科学的立场如何呢？

越是不能考虑政治活动，韦伯越强烈地感觉需要澄清其理论研究的本质。正是在重新活跃写作的初期，韦伯最重要的方法论论文诞生了，这使我们随即恢复了亲密的精神交流，因为我正好在这段时期出版了历史科学之逻辑概论的后半部分。[1]不过韦伯从来不会把逻辑研究当作目的本身。很快他就重新转而处理社会生活的实质问题了。现在韦伯作品的特点，与之前在弗莱堡的研究相比，有本质变化。

倘若只看理论方面，这一变化的关键很明了。韦伯一如既往地是一名专业研究者。然而，他不仅拓宽了此前他潜心研究同时作为政治家所关切的对象范围，而且转向另一种表述方式。早年韦伯曾对马克思主义借鉴颇多。他逐渐看透马克思主义的片面性。现在，对他来说首要的是理解所谓理念性的力量（尤其是宗教）对“物质”利益的影响，即对经济生活的影响。这促使他超越纯粹的历史观察，换言之，超越对特定具体事件的个别化描述，尝试去揭示社会的文化生活之中的普遍联系。

于是乎，那位坚持不可重复的事件具有独特性的历史学家，成为一名追求普遍化概括的社会学家。通过与所谓唯物

〔1〕《自然科学概念形成的界限：历史科学之逻辑概论》（*Die Grenzen der naturwissenschaftlichen Begriffsbildung. Eine logische Einleitung in die historischen Wissenschaften*）。我将1921年第三版题献给韦伯以为纪念。——原作者注

主义历史哲学无法回避的斗争，韦伯也接近了哲学问题。与此同时，他做出的普遍化都极其慎重，始终否定任何真正的历史哲学。韦伯是一位太过纯粹的历史学家，以致不会以思辨的方式提出总体的普遍历史。就算作为社会学家，他也只愿意做方法上自觉清明的专业研究者，从未想过像“哲学”那样从事社会学。

这足以让我们理解与说明韦伯在其时代的社会科学中秉持的立场了。按他的意愿，我们可以将他与文艺复兴时期伟大的自然研究者相比，他们的著作奠定了后来所有关于物质世界的科学的基础。他们也都是专家，而非哲学家。然而，和韦伯一样，他们都关心哲学问题，尤其关注逻辑问题。他们想要澄清新方法，借助这些新方法，可以科学地掌握新发现的自然。韦伯一直坚持以历史的方式探讨社会文化生活，同样地，他也在寻找一种“新工具”（neuen Organon），用来在尽可能大的范围内研究社会进程，直至他找到了“理想类型”（Idealtypen）的工具，即构想出的概念，而在历史生活中找不到如此“纯粹”的对应物。[1]虽然韦伯的工作，名目来自传统，但从来没有人以这种方式来尝试他所关注的事业。韦伯开辟了全新的道路，每踏出一步，他都在方法上提供了根据。可惜，鉴于他的社会学仍

---

〔1〕对此请参看Hans Oppenheimer, *Die Logik der soziologischen Begriffsbildung mit besonderer Berücksichtigung von Max Weber*, Tübingen：J.C.B.Mohr, 1925。——原作者注

是残篇，目前还不可能断言它将来会有什么意义。然而他所开创的新方向一目了然，所有后来的社会学都得接续他在方法上澄清过的探索，不论继承或是反对他。或许理想类型的概念有待逻辑上进一步的澄清，可若无韦伯的功劳，根本没法想象社会科学的发展。

然而，这仅仅刻画了韦伯本性在著作里展现的那一面。唯有考虑到他的双重天赋，韦伯作为人的总体才会显露出来。在生命的最后阶段，他的双重天赋重新凸显出来，我也刚好见证了这段时期。1916年，我搬到海德堡，随后几年时常同韦伯交往。相较于在弗莱堡的时候，我发觉韦伯在不少方面变化很大。长期病痛烙下了不可磨灭的印记，世界大战更加强化了这点，他变得严肃深沉，偶尔才流露出年轻时的活泼风趣。韦伯总是一副苦行的样子，甚至偶尔板着脸。也许这就是大多数人对他最深的印象。然而，对于韦伯年轻时就认识他的人来说，根本上他还是老样子，这不仅是说他依旧性情和善，也因为政治与科学对他始终是同等重要的，就表面上可见的程度而言，这双重兴趣决定了他的整体性格与工作。

他的政治思考从未沉寂。人们固然可以说，他从历史学家转为社会学家与此有关。因为历史只能个体化，行动者光靠历史本身是不够的。政治家总是关心着将来，从不可重复的历史事件里学不到多少。曾经发生的，不可再来。倘若他需要理论来指导实践，就得从曾经发生的特定事例，转而关注对许多时代有效的普遍法则。那么社会学的普遍概括或可为他提供实现政治目标所需的手段。当然，“实用”的着眼点对韦伯而言不是决定性的，但跟原来相比，韦伯转向社会学还是拉近了理论观察与政治行动之间的距离。社会学现在可以变成政治家的工具，正如此前逻辑曾被专业研究者用作“工具”（Organon）。

虽然如此，韦伯还是认为科学与政治之间始终存在一道深深的鸿沟。行动者只能从知识那儿取得行动的手段。他的目的不取决于他是否具有知识，而取决于他的意志（Wollen），于是乎，应该实现的价值就有了决定性的意义。韦伯对此一清二楚，这种清明在社会学家和政治家中难得一见。韦伯坚信，理论的研究绝不能判断价值是否有效。他一贯是一名专业研究者，所以，这对他来讲肯定不言而喻。不过，他未曾在科学上追问，这一点是不是最终在每个方面都毋庸置疑。

当初韦伯的科学理想正是由此而来。这么一来，他就跟所有那些今天人们所谓的相对主义相距甚远，甚至可以说他着重否定了相对主义。通过科学本身来质疑科学价值的尝试，古已有之，经常重现，今天又再一次流行起来。它们想通过思想将真理相对化，却又想把自身树为真理，就像吹牛大王闵希豪森男爵[1]那样揪着自己的辫子把自己拎起来，韦伯早看穿了其中的荒谬。在科学之内，他还是只承认真理的

〔1〕出自Rudolf Erich Raspe 1785年的小说《吹牛大王历险记》。

价值，更确切地说，这是自明的“前提”。作为一个专业研究者，这样说对他已经足够安心了。即使对于纯粹的理论家，也不存在完全免于价值判断的“立场”，对这一哲学上至关重要的事实，韦伯并不需要深究其哲学上的后果。他仅限于主张，专业研究者必须避免任何伦理的、艺术的、宗教的评价，尤其要彻底避免政治的评价，他的这一做法无可指摘。韦伯绝对痛恨任何披着科学外衣的“预言”，尤其是教授在讲台上的预言。对科学而言唯一的关键就是熟悉自己事业的“专家”，并且他的最高目标始终是：概念的清明（begriffliche Klarheit）。

这么一想，韦伯的思维方式可真是极其“不现代”，而每位严肃地从事科学的人都会在这方面欣然追随他。“这是时下的风尚，抑或文人的渴望”，韦伯曾说，“现在人们乐意相信自己无需专家，或把专家贬抑为听命于空想家的工人”。他驳斥这样的倾向：“想看秀就去电影院，想听布道就去宗教集会。”在这方面，韦伯一辈子都忠于今天所谓的“旧”科学的理想；若非如此，想必他也不会成为所有行家都认可的伟大学者。当他从事科学时，他始终专注于纯理论的，意即严格的概念性的工作。在这方面他曾是也一直会是所有科学工作者的光辉榜样。

另一方面，不可否认，韦伯对科学天职的看法偶尔表达得相当生硬，容易招致异议。“科学作为天职”的演讲尤其如此，他在去世前一年面对慕尼黑的大学生们发表了这次演讲，后来又以小册子的形式出版。鉴于它确实可能引起误解，我们有必要更仔细地讨论一下它。

这篇短文包含韦伯对科学的许多典型看法，我们今天尤其应该用心揣摩。韦伯在这儿彻底清算了所有时髦的蠢事，那些觉得自己受到抨击的人高声抗议，反倒证明了韦伯的论述是多么有必要。不过，与此同时，纯粹的科学工作在这儿显得像是过于“灰色”的理论。不独围绕着大抒情诗人格奥尔格所形成的现代唯美者“圈子”，就连特洛尔奇这样的反唯美主义者，在韦伯的小册子问世时，都提到一种“令人惊骇的印象”。若要解释这种异议，评估其重要性，仍需进一步区分诸多因素，尤其要分清这篇演讲中个人的因素与客观的因素。

我们必须首先记住，这是一名学院教师在向大学生讲话，因此也出于教育的意图。不难理解，在刻画科学工作时，对韦伯来说，最要紧的是告诫这些年轻听众，不论多严肃地对待这项事业都不为过，而且要从事这项事业，从一开始就得决定有所舍弃（Entsagung）。韦伯眼见青年被一些“偶像”迷住，用他的话说，“在今天，这种崇拜已经遍及街头巷尾，报章杂志”。他想告诫人们提防这种危险。这些偶像便是“人格”与“体验”，韦伯认为二者紧密关联。“人们煞费苦心地去‘体验’，以为这是依据人格的生活之道必不可少的。即使达不到，至少也得做得像是一副拥有这份荣宠的样子。”韦伯继续讲道，从前德语管这种“体验”叫“感受”，那时人们对人格的看法更恰当些。最终，韦伯向大学生们呼吁："在科学的领域里，只有那些全心全意地为事业服务的人，才具有'人格'。"

这样一种教育倾向不难理解，而今天尤其在理。因此，韦伯在对科学本质的理论进行阐释时，有一种并非必然与这一问题有关的无可奈何的口吻；韦伯生性就不太爱大力宣扬那些对他至关重要的东西，反而乐意使它们看起来显得相对次要，所以这种听天由命的色彩愈发强烈。因此，韦伯在科学工作中感到的那种强烈的个人愉悦压根没通过演说充分地展现给大学生们，这就是为什么全心全意投入科学工作的人显得命运悲苦。的确，韦伯自己或许偶尔也感到他的科学工作是一种弃绝，特别是当他作为政治家需要运用研究成果，却被迫压抑自己之时。

然而，诸如此类的个人因素很容易与演说的实际内容分开，大概不是演说招致不少异议的唯一原因。更引起猜忌的是韦伯对科学领域古今之间天壤之别的强调。我们当真像韦伯认为的那样，与草创欧洲科学的人们差别如此之大吗？为了突出古今的天壤之别，韦伯过于简化了柏拉图的洞喻，相应地在许多方面，柏拉图对科学本质的看法跟今天必然的见解之间的差距被拉得过大。我们必须先强调这些，以免掩盖韦伯的阐释真正独具价值的内核，而让它展露得更清楚。

首先，与韦伯的看法不同，洞穴里的囚徒并不仅是只要挣脱锁链，转过身去，就能看见太阳。如果想要走出错误与幻影的洞穴，到上面的世界看见阳光（也就是真的知识），他必须先经受一段漫长艰难的辛苦攀登。所以，柏拉图在著作中清醒地意识到对那些克服以往观念的艰苦工作，现在也没有哪位科学人能免于这般劳苦。而且，别忘了，柏拉图也不认为通过辩证思维，亦即通过纯粹理论能赋予人的最高的东西，人们就能触及世界之终极与“绝对”。相反，始终存在纯理论的研究者无法达到的“此外”（Darüberhinaus）。就此而言，柏拉图在思想上也完全接受这一局限，在这点上也颇为“现代”。这就足以叫人怀疑，在我们的时代，当真没人能指望通过科学达到类似于柏拉图以阳光比喻理论真理时脑中所浮现的成果吗？〔1〕

诚然，希腊人虽然意识到其中的辛苦以及不可避免的放弃，他们却仍将科学的成果看得很高，并且满心愉悦地投身科学。但柏拉图对知识充满激情的热忱，并不像我们追随韦伯的论述认为的，可以仅仅解释成柏拉图**第一次**自觉地发现了对于所有科学认识都重要的一个工具，概念的本质，继而导致高估概念思维对实践生活的能力。时至今日，概念还是能为研究者提供一些东西，这不能仅仅归结为世界的“除魔”，我们今天尤其没必要在进行严格的概念思考时放弃苏格拉底式的对道理的愉悦（Logosfreudigkeit）。就连韦伯自己不也曾享有这种高度的

〔1〕若谁想要了解洞穴比喻深刻的哲学意义，请参阅Ernst Hoffmann, *Platonismus und Mittelalter*, Vorträge der Bibliothek Warburg III，第25页、第78页及下页。——原作者注

道理的愉悦吗？他强调过某种与此相似的东西，作为所有科学工作的前提条件："如果谁没有能力，完全蒙上双眼，不顾周围一切地想象，他灵魂的命运就取决于他是否对抄本此处的文本做出了正确的推测，他就尚未步入科学的门径。他自身也将永远不会对科学有所谓'体验'。因为，人之为人，不能以激情去做的事情，就是没有价值的事情。"说得当然没错。不过，难道无需苏格拉底式的道理的愉悦就能获得研究的"激情"吗？义务意识没法决定这种非社会性的领域。若无对智慧的爱（Liebe），就不存在爱智者（*Philo*-sophen）。就像古代的伟大思想家一样，韦伯自己也经受了柏拉图式的"迷狂"，只不过在学生面前演讲时他太过压抑这种情感。就连严肃的人们也曾论及的，韦伯演说那"令人惊骇"的印象，就是这么来的。

当然不能据此否认古希腊与现代在科学上的不同。此外，比起韦伯的做法，我们甚至该更进一步地区分专业研究与哲学。这不涉及直接拿现代专业科学跟古典哲学相比。当然我们也不会轻易将古代哲学的宗旨转用到当今的研究里。然而，我们因此就非得追随韦伯吗？将"通向真实存在之道""通向真实艺术之道""通向真实自然之道""通向真正上帝之道""通向真正幸福之道"——这些古希腊哲学家曾许诺要引人前往的道路——仅仅算作"已消散"的"往日的幻觉"？我们也该断言，古希腊人在科学中探寻而求得的那些东西，现代科学再也不能提供了吗？

韦伯这里表达了非常显眼的否定观点，相当教条，明显逾越了他自己划定的专业科学领域，完全不像他一贯的风格。诚然，我们今天对“真理”概念的规定，会在认识论上与柏拉图不同。不过，只要保持必要的谨慎，不光探求“真实”存在和“真实”自然，而且在寻找“真实”艺术、“真正”幸福和“真正”上帝上，借助哲学还是很有意义的，换言之，力求借助哲学对所有这些生活的善与价值赢得理论上的清明。然后才产生真正的、科学的哲学，它所提出的问题能够始终发人深省。在此得再次说明：韦伯距离他明言反对的东西，其实比他自己清楚意识到的更近一些。他以地地道道的柏拉图式口吻，将现代科学能贡献的最高的东西称作清明（Klarheit）。相应地，在存在、自然、艺术、幸福和上帝方面理论上清明的东西，科学今天在原则上仍可能达到。但与此同时，科学的清明虽然在人生何者为善上也提供了“真理”，但这不意味着我们可以指望由理论“指示了至福的生活”。不过我们可以说：科学不一定会导致世界的“除魔”，反倒或许能让人先彻底意识到生活的“巫术”；与此同时，正如柏拉图式的阳光带来喜悦与幸福，今天的科学所创造的清明依旧能为从事理论的人提供一种同等的幸福与愉悦。

之所以在这里必须强调这些，不是要批评韦伯，而是为了表明：倘若抛开古今之间那站不住脚的“天壤之别”，那么除了某种固然无可避免的对科学价值的“重估”之外，只需稍加限制，略作重新解读，韦伯对科学本质的关键论述就简直无懈可击。无论如何，我们现在都没理由完全抛弃柏拉图式的研究理想，不过我们仍然可以——或许恰恰因此——欣然赞同韦伯对科学的观点，即科学是一种纯粹的（即免于任何“先知预言”）、严格按概念运转着的理论。

如果我们像韦伯那样，也打算论及理论家与实践者之间的关系，无疑会产生更大的哲学困难。韦伯自己不仅想当一名学者，还想从事政治；他越是严格地坚持其科学理想，坚持概念上的清明和纯粹的、价值自由的理论，其生活的总体处境就变得越发困难。他若要从事政治，唯有通过某种直觉或直接“洞见”的方式，而不是靠概念上的深思熟虑，来把握自己确立的目标，肯定其价值。诚然，他甚至不得不登台“布道”来裹挟别人。问题是，他又认为所有这些都跟科学工作不相容，那就只剩一条路可走，就是截然区分寻求知识的理论家和坚决要求采取政治行动的实践者，不仅在概念上区分，而且要在他自己个人的现实里彼此截然分开，换言之，当他写论文或在讲台上授课时，相比他在报纸上为其信念辩护或在群众集会上发言时，真是要彻底变成另一个人。这种二重性，对韦伯而言，既是理论的亦是道德上的必然性，而且他以不可思议的高标准将之贯彻到实践当中。韦伯站在讲台上散发的魅力，或许源于听众感到：这位正在演说的人，内心里强行压抑着什么，根本上比他说出口的还要丰富得多。

不过，韦伯在理论上倡导的这种知与行的生硬分割，尚待商榷，还引起了一个问题：对此我们就只能分割吗？最终会不会找到沉思与行动相互结合的统一？人或许恰巧显露出发育得最完美的两面，难道就不能是浮士德那样“合二而一的双重体”（*geeinte* Zwienatur）？[1]

韦伯拒绝回答这样的问题，或者说自己对此一无所知。作为专业研究者，他当然有理由这么干。但哲学家可不能学他——显然仅就那些严肃的、科学的哲学家而言。今天流行的“超科学”（Überwissenschaft），在韦伯眼里只是“时下的风尚，抑或文人的渴望”的产物，讨论韦伯时不必扯到它。科学的哲学想要将实践的意志与理论的知识置于一个更高的原则统摄之下。

然而这恰恰重新将问题导向韦伯的人格。不论是谁，只要深入考察韦伯的生命图景，一定会特别感受到其内心冲突的和解，视其为不可抗拒的必要性。无论如何博学多才，这样一个人，肯定也不能有“分裂的”本性，根本上他还是极其同一的。就算他今天拿科学“除魔”世界，明天以他作为政治家的个人魔力征服民众，不论他自己多么想将二者截然区分，他仍然是同一个马克斯·韦伯。有人认为理论观点与实践行为的分离是哲学对人类、对其生命意义所能做出的终极回应，韦伯的存在本身就驳斥了这些观点。

简而言之，韦伯不想做哲学家，事实上也未曾当过，他是“专家”。虽然如此，撇开他的方法论不谈，他对哲学仍

[1] 歌德《浮士德》第二部第五幕“山谷”：“如有强大精神力把各种元素在体内凑在一起，没有天使能够拆开这合二而一的双重体；只有永恒的爱才能使二者分离。”译文参考：歌德，《浮士德》，绿原译，北京：人民文学出版社，1994，第396页。

有非同寻常的重大意义。韦伯其人和他的双重天赋向追求统一的哲学提出了最有意思的问题。韦伯未曾解答它，但每个人都能从他身上学到那个发人深省、很古老同时最现代的问题——沉思生活（*vita contemplativa*）与行动生活（*vita activa*）的关系问题。

哲学还是世界观学说？〔1〕

舍　勒〔2〕

在最核心的观点上，我几乎完全同意韦伯的主张：人们越是严肃、严格、无前提地理解和从事科学，就其本质而言，科学对获得或确立某种世界观越毫无意义。卡勒尔否定这一主张，或者说认为它仅仅适用于“旧”科学，而他自己则致力于“革新”科学，这可就大错特错了，虽说他那部精彩的作品在基本倾向上颇有道理。西方历史上两千年来共同致力的全部事业，正是理性的、无世界观前提的、归纳或形

〔1〕全文见Max Scheler, “Weltanschauungslehre, Soziologie und Weltanschauungsetzung”, *Kölner Vierteljahrhefte für Sozialwissenschaft*, vol.2, 1922：18-33，译文依据Max Scheler, *Shriften zur Soziologie und Weltanschauungslehre*, Bern：Francke Verlag, 1963：17-20, 26。中译全篇可参见《世界观理论、社会学和世界观的确立》，陈泽环译，《舍勒选集》，上海：上海三联书店，1999年，第1039—1055页。

〔2〕舍勒（Max Scheler,1874—1928），哲学家、社会思想家与哲学人类学家，现象学运动的早期参与者，韦伯对其思想相当关注。写作这两篇有关韦伯的评论期间，舍勒对世界观与知识社会学的问题相当关注。

式—演绎的专业科学。卡勒尔想在基础和方法上重建它，却完全没看到这种企图的荒诞之处。无论是共产主义者以“无产阶级新科学”取代“资产阶级科学”为名提出，还是意图复辟的、过甚其词的浪漫派提出，这种要求都是同样毫无意义的。确实存在着资产阶级或无产阶级的“意识形态”（悄无声息或前意识地受阶级利益引导的史观和行动纲领），但也存在与这种“意识形态”毫不相干的“科学”。科学跟确立世界观毫不相干也不该相关，这不在于历史处境的不完善，而是正如韦伯很正确地认识到的，取决于科学的本质（任何一种科学，也包括文化科学和精神科学）。

让我先简要梳理一下使“科学”永远不可能提供世界观的几项本质特征：

一、分工带来的多样性属于科学的本质。不存在科学“本身”（“die” Wissenschaft），只有各门科学（Wissenschaften）。世界观却要求统一，取得世界观的过程也不存在“分工”。

二、科学要么（像数学）运用形式—演绎，从隐含的定义出发（这些定义的知识价值经过了数学哲学而非数学本身的检验），科学从具有感性知觉内容的给定的直观素材中，经过一种本质上无穷的过程，建构了一套虚构的框架，其内在法则让人得以先于现实自然，探究可能自然的纯粹形式，并且借此条理化和规定现实自然（至于何以可能，则属于数学哲学的对象）；要么像所有实在科学（Realwissenschaften）那样运用归纳。这样一来，科学在其发展的时时处处都是未完成的，始终涉及一种无限的过程；所有成果都只是或然的，即柏拉图意义上的意见（doxa）而非知识（episteme），随时会被新的观察及实验等修正。[1]

然而世界观却想要：（1）在其信念里纳入某些“明见”（Evidentes）而具终结意义的东西，就像只有明见且先验的本质知识才能提供的那些（它跟宗教意义上对启示的“信仰”之间的根本区别，不亚于与归纳—或然的知识之别）；（2）原则上，任何时候都能从恒常的“自然的”世界观中建构些可以赢得的东西；（3）一个整体世界（Weltganzheit），以“开放”或（当我们抛弃前者）“封闭”系统的形式复述世界永恒的结构形式。

三、科学于价值无涉（wertfrei），并非如韦伯所言，因为不存在客观的价值或价值之间没有严格的、自明的等级秩序，而是因为科学必须自由选择，不计及任何价值，尤其不得考虑任何神圣、世俗、族群、党派的意志目的，坚持科学自己的目标。换言之，科学研究这个世界，“仿佛”世上没有任何自由的人或原因。

四、科学，与自然世界观中只以人为中心的世界无关，也不关乎真正证明每种“世界观”有效性的绝对存在域（Daseinssphäre），而是介于二者之间，这一存在层级（1）关乎某一生命体感性的中心，该中心在环境中可以自由地运动

〔1〕 请参阅我的论文《哲学的本质》（“Vom Wesen der Philosophie”），收入《论人身上的永恒》（*Vom Ewigen im Menschen*, Leipzig：Der neue Geist, 1921）。——原作者注

或进行支配，然而这一层次并不与“人类”组织相关，（2）它“普遍适用于”所有人，不管文化圈、国族、民族或个人秉性如何。恰恰因为世界观都想纯粹沉思地得到并占有一种绝对的本质与存在，它的对象也以绝对的方式存在，所以它本质上是人格性的或者说是由个人领袖（代表他们的广大追随者）规定的，这些领袖被称为“形而上学家”或“有智慧的人”，而非“研究者”。

韦伯在这儿就开始犯错了。他认为“人格的”即“主观的”，而不认为它是最为客观的，非同寻常地客观的，对那些仅仅是普遍有效的生活价值和目标不感兴趣。正是根据这些普适的生活价值和目标，科学为统治世界而阅尽直观世界与生活现实（“知道是为了预见”[1]；“知识就是力量”[2]）。韦伯没有看到，只有认识的人格形式（Personform）才能提供世界总体（Welttotalität），也唯有人格形式才可能触及所有事物之绝对的存在层次。与事情完全符合（严格意义上的“真”），或者，与我们的意志目标在价值上绝对符合（严格意义上的“善”）的观念，他和康德一样，将这两个观念歪曲成只针对所有人的“普遍有效性”[3]；所以他压根没看清，

[1] Savoir pour prévoir，语出孔德："Savoir pour prévoir, afin de pouvoir."（知道是为了预见，预见则为了力量。）

[2] Wissen ist Macht，出自培根《沉思录》："ipsa scientia potestas est."（知识就是力量。）

[3] 请参阅收入我的《价值的颠覆》第二版中的《道德建构中的怨恨》一文："Das Ressentiment im Aufbau der Morale", *Vom Umsturz der Werte*, Leipzig: Der Neue Geist, 1919。——原作者注

那些“普遍有效的”只不过是相对的真与善，而绝对的真与善却只能是由人格承载的个体性的真理与美德，绝非普遍有效；这样的真与善，在纯粹普遍有效的界限之内，高于那些只不过普遍有效的东西，作为精神的上层建筑耸立着。当然，韦伯无疑相当敏锐地指出科学作为“世界的除魔”，始终只能提供一些仅具技术价值的知识。然而他既不明白其中的道理，也没能认清：哲学作为本质理念论与形而上学，除了为我们的科学和价值奠定纯形式化的前提条件之外，还担负着其他更为根本的使命——诚然，这些使命也不能够确立价值观。

所以，特洛尔奇看得很准，他在《科学的革命》里指出，韦伯彻底把哲学“扔到桌下”不予考虑，不只忽视了哲学在当代取得的成就，更重要的是，彻底无视了哲学是人类本质的认知态度。卡勒尔虽然也正确地看到韦伯的观点对一切精神教化都完全是毁灭性的，却未曾要求改良哲学——就其观念、实质，严格的本体论意义上的哲学，反倒毫无根据地要求一场“科学的革命”——而不是通过一种在实质上关注事情与存在的改良哲学。这最多不过是要求对科学具有热忱。上述错误，对韦伯和他的朋友（萨尔茨、雅斯贝尔斯、拉德布鲁赫）来说，后果丝毫不亚于将所有实质的哲学消解成纯粹的“世界观学说”。（相应地，所有教义的、自然的神学要么消解为宗教科学，要么变成系统的、历史的宗教世界观学说。）

由此，首先产生了韦伯学派（例如雅斯贝尔斯的“世界观的心理学”[1]）常用的荒谬透顶的“先知哲学”概念，它既非科学，亦非世界观学说。当然了，无论如何总得为诸如苏格拉底、柏拉图、亚里士多德、笛卡尔、莱布尼茨、斯宾诺莎、黑格尔、谢林、叔本华、哈特曼之类的人物找个位置，因为他们跟世上所有伟大的形而上学家一样，都既不会自视为科学警察或形式化的认识论学者，也不会自视为专业研究者，更不会满足于仅仅描述他人的世界观，或从心理学或社会学角度来“理解”它；于是乎，他们就被莫名其妙地归成一类，等同于像耶利米、约书亚和摩西那样的先知式的宗教人物。全然不顾这种等同彻底误解了宗教的本质（也包括其灵智主义或者文学性的解体形态）和哲学的本质，也同样严重地误解了宗教与哲学的知识源泉（对宗教而言是启示和恩宠，对哲学则是自发的认识）。

…………

总之对我们而言，世界观学说本身就是一种很重要且富有潜力的学科。现在它在德国涌现的势头如此迅猛，甚至自以为能取代哲学和神学，有其自身深刻的社会学条件。如上所述，它“仿佛”是世界观统治中的“议会制”。它有助于各民族及其各部分之间相互谅解；对我们祖国那些总是在政治上派系分立、净会表态、只喊口号、怕担责任的政党和民族、阶级之间的相互了解和自我认识，也相当有价值。例

[1] 1919年，雅斯贝尔斯将几篇演讲整理成书，题为“世界观的心理学”（*Psychologie der Weltanschauungen*）。

如，对业余大学来说，世界观学说甚至是基础学科。[1]但这不意味着，为免惹邻居不快，在这些问题上就没人再敢确立什么东西了。更不该的是：静候也许根本不会到来的“先知”。因为说到底，罗素提到的悖论确实有那么点道理：“纯粹的哲学史就是错误的历史；因为我们坚信为真的东西，不是‘曾经’‘在历史上’为真，而永远在当下；我们自己相信它。”

〔1〕请参阅我的论文《大学与业余大学》，收入Leopold von Wiese选编的《民族文化的社会学》（*Soziologie des Volksbildungswesens*）。——原作者注

韦伯对哲学的排斥[1]

舍　勒

I

实证主义相信自己能为社会科学与精神科学在“科学道德”方面奠定基础，却没意识到，这样一来，它不过是限定了这些科学的对象和方法，教人虚伪地避而不谈人格、人格自由乃至一切真正道德的要素。通过不计及道德要素达到一种“科学”道德？实证主义者的企图简直荒谬。

这一错误现在被认识到了。韦伯在他那篇《科学作为天职》中讲得很透彻。科学只能做两件事：从某一价值体系或世界观来看，某些法则性的关系必须在技术上予以考虑，那么科学可以揭示这些关系；顶多能揭示基于世界观学说描述

[1] 见Max Scheler, “Max Webers Ausschaltung der Philosophie (Zur Psychologie und Soziologie der nominalistischen Denkart)”, *Die Wissensformen und die Gesellschaft* (3.Aufl.), Bern: Francke Verlag, 1980: 430-438，本文节选自第430—434页。

过的某一既定“世界观”的事实所具有的意义关联，假如你认同天主教、路德宗或黑格尔的哲学，但凡认清了自己的世界观并且承认科学所揭示的事实，相应地就会这样或那样评价这些事实。熊彼特对实证主义科学理想的欣赏和批判里也得出了类似的判断。[1]

这种科学理想在社会学本质上确实跟现代民主紧密相关。因为它从人类认知的全部任务中剥离出那些普遍人性的（allgemeinmenschlich）和普适的（allgemeingültig）东西，而那些与人们有实存关联或价值关联的对象，只要属于特别的天赋，乃至种族、地位或个人的特性，就都被忽视了。不过，正如民主作为政治理想没法通过设定具体（positive）目标来推动历史进程——这些目标反而总是出自精英、少数派、领袖和个人；同样地，科学也不能从自身发展出一套价值和理念体系，成为世界观的基础。道德、形而上学和宗教都是超科学的（transszientifisch）……

然而，我们不同意韦伯与熊彼特的关键在于：科学亦基于一种形而上学——基于前批判的“自然世界观”的形而上学。韦伯将所有超出其“技术上重要”的科学概念的问题，全扔给彻底非理性的个人任意选择，遂归于纯粹的派系斗争。这就完全错了。在他看来，实质的价值只具有主观意义，在客观事物与价值、善与善的体系上达到有约束力的认

〔1〕 请参阅熊彼特，《社会科学的过去和未来》（*Vergangenheit und Zukunft der Sozialwissenschaften*, Munich：Duncker & Humblot, 1915, S.15）。——原作者注

识，超出实证科学的能力；此外，不同价值体系的代表也不可能“说服”彼此，抑或在精神上相互启发。其实恰恰相反……

II

是不是韦伯表明立场就没问题了呢？假如他对科学与世界观、领袖与教师、存在判断与价值判断的理解是基于正确的终极认识论基础的话，想必确实如此。然而在他的《科学作为天职》中，这些基础恰恰被隐藏起来，顶多间或稍有暗示。于是乎，我们有必要先揭露它们，以供仔细检验。

实证的、价值自由的专业科学，与献身于形塑世界观的非理性力量（“命运”，对卡理斯玛个人的信仰，“神灵”［Dämon］等），之所以在韦伯这里构成了截然二分的对立，首先是因为他全然误会遂彻底拒斥了信仰、宗教和实证科学的中间环节——不折不扣的“哲学”。可若无哲学担当中间环节，科学就会沦为毫无精神与理念的例行操作，宗教则堕入黑暗的个人主义狂热。

所以得先说明，各种各样的思想家在与世界的精神关系中，其全部范畴中起码都知道一种范畴，即“智慧”（Weisheit）。自苏格拉底以降，哲学作为精神艺术和理念直观的技艺就跟智慧密切相连，这并不是无缘无故的。韦伯截然分开的东西，曾经合为一体：存在事物的知识，价值意识，与对存在认识与价值意识之综合产生的应然要求，意志系统的服从倾向。韦伯这人激情澎湃，富有英雄气概，恨不得渴望内在生活中到处都有最大的“张力”，而“智慧”与他的这一人格不仅隔膜，他在历史里也没见到“有智慧者”的典型或是认识智慧的方法。象征性地说：韦伯始终既是苦行的专家，又是旋转起舞的托钵僧，他的灵魂所景仰的和认同的，在其间摇摆。在智慧之中，灵魂才能维持着各种力量那合理又美妙的动态平衡，仿佛不断将善转化为知识、将知识转化为善，而韦伯对“智慧”的拒斥，表明他是真正的清教徒（并非就教义而言，而是就人的形态而言），同样也是彻头彻尾的日耳曼人。韦伯绝对不会相信：科学作为具有固有法则、专业化的专门工作的化身，竟跟塑造世界的行动和人的领导一样，都是为了同一个目标，由智慧指引且不断朝着智慧向上的人格塑造（Persongestaltung），两种活动的终极意义均在人的塑造，不过是手段有别而已。

因此，韦伯的典型做法是，反复在谈话和著作中重申他一贯秉持的态度，如果有人因为韦伯拿理性主义乃至形式理性主义责备他，认为他除了为各种工作目的采用间接思维或构造理想类型式的概念与假设，对客观事实，除了感性观察外，未曾得出任何实质性的直观，那韦伯就会掉转矛头，反倒指责我们这些人——他相当随便地换用“现象学家，直觉主义者，搅浑水的浪漫派（Tintenfischromantiker），形而上学家，神秘主义者”等名号——才是真正的理性主义者，因为我们错误地企图将本该算作“命运”“神灵”的（总之全然无法理解的）非理性体验给“理性化”，泄露其“秘密”；

借此在这片地盘上寻求普遍有效性和客观约束力，然而这儿是个体自由决断的专属领地，是意志的行为，来决定选择“赞同”还是“反对”，简言之，“我想要怎样，就怎样命令”（sic volo, sic jubeo）[1]。恰恰是严格形式主义的认识论和伦理学，排除了一切哲学的实质知识与客观的实质价值秩序，才能真正保护生活和历史之中的“非理性”。就让这些非理性的、不可理解的东西留在黑暗中，（如他所认为的）它自会丰饶，永远只是作为“神灵”“命运”等凝视着。对韦伯个人来说，这种“非理性”，起码与专业科学中的“纯粹性”的理想同等重要。韦伯以近乎女性化的忸怩的保护姿态，对待非理性与不可理解之物，不言而喻，这本身就足以令他反感任何试图在精神上看透它或尽可能澄清它的企图——这正是“智慧”古往今来的追求。对于黑暗，对于生活中无从化解的悲剧性张力，他爱得太过，这是一种与非理性本身（而不是因为它可能具有的超理性或反理性的价值及意义）的热恋，已足以让他拒绝一切不只想为专业科学奠定逻辑和认识论基础的哲学，不许它们踏进所有正当的认知方式的门槛。

为此，上述最后的这些评论只是些初步的迹象，表明韦伯彻底误解了“智慧”的存在理据和本质，智慧对人与社会的功能（die menschliche und soziologische Funktion），哲学在历史中的特定方式与运动形式——哲学有时被视为“科学的奴婢”（ancilla scientiarum），有时又变成“预言”。然而，

---

〔1〕 尤维纳利斯：“Hoc volo, sic jubeo, sit pro ratione voluntas.”（Satires, VI. 223）。

若要彻底明白这一误解，得先设身处地权衡韦伯的哲学预设，他自己对这些预设多少有所意识，事实上这些预设是他立场的基础。

韦伯对科学与世界观之间关系的看法，首先是基于他的唯名论——不仅作为逻辑信条和伦理信条，还作为思维方式本身。当前哲学上声势浩大的反唯名论运动，由胡塞尔的《逻辑研究》（第二卷）拉开序幕，在实验—现象学上奠定基础的则是屈尔佩（Oswald Külpe）及其弟子的“认知心理学”。可韦伯几乎不了解，至少没太注意。对他来讲，显然科学的所有基本概念本身都没有独立的对象，也不会通过直观某一领域事情的纯粹本质来特定地充实自身；毋宁说，这些概念要么用随意选的“名字”明确指称一组感官给予的事实的相似性，要么是自制的“理想类型”的建构，后者唯一的价值在于它借助边界性情况来整理历史给予的素材，换言之，它是特定目标出发的虚构。在“观念化的抽象”（ideierender Abstraktion）中，特定个别情况只起到范例的作用，由此（而非借由对其经验特征的否定或肯定的抽象）才得以把握事物的本质，而与之相比，经验归纳式的抽象则把握若干偶然事态之中所谓的共同特征，韦伯未曾承认：上述两种抽象之间存在本质区别。

就学说而言，韦伯完全是李凯尔特的门徒，未加深入批评便接受了他的信条：一切概念性思维只有一个目的，即克服内涵和外延方面无限的多样性。然而该学说正是鲜明的唯名论，在这方面跟思维经济（例如马赫）的学说没什么不同。这种头脑完全是法学家的，采用极端构造性的工作方式，它大概以为：科学所运用的丰富概念，都并非偶然观察到的事实所能涵盖的。所以他才提出理想类型的概念建构理论。韦伯可没少用理想类型式的概念，却决不把它们理解成客观的理念秩序，作为客观的道（Logos）在此世的展现，而是当作人们自己建构的一些边界性图式，其处理给定事实的能力须经受考验，而且是否正当，取决于机会主义意义上是否合用。理想类型没打算在价值理想的意义上装成价值类型，而仅在自制模型的意义上表现平均类型。可是，韦伯没有透露：假如没有精神的导引，构造这样的概念究竟怎么可能把握住真正的理念？该怎么摸清类型化和理想化的门径？他没太意识到，（从无限多的可能中）选择他所偏好的理想类型本身也隐含价值判断，即使内容上丝毫没有强调任何价值。

对我们关心的问题来说，这个看似离题的逻辑—本体论的问题，出于若干原因，其实意义深远。某一领域的事情——对我们这些非唯名论者而言，它真实存在着——具有客观的本质构造（Wesenskonstitution），本身不包含任何诸如价值、理想、规范之类的东西。因为即便坏的、恶的、差的东西，也同样有其本质——既有价值本质（Wertwesen），也同样有事物本质（Sachwesen）。而世界的本质（及其秩序）会同时规定事物的存在可能性（*Daseinsmöglichkeiten*），以及这些存在者的价值本质可能性（*Wertseinsmöglichkeiten*）。在韦伯生生截断的二元对立项（应然，与实存事物价值自由的现实）之间，就此架起一座必然的桥梁。一边“是”依情况而定的偶然的实存（Daseinswirklichkeit），另一边是它“应该”是且终归“应该”变成的东西，然而精神在本质秩序之中瞥见一种存在、一种秩序，先于上述的二元划分。因此，倘若在谁看来，理念客观存在，对事物和精神同等有效，而且不只把它当成信条来传授，亦作为洞见理念（ἰδειν τῶν ἰδεῶν）的技艺和艺术去真正实践，那他压根儿不会陷入韦伯及其哲学导师文德尔班和李凯尔特所主张的实然与应然之二分。智慧作为世界的本质知识，既会引导他的概念性的存在认知（Daseinserkenntnis），也将告诉他能向世界提出哪些规范性要求。

韦伯的科学观[1]

洛维特[2]

《科学作为天职》未曾论及哲学，即作为逻辑学、认识论和方法论而被韦伯视为一门专业科学的哲学，就像现在还原为对语言用法做逻辑分析的哲学那样。专业化持续推进已是不容抹杀的事实，一切对“综合”的渴望正是有赖这种能产生成果的碎片化为生。谁要想在科学领域有所建树，必须成为一名专家，掌握非常精准确定的知识，不管这些细节多么微不足道或枯燥乏味。但是，普遍的专业化不是说科学变成了一种算术，一种纯粹的知性活动。有成果的科学不仅需要系统性的工作（Arbeit），还需要偶然涌

〔1〕 原文为Karl Löwith, “Max Webers Stellung zur Wissenschaft”, *Jahrbuch für kritische Aufklärung*, vol.2, 1965，本文选译自Karl Löwith, *Vorträge und Abhandlungen: Zur Kritik der christlichen Überlieferung*, Stuttgart：W. Kohlhammer Verlag, 1966：233-43, 249-52。

〔2〕 洛维特（Karl Löwith,1897—1973），深受海德格尔影响的德国哲学家和思想史家。他对韦伯思想的深刻把握，启发了许多后来的韦伯学者。他始终强调，韦伯的科学学说是理解韦伯整体思想的关键。

现某种想法（Einfalls）。想法不可强求；但若不曾苦思冥想，想法也压根不会出现。并且，唯有知性才能评估一种“想法”的效果和可行性。我们将一切了不起的发现都归功于想法，而这种科学的想法，跟造就伟大企业家、商人、技师和艺术家的想法，原则上没什么分别。经商的想象力、数学的想象力、艺术家的想象力，在任何情况下均是一种天赋，一种灵感。连同工作与想法在内，所需的还有第三样：充满激情地发问。因为正是提问的方式预先决定了方法与成果。谁要是像尼采那样首次对现存价值的价值发问，或者像韦伯那样对科学的价值和意义发问——究竟为何从事科学呢？——均超越了整个既存的科学而在原则上发问；就这点而言均可算作哲学的问题，即便他完全没有诉诸哲学的专业。

任何科学工作和研究都注定要进步，没法产生任何具有持久意义、永远为真的东西，对韦伯来说，这就已经率先提出了科学的意义问题。这正是伟大艺术家的创造有别于科学之处。一件艺术上完美的作品永远不会被超越。荷马未曾被但丁超越，但丁也未曾被莎士比亚替代。然而，亚里士多德的宇宙论确实被开普勒、伽利略和牛顿的所超越，正如后来爱因斯坦超越牛顿。每位在科学领域取得成就的人都晓得，自己的工作过个十年或百年会过时。科学工作的“意义”所在，恰恰在于每一次答案都意味着新的问题，随着知识发展进步，科学渴望被超越。韦伯说，我们以科学方式工作时，一定期望别人将会比我们更上一层楼。科学不断向前涌动的这种进步，在原则上，永无止境，也就是没有终点，永远不会达到完美。然而，这就提出了科学作为天职的意义问题。因为人为什么要从事一项成功无望的事业呢，为何让自己听命这项经营的驱遣？为什么要从事如此永无止境的事业，图什么？诚然可能为了一些有限的实际目的（住得更好、吃得更好、长寿、兴旺发达等），然而以科学为天职的人肯定得觉得科学本身就是有意义和有价值的。自亚里士多德以降，我们就得到担保，发展真正的科学不是为了某些实际利益，而纯粹是为了学问本身，这才是科学最高的意义。

“科学究竟有什么意义？”为了回答这一问题，韦伯首先从科学的进步出发，而正是科学进步让科学的意义成问题。当然，科学的进步刻画不了科学的全部，然而“千百年来，我们一直在经历着理智化的进程，科学的进步是其中的一部分，而且是最重要的一部分，今天的人们通常对此抱以极度否定的态度”。通过科学与科技将整个公共生活理智化有什么意义？我们对于当下生存的条件，当真比非洲的布须曼人知道得更多吗？根本不是！原始人对他的工具和环境可比我们要明白多了，我们普遍对飞机怎么造、怎么飞毫无头绪，也搞不清人们怎么就能在伦敦打电话到纽约听一场音乐会，或者为什么一百马克的纸钞能买来东西。所以说，理性化并不意味着对生活状况的普遍认识也随之增加，倒意味着知道或者说相信一点，即一个人只要想要了解，就能随时了解到，因为在原则上，所有发挥作用的力量都不是神秘莫测的，相反，人们理论上可以通过计算支配所有事物。现代科学的信条是培根的命题："知识就是力量。"科学的理性化——更准确地说是目的理性式的行动——意味着世界的除魔。

韦伯进一步追问，我们西方文明千百年来持续推进的理性化进程，除了实践和技术的效果之外，还有没有什么别的意义？他在这儿提到了托尔斯泰的晚期作品，其中对整个现代科学—技术的文明说"不"〔1〕，而且是依据一条很有说服力的理由。他的问题是：在一个由上述原则驱动的文明之中，死亡到底是不是一个有意义的现象？在他看来，文明人置身于进步大潮之中，信仰进步，死亡对他们没有意义。因为，假若生命处于永无止境的"进步"当中，其实并无终极所在。过去任何一个农民都是"寿高年迈"安宁辞世的，因为在他们临终之时，生命已经把一切能够提供的意义都赐给了他们。然而，对永不满足的进步文明之中的人而言，死亡是一种夭折，一件荒谬的事情。人们可能会逐渐感到"活累"了，但不会"活够"了，因为他们的存在始终望向尚未实现的未来。在这一不断推进的进步浪潮中，无法挽回的死亡就被打上了"毫无意义"的印记。面对这一困境，最便捷的出路就是把我们没能实现的生命投射到下一代，自我安慰道，他们会过得更好，孩子们会解决父辈的问题。可他们做不到！子女们被迫转而向

〔1〕请参阅卡尔·洛维特《世界历史与救赎历史》(1953)。——原作者注

他们的孩子寻求安慰。于是问题又绕回去了，在支配自然和组织人类社会的过程之中，科学进步与社会进步，超出技术方面，还有没有一种更高的、能为科学作为天职辩护的意义？

对此，今天的答案与往日有天壤之别，因为关于何为真正的知识，它的目的何在，人们的想法经历了翻天覆地的变化。韦伯举了几个例子：首先就是柏拉图《理想国》第七卷的洞喻，讲的是：一群身缚锁链的囚徒，面朝眼前的岩壁，看着光在岩壁上投射的各种阴影，光源在他们的身后，可他们却看不见，直到他们中间有一个人终于成功挣脱了锁链，爬出洞穴。他这才第一次见到一切光的源头，见到光亮中事物的真实面貌。在阳光之下，他看到了存在未被遮蔽的真相。挣脱锁链，走出洞穴，从注视幻影上升到它们的原型，他是真正知道科学的人。对希腊人来说，真正的科学是“通向真实存在之道”，而且首先是“通向真正政治之道”，换言之，通向在政治共同体的共同生活中真正正义的政体。此外，真实存在也是善与美的存在，因为倘若缺乏对善本身或美本身的真正洞见，也不可能有任何美或善的东西。

文艺复兴时期，科学踏上了一条新的求知之路：理性的实验，一项人为的发明，出于有待检验的特定预期，极富想象地将自然勾画得像一件艺术品似的。其开创之功则归于艺术领域的那些伟大实验者：首先是达·芬奇，紧随其后的是十六世纪那批音乐理论家们，以及采纳实验方法的自然科学家们。对这些人而言，“科学意味着通向真实艺术之道，因而也就意味着通向真实自然之道”，因为只有通过艺术的技法，借助按照艺术手法设计的实验，自然的秘密才得见天日。

然而对现代天文学、物理学和生理学的奠基人而言，自然科学可不仅是以科学技艺“通向真实自然之道”，它同时也是“通向上帝之道”。哥白尼、开普勒、伽利略和牛顿都相信上帝以数学的方式创造了世界，所以他们可以凭借阅读所谓的自然之“书”（类比《圣经》之书）来辨认上帝的意图。生物学家斯瓦姆默丹曾得意地声称：“我将从对一只虱子的解剖当中，向您证明上帝的旨意”，可见在康德批判从自然目的论出发论证上帝存在之前，那个时代曾经对自然科学作为“通向真正上帝之道”多么有信心。可时至今日，谁还相信科学是“通向真实存在之道”或“通向真正上帝之道”，相信天文学、生物学或化学能为我们澄清世界的意义？事实上，科学非但传授不了世界的意义，甚至动摇人们对世界有意义的信念。康德曾担心，新的机械论的世界观，也许会导致一种“亵渎神圣的世俗科学”，其代言人净是些无神论的辩护者，而他的担忧早就成为现实了。照韦伯的说法，科学之为科学是非宗教的，是与上帝相异的力量，今天除了几个“长不大的孩子”（通常是自然科学家），任何人都不会怀疑这一点。然而，为科学进步的意义辩护的最后一条出路——就算科学不能“通向上帝”，至少它意味着一条人类社会“通向幸福之道”——也行不通了。

韦伯认为无须进一步解释，因为在尼采对每一个“发明幸福”的“末人”提出致命的批评之后，人们可以彻底抛弃上述信仰了。

可是倘若一切科学旧有的意义，像“通向真实存在之路”“通向真实艺术之路”“通向真实自然之路”“通向上帝之路”，以及最后“通向社会幸福之路”，都被视为往日的幻觉，那人们就得追问：“科学在何种意义上拿不出答案呢？要是问题问得对，科学是不是也许还能贡献些什么？”科学工作的成果在“值得知道”的意义上有多重要？而对科学的事实经营怎么能判定某些科学知识值不值得知道？例如，天体运行的法则值不值得知道，没法从物理学的事实中推导出来；类似的，现代医学理所当然的前提，即在任何情况下都必须竭尽所能地维续人的生命，至少不是毋庸置疑的。所有的自然科学充其量只能回答，如果我们想要用技术手段支配生命，我们该如何行事。“但我们是否应当在技术上支配生命，是否想要如此，这么做最终是否有自身的意义，对于这些问题，自然科学置之不理，即便谈，也无非将它们预设为自己的目标。”所谓历史性的精神科学亦然：它教导我们，如何历史地理解各种政治与社会、艺术与文学的产物，却并未告诉我们，这些产物究竟有没有存在的价值。尽管现代文化科学（Kulturwissenschaft）预设“文化”应该存在，却没证明这种预设是理所当然的。一些传布甚广的拒世宗教就否定这种预设，韦伯曾专门撰文详细论述宗教拒世的社会学[1]，估量“入世”生活之道较之于超脱世俗的宗教生活之道的可能性，同时他也用社会学分析它们对日常生活的影响。然而，没有哪种宗教史或教会史能够判定，宗教或教会该不该存在。某门特定的专业科学该不该存在，或科学究竟该不该存在，诸如此类的问题都不是科学本身能判定的，唯有采取支持或反对立场的人才能决断。倘若现在有人决定以一门科学作为职业，从此信奉科学的天职，那他就相当于决定反对巫术与神话，反对奇迹信仰与启示信仰。此外，科学的教会史学者，在以经验—历史的方式解释基督教会的兴起，如果不是将之视为与其他体制一样，就会自相矛盾。基督教信徒对基督教兴起的看法，肯定有别于那些不受教义成见影响的历史学家，他虽然可以既信教，此外又是一名科学专家，却不可能以基督徒的方式成为历史学家（Historiker als gläubiger Christ）。假如一名信徒想以超自然的方式将基督教的兴起解释成上帝进入人的历史，这种观点是没法在科学上讨论的；然而，他们完全可能与马克思主义者同台辩论，后者的论点是特定的社会与经济条件决定了宗教的兴起，正如韦伯将这一观点颠倒过来，认为特定的宗教信仰或期望可能参与决定了经济意向。

韦伯有几篇针对特定场合的论文都论及了“价值自由”在社会科学中的意义，其中他毫不妥协、满怀激情地坚持

---

〔1〕《中间考察：宗教拒世的阶段与方向》（“Die Wirtschaftsethik der Weltreligionen-Zwischenbetrachtung：Theorie der Stufen und Richtungen religiöser Weltablehnung”）。

一个论点：客观的知识与主观的价值判断之间必须彻底划清界限，必须区分普遍有效的事实知识与对他人不具约束力的、个人（属于政治、社会、道德或宗教类型）的态度。之所以这一观点在他生前就遭到激烈反对，是因为就我们与科学以及与科学所规定的世界之间的关系而言，韦伯切中要害。这场论争至今尚未尘埃落定。尤其在英美，它仍在“事实与价值”（facts and value）或“事实与决策”（facts and decision）的名目下继续。与此同时，反对韦伯这种区分的人，声称借助自然权利或马克思主义辩证法抑或诠释学，不难消除事实与价值之间的界分，做出既理性，又合乎实际的决定。[1]然而，不独反对知识与价值判断之分的人，

〔1〕请参阅 Jürgen Habermas, *Analytische Wissenschaftstheorie und Dialektik. Ein Nachtrag zur Kontroverse zwischen Popper und Adorno*, Festschrift für Theodor Adorno, 1963; *Dogmatismus, Vernunft und Entscheidung*, 收入 *Theorie und Praxis*, 1963。最有力的是列奥·施特劳斯在《自然权利与历史》中将韦伯的个人判断与客观知识之分敏锐地予以归谬，以便他自己提出一套合乎我们自然与日常行为，对社会与政治进程的价值判断。他的理由是：若仅仅因为一切选择和决定都不能通过理性论证其根基，就想断定它们都能同等地得到某种终极价值的辩护，是很荒谬的。韦伯这种历史的与存在的相对主义最终导致“虚无主义”后果，由此能得出的唯一一道伦理命令就是：“须有偏好”（thou shalt have preferences），无所谓偏好什么。不过，韦伯当真像他原本打算的那样，成功证明诸可能的终极立场之间存在不可调和的冲突，而凭人类理性不能做出合乎实事的决断吗？施特劳斯的批评需接受的考验在于，他这一边要么能向我们证明，例如基督教伦理与政治伦理之间没有张力，要么证明二者当中只有一种在合乎人类本性的意义上为“真”。然而施特劳斯却回避了问题，他将自己限定为“社会科学家”，因此只需对人的共同生活提出一套世俗的理解，而称这种非宗教的理解是“显然合法的”。可在韦伯看来，这样做恰恰不是合法的，他这里的思考，是原则性，不只质疑自己从事的专门科学，而且针对一切科学乃至我们整个（转下页）

就连支持它的人也同样误解了韦伯提出该划分的根本初衷。换言之，韦伯洞察到我们今天生活在一个被科学技术物化的世界之中，另一方面，科学的客观理性让我们从道德与宗教规范的普遍约束中解放出来。科学凭借其势不可当的进步，必定是一股打破传统权威的力量。所以，我们的终极价值判断既不能寻求传统的支持，亦无科学的基础；不管我们乐不乐意，都只关乎个人决断。比方说，人怎么才能依据科学做出决定？希腊时期首次出现一种思想，认为一切都基于科学的理性，后来逐渐成为欧洲文明标志性的精神，这种思想是不是像胡塞尔断言的那样具有“绝对理念”，于是乎所有其他文明的欧化“表明一种绝对意义的统治”？[1]抑或这种理性的精神不过是诸多文化可能性之中的一种人类学类型？比方说，中国和印度就未曾产生欧洲意

（接上页）现代生活的方向，就这一点而言，韦伯比施特劳斯想的更具哲学性。然而，如果施特劳斯将韦伯的洞见仅仅限定在我们这一代人正从事的现代科学，自己却不愿置身其中，不承认“时代的命运”，那么，他自己的立场要能免于韦伯的科学观，就必须得有一种科学，其构造的概念完全无须从历史世界引入，又能让科学的概念包含自然理解或常识在谈及“社会世界”时所涉及的“丰富意义”（that wealth of meaning）。为此，施特劳斯得拿出一套可与韦伯的社会学相比的系统研究，而不光是对政治哲学史的核心文本进行历史性的解读。直到那时，才可能判定他所谓的“丰富意义”，究竟是源自社会形态的“固有表达”，抑或像韦伯预设的，每个人立场不同，相应有所不同。关于施特劳斯对韦伯的批评，请参看Raymond Aron, *Max Weber, Le savant et le politique*, 1959, 第31页以下。——原作者注

〔1〕 Husserl, *Die Krisis der europäischen Wissenschaft und die transzendentale Phänomenologie, Husserliana*（Bd. VI）, 第14页。

义上的科学。韦伯在《宗教社会学论文集》“引言”的简要评论中提到，他在比较区分各文明时，有意避免价值判断。他的节制并非出于历史意识的相对主义，毋宁源于他的哲学洞见：面对“人类命运的历程”时，“最好将他个人小小的感慨保留给自己，就像望见高山与大海时那样”。[1] 面对科学将世界理性化的命运时也当如此，所以韦伯既非盲目肯定，也不会将其否定为异化。

让我们来看看另一个欧洲自己的例子，以表明终极立场绝不可能奠基于科学上：人要怎么才能证明抑或反驳，登山宝训从普遍约束的角度是真的和正确的呢？在基督教西方世界之内，我们既可选择一种带有人性尊严和自尊的入世伦理，要求我们抗恶，同样亦可选择一种全然不同的超世俗伦理，其要求恰恰相反，因为上帝是爱，且唯他有权审判人。[2] 原初的基督教伦理活在对世界末日的期望中，而科学技术从一切宗教中解放出来，充当支配世界的手段，二者互不相容。虽然如此，韦伯提倡价值自由的科学正是为了表明：即使科学从宗教解放出来，然而特定的乃至基本的价值

---

〔1〕马克斯·韦伯，《新教伦理与资本主义精神》，桂林：广西师范大学出版社，2007，第14—15页。

〔2〕韦伯在一次辩论时提到很难找到切入陀思妥耶夫斯基和托尔斯泰的进路，因为他们的信仰全然不是欧式的，一切理性形塑的生活毫无价值，他们基于原初的基督教信仰确信，只有无形式的邻人爱——韦伯援引波德莱尔称其为“神圣地出卖灵魂”（heilige Prostitution der Seele）[“cette sainte prostitution de l'âme”，语出Charles Baudelaire，*Le spleen de Paris*]——才能开启一条真正通向人性与神圣之道。——原作者注

判断以道德或半宗教的方式奠定了科学知识的前提。科学能够有自觉意识的，能做坚决的、前后一致的价值判断，才算自由，而非披着科学知识的外衣自欺欺人。所以，韦伯提倡科学判断的价值自由，不意味着缩回纯粹的科学性，而恰恰是要将判断的超科学尺度纳入科学的考量。韦伯没要求剔除那些为判断提供标准的"价值观念"，反倒要将其对象化，视为预设，然后才可能与之拉开距离。科学与对终极价值的信仰之间仅有"丝毫"（haarfeine）之别，诚然，科学判断没法彻底跟价值评判分离，不过得分清（auseinanderzuhalten）二者。为了科学"客观性"这一目标，我们所能做且该做的，正是揭露并考虑那些虽关乎科学却没法通过科学证明的东西。所谓客观性——韦伯论及的仅仅是加引号的所谓"客观性"——"都基于并且只基于一点，那就是：根据某些范畴安排给定的实在，这些范畴在一种特定意义下是'主观的'，亦即表明我们的知识预设，并且受到一种价值预设的约束，即唯有经验知识才能赋予我们真理"[1]。然而，由于约束性的规范和理想不能在科学上奠基，因此也没法为实践提供"良方"。基于韦伯的这一原则无论如何也得不出："因为种种价值判断终究都……根源于'主观的'，就逃避对其进行任何科学的讨论……批判不会在价值判断面前却步。问题

[1] 见韦伯《社会科学知识与社会政策认识的"客观性"》（*Die "Objektivität" sozialwissenschaftlicher und sozialpolitischer Erkenntnis*）。参见《社会科学方法论》，李秋零、田薇译，北京：中国人民大学出版社，1999年，第40页。

毋宁是：对理想与价值判断的科学批判意味着什么，目的何在？”[1]对韦伯而言，首要的是：通过科学的批判和自我反省阐明那些人们“半真半假地为之争论或斗争”的“理念”本身。像这样在科学研究中阐明主导性的价值观念和理想，尤其是揭示我们“最终想要的东西”，被韦伯称为社会哲学。科学思考在此能够实现的最终目标，就是“让人意识到一项科学研究在具体的价值判断中体现出来的终极标准”，并能使科学自身清明地分清二者。科学的自我反省抛弃了专业科学天真的实证性，虽不能指明人“应该”如何，却能指明，对于预设的目标，给定某些手段，可以指望什么样的必然结果；它让人知道自己究竟想要什么。不过，韦伯假定我们的终极价值标准所具有的主观性，或是普遍约束性的“规范”之缺位，都算不上科学本身的普遍本质。恰恰相反，这种匮乏来源于这一文化时期的特质，这个文化时期的命运，乃是认清我们必须“自己去创造世事的意义”。“只有某种乐观的折中主义……才会在理论上漠视客观情势的严峻……或者在实践上避开其后果。”假如现在还存在着“大共同体”或能促成共同体的“先知”，也许还能有得到普遍认可的“价值”。可我们已不再作为一个宗教共同体的一员而活，现在只剩下诸多可能的立场和观点之间的斗争。[2]

---

〔1〕见韦伯《社会科学知识与社会政策认识的“客观性”》（*Die "Objektivität" sozialwissenschaftlicher und sozialpolitischer Erkenntnis*）。参见《社会科学方法论》，李秋零、田薇译，北京：中国人民大学出版社，1999年，第2—3页。

〔2〕受海德格尔讨论“价值”时的说法启发，卡尔·施密特最近指（转下页）

（接上页）出（*Die Tyrannei der Werte*，1960，内部出版物，第6页），如果从韦伯的论点出发，即必须将终极价值的决断留给个人，就可能得出结论：相互敌对并进而彼此冲突的价值“暴政”，会导致一切人对一切人的战争（bellum omnium contra omnes），相形之下，霍布斯的政治哲学里那野蛮的自然状态简直像田园牧歌了。“冲突的产生和敌意的维持，永远植根于价值。如果古老的神被除魔，沦为价值发挥效力，那么冲突只会变得更可怕，战争的参与者在绝望中变得武断。这正是韦伯所描绘的图景遗留的噩梦。”

然而，若有人曾彻底免于个人的虚荣和自满，因此也免于“武断”，那肯定就是韦伯。他总是公正地倾听任何人的不同意见，只要他确信对手也会为其决定的后果承担全部责任。他的相对主义说到底是一种不容讨价还价的决断性伦理。而施密特独裁性的“决断主义”，反倒可以被解释成韦伯在评论亚当·米勒的作品时所揭示的“机缘论”或是投机取巧。

奇怪的是，施密特在1917年的一部作品中言及国家的价值时极具规范色彩［疑指1914年出版的《国家的价值与个人的意义》（*Der Wert des Staates und die Bedeutung des Einzelnen*, Tübingen）］，后来又跑去宣传一种同样极端的决断主义，但他在《价值的暴政》中却不曾评价韦伯的政治立场，只强调韦伯执迷于价值哲学，并指出每一种世界观的价值假定都牵涉自我的设定。而另一方面，他又断定，“价值自由”的科学及其所服务的工业与技术，只能产生“可憎的毁灭工具和灭绝方法”。然而这些在施密特后来担任第三帝国国事顾问（Staatsrat）时都不成问题了，到那时他只在乎发展一套种族价值学说来自我确定了，时刻准备着给“总体敌人”（totalen Feind）致命一击，以确保他自己向往的种族存在形式。

施密特认为价值哲学是一种“立场哲学”，仅凭特定的立足点、观点或论点来判断价值，所以他拒绝接受。如果我们现在打算更具体地阐述他的论辩，或许可以先猜想施密特要么采取基督教的观点，要么采取政治判断的观点，用作他自己判定可证实性的标准。他最初对新兴天主教运动的同情进一步肯定了这种假设，并且他在第三帝国覆灭后还曾出版《从囹圄获救》（*Ex captivitate salus*, 1950）试图自我辩护，这表明他或多或少还在乎自己灵魂的救赎。综上所述，那么他自己在政治伦理与基督教伦理的可能冲突中，既然不追随韦伯那样采取一种个人立场或观点作为决断和评价的基础，那他会采取怎样的立场，就是一个相当有意思的问题了。韦伯在《以政治为业》中写道：“一个人所关心的，如果是自己灵魂的救赎、是他人灵魂的得救，不会以政治作为达到这些目标（转下页）

因此，韦伯借助科学的反思质疑了对客观规范及其科学根据的信念。他费那么大劲揭露我们“最终想要的东

（接上页）的途径。政治有其完全不同的课题，这种课题唯有用武力才能解决。政治的守护神与爱的上帝以及教会所设想的基督教上帝，处在一种内在的紧张关系之中，任何时刻，这种紧张的关系，都可能爆发成无可解消的冲突。在教会支配的年代，人们就看出这一点了。……当教皇禁令一再地落到佛罗伦萨的头上时，佛罗伦萨的市民仍然反抗教皇国。如果我没有记错，马基雅维利在他的《佛罗伦萨史》中，有一段美丽的文章，借他的一个英雄的口，赞扬这个城市的公民，因为他们认为他们父母之邦的伟大，比他们灵魂的得救，来得更重要；在这里，马基雅维利心中已经意识到了上面所述的那种情况。”[《学术与政治》，桂林：广西师范大学出版社，2004，第270页] 韦伯很清楚，基督教的心志伦理与权力政治衍生的责任伦理并非截然对立，因此那些政治家只要还有点良知，就可能遭遇到理性无法解决的伦理吊诡。“任何人，想要从事一般政治工作，特别是致力于以政治为使命，都必须先意识到这些伦理上的吊诡，意识到在这些吊诡的压力之下，他自己内在所可能发生的改变，是要由他自己来负责任的。让我们再重复一次：在武力之中，盘踞着魔鬼的力量，从事政治的人，因此是在撩拨魔鬼的力量。”[《学术与政治》，第269—270页] 任何一个真诚而全心地对后果负责的人，按照责任伦理行事，都可能迟早面临一种情况，那一刻只能说：“这就是我的立场，我再无旁顾。”[路德1521年4月18日在Worms城答辩时结尾的名言：“这就是我的立场，我再无旁顾，愿上帝帮助我，阿门。”（Hie steh' ich, ich kann nicht anders, Gott helff mir, Amen.）]

假如韦伯还在世，亲身经历当时的暴政，不是说早前价值哲学所阐述的“价值”暴政，而是被施密特合法化的民族社会主义的真实独裁（1963年版《政治的概念》重刊了1932年的文本，而非1933年的“归顺”版本），就会把它视作在政治上不负责任的心志政治的必然——更不负责的在于它连心都是黑的——而且韦伯肯定会毫不犹豫、奋不顾身地抗击这个“总体敌人”。在1919年“以政治为业”的演讲末尾，他预言，针对1918年崩溃的反动将在十年内就会开始，他说，“到了那一天，我非常希望能够再见到你们，看看诸君当中在今天觉得自己是真诚的‘心志政治家’、投身在这次不啻一场狂醉的革命中的人，有什么内在方面的‘变化’”。他料想他们会变成怨气重重的市侩之徒，既无力面对世界，也担不起自己的行动。——原作者注

西”，阐明为科学研究赋予尺度的价值观念，不只是大致说明它们作为预设怎么生效就行了，更是为了彻底暴露它们以“除魔”。韦伯那些科学理论论文真正的正面目标是彻底破除“幻觉”。关于罗雪尔与克尼斯的两篇堪为典范的论文，就是方法的关键步骤，他要逐步摧毁与人类历史事实相悖的特定成见与价值判断，例如将“今天”视为“宗教化的日常生活”，或是借尼采所言，将科学等同于“科学的无神论”。“千百年来，我们一直有意无意地以基督教伦理宏伟的激情作为生活的最终取向，这一直蒙蔽着我们的双眼”，韦伯正是意识到这种特别的处境，才在“方法论”上如此费工夫。由他的洞见内在必然地推展出来，不仅现代科学与文化内在是值得质疑的，而且触及我们当下生活的一般方向，绝不是在方法论反思上白忙活。“在一个专业化的时代里，所有文化科学的工作通过某些特定的提问，设定了某一种题材，并自创方法上的原则后，便会将处理这些材料当成目的本身，而不再随时基于终极价值观念控制个别事实的知识价值，甚至根本意识不到它是锚定在价值观念上的。这也不赖。然而，不知何时就变了色：那些未经反省就加以利用的观点变得意义模糊，道路迷失在黄昏中。伟大的文化问题之光再度绽放。”[1]于是，科学亦将准备去改变其立足点及概念机器。

---

〔1〕见《社会科学知识与社会政策认识的“客观性”》，《社会科学方法论》，第41页。

…………

在今天，科学是一项围绕专业经营的职业，这是我们的历史处境逃避不了的既定事实。对韦伯来说，这一处境的“决定性的事实”在于我们活在一个“与上帝相异”的时代。基于这一诊断，他在演讲的结尾转向神学作为科学的问题。虽然依他所言，基督教之外的其他宗教也有它们的神学和教义，不过并不是所有宗教都发展出了像西方基督教这么系统性的神学，因为只有后者吸收了希腊思想的结晶，并改造它使之合乎教义的目的。基督教神学代表着对宗教救赎确信的一种理智上的理性化，就其本身而论，这种科学基于一种特别非科学的预设，完全相信特定的启示是确保救赎上决定性的事实。即使对于神学来说，这些基本预设也已经超出了神学作为科学的范围。在每一种“肯定”神学中，信徒终会达到这般境界：“我信，非其荒谬，正因其荒谬。”（credo non quod, sed quia absurdum est.）信仰要成为可能，必须有一次信仰的飞跃。像这样“牺牲理智”的能力——韦伯称之为一种宗教“行家的能力”——“是决定一个人是不是肯定意义上的宗教人的标志”。照理说，只有门徒向先知，信徒向教会，才像这样“牺牲理智”。有些现代知识分子也感到有必要修一座“私人礼拜堂”，寻求宗教的替代品来充实他们空虚的灵魂，韦伯说他们彻头彻尾在“自欺欺人”[1]。另一方面，他提到，一些年

---

〔1〕要想理解韦伯为什么反对替代性的宗教，我们得牢记一个事实，（转下页）

轻人以宗教来解释他们对一种非资产阶级的、新的共同体生活的渴望，却不该指责他们欺骗，他们大概只是对自己有所误解。韦伯这里指的是倡言“体验”的德意志青年运动。虽然他毫不留情地批评一切他觉得不真实的东西，却严肃地理解“一战”后年青一代的诉求。在巴伐利亚苏维埃共和国期间，他随时准备捍卫激进左翼的学生（例如恩斯特·托勒［Ernst Toller］），反对那些反动的学生群体，虽说他本人对1918—1919年慕尼黑的文人革命毫不同情。他坚信世界正逐渐被科学的理性化和官僚化除魔，往昔——尤其是犹太先知时代——以燎原之势席卷大范围宗教共同体的东西，今天顶多在非常小的圈子里微弱地脉动着；事实上，它最有可能保留在社团（Vereinswesen）的社会学原型——宗教教派之内。在讨论特洛尔奇的一次演讲时，韦伯阐发了他的论题：至少直到本世纪初，美国是世界上最具宗教性的国家，因为美国没有成熟的教会，只有无数教派。“更重要的是，比起我们这儿，美国宗教共同体的成员资格花费高得难以想象……告诉我，哪个德国工人会为任何教会共同体花这么多钱……因此，美国实行的宗教模式是教派型，在他们国家，宗教是民间的事情。恰恰因为这种教派型……排外，为其信徒提供了极其明确的内在和外在优越性，因此，那儿能

（接上页）“一战”过后，宗教气氛一时风行。当时流行读埃克哈特大师和使徒言行录，还有里尔克的《亲爱的上帝》（*Geschichten vom lieben Gott*），以及陀思妥耶夫斯基和克尔凯郭尔。——原作者注

实现一种对宗教共同体的普遍归属感。德国有名无实的基督教却做不到。在德国，一小撮富人缴纳了教会所需的一切费用——以便‘维持民众间的宗教信仰’——就心满意足了，除此之外什么都不干，他们留在教会，不过是鉴于退出可能有损升迁机会或其他社会前景。”[1]这话是1910年说的，时至今日，德意志联邦共和国的情形也没什么本质变化。那被韦伯视为“我们时代的命运”的东西，也是其后一切事物的源头：科学技术所推动的世界的除魔。而对现在想认清世事的人来说，仍然如此，甚至更加是衡量一切的出发点。当然，自那时起或许年青一代已经如此适应我们的时代，以至于再也不能领会到，有些东西曾是另一副样子，而今却已经被消除了魔力了，尤其是科学技术日益具有自身的幻象和魔力。

韦伯这样结束了演讲：“一个人，如果无法像男人一样担负我们时代的命运，必须告诫他，最好保持沉默：别像通常的叛教者那样大张旗鼓地表态，而是老老实实地回归旧的教会，它正张开双臂，满怀慈爱地迎接你，而不会刻意为难。”有些人等待着新的先知，韦伯便向他们强调理智诚实的朴素要求，教他们意识到今天的处境无异于《以赛亚书》里以东人所唱的守望者之歌：“守望的啊，夜里如何？守望

---

〔1〕Max Weber：“Erste Diskussionsrede zu E. Troeltschs Vortrag über ‘Das stoisch-christliche Naturrecht’”，*Gesammelte Aufsätze zur Soziologie und Sozialpolitk*. Hrsg. von Marianne Weber. 2. Auflage, Tübingen：J. C. B. Mohr（Paul Siebeck），1988（1. Auflage 1924）：468-469.

者说，黎明将至，而黑夜仍在。你们若要问，可以回头再来。”不过，韦伯的结论可不是令人忍耐黎明前的黑夜。他说，单凭渴望与等待，将一无所获，去达到“日常的要求”会更好。“这其实朴实而简单，只要每个人都找到主掌自己生命之线的神灵，听从它。”

我觉得显然不是“每个人”，甚至我们当中，也许没有任何人能有幸感受到对韦伯而言那般真切的神灵，唯有非凡卓越的人物才会被授予这样的神灵。

韦伯以其特有的、稍具煽动效果的清晰性[1]阐明了他的基本立场，尤其见诸《科学作为天职》，虽说也激起了强烈的异议，但他的同时代人无不为之所动。如果在四十五年后的今天，我们重新审视一下那些针对韦伯的批评，或者至少对其理论原则的批评，事实表明，面对韦伯所看清的并有所保留地承认的“我们时代的命运”，它们不过是些无力的反抗：理性化进展到一切生活处境当中，不论公开还是私密（原本韦伯曾以为后者能免于理性化）。他承受着这一历史情势，不抱任何幻觉。他遭到了格奥尔格圈子的敌意（不是出自格奥尔格本人或贡道夫，贡道夫无比敬仰韦伯），这源于他反对充满幻觉的自负，仿佛“诗人”能掌时代之舵，应世变之亟，建立一个“新帝国”；后来不少格奥尔格的追随者确实搅和到第三帝国里了。格奥

〔1〕请参阅H. Lübbe, *Die Freiheit der Theorie, Max Weber über Wissenschaft als Beruf*, 收入*Archiv für Rechts- und Sozialphilosophie*, 1962。——原作者注

尔格的信徒互相通信时言及的“国家”，实则意在一个以格奥尔格为无冕之王的“秘密德国”；然而韦伯作为旁观者看得很清楚，这种秘密的国家具备教派的一切长处与弊端，可与斯坦纳（Rudolf Steiner）或其他不太入流的先知周围的教派相提并论。对于这类秘密的教派精神，韦伯的最高认可就是承认其为“时代力量”（Zeitmächte）的代表之一[1]，然而这些力量正是有待抗击的对象。即便像舍勒这般独立的观察家，1922年在一篇文章里赞扬韦伯的演讲是一份“人性的记录”（document humain），继而称其为“**整个时代最惊人的记录**”，“可惜”这是“**我们的**”时代，却又觉得人可以通过某种“救赎意识”（Erlösungswissen）制约科学的进步。[2]另一些同时代人，例如特洛尔奇，虽然在缺乏同情的抨击面前捍卫韦伯的演说[3]，却也感到它“令人惊骇”，觉得韦伯的政治立场是无计可施不得已而为之（Verzweiflungslösung）。梅尼克（Friedrich Meinecke）曾肯定韦伯是年青一代之中唯一一位他能“毫无保留地称为天才”的学者，但就连他也对韦伯秉持实事性所泼的“冷水”感到惊骇。后来的雅斯贝尔斯又在哲学上把韦伯对幻象的

---

〔1〕参阅Friedrich Wolters, *Stefan George*, 1930, 第430页以下，*Der Dichter und die Zeitmächte*。——原作者注

〔2〕Max Scheler, *Schriften zur Soziologie und Weltanschauungslehre*, I., 1923.——原作者注

〔3〕*Gesammelte Schriften*, IV., 第672页及下页，III., 第160页及下页。——原作者注

拒斥混淆成一次“彻底的失败”。他们之中没有谁，能像韦伯那样“历经磨炼一往无旁顾地正视”现代生活的现实，并在内心中具有与之抗衡的能力。[1]

〔1〕“政治作为天职”：“重要的，是在正视生命的诸般现实时，那种经过磨炼的一往无旁顾的韧性，和承受这些现实以及在内心中料理这些现实的能力。”韦伯，《学术与政治》，桂林：广西师范大学出版社，2004，第271页。

II

韦伯与我们的时代

“学术生活就是一场疯狂的赌博”

韦伯与德国大学体制的论争

渠敬东

一　引子

“学术生活就是一场疯狂的赌博。”

整整一百年前，韦伯在他“科学作为天职”[1]的演讲里，有这样一句话。今天，很多从事科学职业的年轻人，不管读没读过这篇经典的文献，只要是看到了这句话，想必心里都会翻起瓶子，涌出好多滋味来。在全世界都要统统接轨的时代，在学术标准化的时代，那些四处奔波求职的博士或博士后，那些在tenure track中等待审判的年轻教员，那些白天讲课、晚上写论文的“青椒”，那些没日没夜出诊看病，又要做实验、写报告的医学院里的小大夫……无论他（她）们来自美国、欧洲，还是中国、日本，或者是遍及世界各地的其他什么地方，都深陷这场赌局中，精打细

〔1〕韦伯:《科学作为天职》，李康译。本文对此篇文献的引用，均不作注明。

算，疲于奔命，每一步都要走得精确，每一刻都要勤勉努力，但前途依然捉摸不定，仍有很大的可能被他们的科学职业丢弃掉。

韦伯一百年前说到此话的时候，已是心绪难平，而今天人们再听到此话的时候，更感觉到切了皮肉般的疼痛。学术生活的这场赌博究竟由何而来，又是为了什么呢？科学这项职业说起来如此高尚，是那么与众不同，人们却为何又偏将自己的“才华”交付给“运气”，将理想散落给现实去摆弄呢？很显然，一百年前，韦伯就已经洞见到，科学这项职业早已不是一个人仅靠志向或才华、苹果掉在地上的灵感、对死亡的冥想，或者是对于生命之终极意义的探求所能确定的了。科学已经成了一件复杂的事实，连带着现实世界上的各种体制机制、自由资本和国家意志、人们世俗化了的精神及其独特的政治安排，如此等等，所有这些都作为锻造科学职业的车间，影响着从事这项职业的人的灵魂归向。

今天重读这篇演讲，扑面而来的自然是那种置身于赌博现场的战栗感，那种人生难知去路的“体验”。但正如韦伯在好多著述中所说的那样，一个人置身于这样的历史中，所获得的，或者说能够支撑他的，却不是这样一种单纯的体验。在他的身上，凝聚着构成这个世界的诸要素和诸领域，作为一位学者，他需要“将经验真理的有效性在思维上加以整理”，形成一种“可理解的历史认识”，“在无限多样的现象中”找到“有限的部分是有意义的”，进而在主观意义上构成“历史个体”，才真正算得上是一项科学工作。[1]

因此，讨论当下学者的处境，从科学职业的外部条件和内在天职这双重的角度来考察，也该是作为天职之科学本身的要求。外部条件的存在，或者“就天职（Beruf）这个词的物质意义来说”，是把握我们所处的社会实在之总体的入口，是理解我们具体经验中存在的因果关系的途径，是通过实证研究来发现我们日常处境的办法，而不致让我们陷入一种个人体验的伤感之中，靠一时的抱怨来纾解情绪，或靠幻象般的意志去对抗风车。知道现实及其可能的各种后果，这本身就是责任伦理的要求。

同样，任何科学的探索，都不会只是外部制度的结果，韦伯所说的“赌博”，有另外一层“内在”的意思在里面。“如果谁没有能力，完全蒙上双眼，不顾周围一切地想象，他灵魂的命运就取决于他是否对抄本此处的文本做出了正确的推测，他就尚未步入科学的门径。”从事科学，必须“激情满满地投身其中”。不过，只靠吃苦用力，也未见得就能取得研究的成果。科学的发现，总要在关键的时刻，有些“想法”和“灵感”乍现。我们常常不知这些想法和灵感从哪里来，何时会来，能持续多久。一切交付给偶然的机遇，

---

〔1〕参见韦伯：《社会科学认识和社会政策认识的“客观性”》，载于《社会科学方法论》，李秋零、田薇译，北京：中国人民大学出版社，1999年。

这难道不是“学者必须承受的又一场赌博”？[1]

这样一种难以捉摸的“偶然”，对学者来说恐怕更为棘手。对此，人们常有一种感觉或印象，又回过头来将这种偶然的灵感归于一个人特别的“人格”，或是独有的“体验”上来。韦伯当然不信这样的把戏。因为纯靠浪漫派意义上的人的主观动力，只能把生活变成一件艺术作品，其中所引发的激情，并不能为科学带来累积性的进步，不能守持住科学所应有的专业化的限定性前提。韦伯认定，这个时代确已经除魔了，人们不再去乞“灵”（pneuma），不再依照神学的预设那样要完整地“拥有”（Haben），科学的探求只能撇开那些神秘的灵光或希腊人心中的永恒真理，靠着“朴实的理智诚实”，去知道那些“值得我们知道”的东西。

关于这个问题，我们难说韦伯给了我们确切的答案，也许他本就没法给出答案。他只是告诉我们在今天科学值得去做什么，怎样去做，至于科学究竟能够提供给我们什么样的生身凭靠的终极价值，我们依然无从所“知”。在演讲的结尾处，他引用《以赛亚书》预言中流亡的以东人的守望者的歌声，试图告诫我们，只有将科学作为天职，年复一年地耕耘劳作，才可能找到“主掌自己生命之线的神灵”，有如歌德笔下的漫游者，只有把“日常的要求”作为自己的义务，才能等待慢慢长夜过去。这种晦涩不明的未来，虽然黎明似见，却也令人难安。难怪库尔提乌斯在评

〔1〕库尔提乌斯：《韦伯论科学作为天职》，本书第78页。

论中会怯怯地问道："这种据说普遍有效的价值之争，会不会只是价值的无序状态的征兆，暴露了晚近西欧文化的某种乱象？"[1]

一百年后的今天，似乎日渐清晰的不是曙光，而依然是叠生的乱象。科学的赌局远未结束，反而筹码加重了。学者们每日操劳，却越发陷入狭窄的专业化境遇中，连认清自己都难，何谈世界的未来？今天重读韦伯的演讲，无论科学的外部条件，还是内在天职，都更加让人唏嘘感慨。特别对于中国的学者来说，也许三十多年前开放之初，大家都还凭着迎接新世界的热情来追捧韦伯博大精深的思想，但是到了今天，恐怕更能体会到韦伯所说的现代文明的茫茫暗夜了。[2]

本文将沿着这篇演讲的脉络，附以国际以及中国学术界发展的晚近情形，从上述两个方面出发继续延伸这一话题。此番讨论，当然不是关于韦伯思想文本的专业研究，而是从韦伯的问题化方式入手，对于当今学者的内外状况及其涉及的学术体制和精神形态等问题，做进一步的追察和评判。

二 "美国化"问题

《科学作为天职》开篇伊始，韦伯就直接点出了德国学

---

〔1〕库尔提乌斯：《韦伯论科学作为天职》，本书第82页。

〔2〕苏国勋很早就注意到韦伯"以行动化解紧张"的思想内核，这在20世纪80年代的理论著述中是非常难得的。参见苏国勋：《理性化及其限制：韦伯思想引论》，北京：商务印书馆，2016年。

术界的“美国化”倾向。由此看来，这个问题之所以这样要害，显然是戳中了德国科学传统的命根子。对于科学进步来讲，要害中的要害，当然是未来要毕生投入学术生活的年轻人。

首先，韦伯对比了德国和美国年轻学者的生活境遇。传统上，德国学者一生的学术生涯，是从编外讲师起步的。获得编外讲师的资格，大体要经过这样一道程序：先征得权威专家的同意，提交一部著作，再通过全体教职人员面试，就差不多得到永久职位了。不过，这里有两点需要说明：第一，编外讲师之所以是编外的，是因为他们与教授不同，不是由政府任命的，所以也没有相应的权利，也不需要承担公务员的义务；他们获得资格的过程，完全是大学内部事务。第二，就是编外讲师不单是编外的，准确的说法是“无薪编外讲师”，这意味着他们没有固定的工资收入，没有国家支付给教授们的薪俸，他们的生计都是依靠那些选修自己讲授课程的学生缴纳的学费来维持的。[1]这里，还需要说明一点，编外讲师在教学上是有自由度的，在本学科允许的范围内，他们有权开设任何课程，只是按照俗规，他们不太好意思多开课，开“重头”课，以免让人觉得不把教授们放在眼里。不过这样也好，他们“能有充裕的自由时间从事科学工作”。

我们不难看出，德国大学的传统体制倒有些中世纪遗留

〔1〕参见韦伯:《贝恩哈德事件》，见《韦伯论大学》，孙传钊译，南京：江苏人民出版社，第7页注2。

的成分。教授与编外讲师的身份差别，教授确认编外讲师执教资格的自主性的人事制度，以及两者在学术组织中共存共处的状态，在一定程度上依然带有同僚制的特征。中世纪教育体系中大学和学院之间的微妙关系，也表现在编外讲师的授课方式和收入来源上，大学以教授会为特权主体，而学院则往往采用市场的形式招募学生授课。[1]在这种体制下，编外讲师身份等级较低，生计也没有保障，但在教学和研究上是相对自主的，因而他们在学术上也就成了教授们潜在的竞争对手。编外讲师的学术创造以及在大学之间的转移流动，也成了推动科学进步的机制动力。

相比而言，美国的大学体制就不同了。在美国，虽然在大学发展之初曾效仿欧洲大学，特别是洪堡理念下的科学研究制度，多少呈现出一些“欧洲化”的趋势，但就其独特的历史来说，则来源于各宗教教派所建立的旧式学院，这些学院分散于各地的中小城镇中，大多采用严格的寄宿制，教育上以培养公民为目标，“服务于美国政治和社会基础的世界观的培养”。[2]由于美国历史上并没有很强的科学传统，因此学院“大学化”的过程，也是一个“官僚化”的过程。对年轻人来说，带有浓厚官僚制色彩的大学体制往往采用“助理”（Assisstant）这样的学术制度，一开始就有固定薪酬。

〔1〕参见涂尔干：《教育思想的演进》（李康译），《涂尔干文集》第4卷，上海：上海人民出版社，2001年。

〔2〕韦伯：《美国的大学与德国的大学》，《韦伯论大学》，第37—38页。

可是，年轻人这笔钱拿得也不容易，他们的课程是院系上层预先安排好的，而且据韦伯的考察发现，全职教授每周只要开三个课时的课就能交差，助理却要有十二课时的工作量。不仅如此，生活上美国的助教虽比德国的编外讲师过得好，心理上却时刻有着隐忧，因为倘若几年后他们无法达到要求，不符合大学的期望，就得卷铺盖走人，另寻他处。这支悬在头上的利剑，迫使这些年轻人每时每刻都要像工厂里的工人一般，通过教学研究中的计件办法尽可能证明自己的用处，唯老板是瞻，陷入“准无产阶级”的生存状态。

韦伯说：

> 和所有资本主义的经营，同时也是官僚化经营中的情形一样，这一发展趋势在技术上的好处是不容置疑的。但支配这些发展的“精神”与德国大学历史上的传统气氛并不一致。这些类似于资本主义大型企业的大学管理者与人们熟知的老派教授之间，无论外在，还是内在，都存在着极深的鸿沟，内在心态方面也是如此。

在美国的大学体制中，官僚制渗透的范围非常广泛，特别是随着现代工业的发展，大学之间竞争极其激烈，民间企业那种竞争型的官僚化体系全面进入其中，大学成了对教师的能力进行无情筛选的、充满竞争的研究机构。特别是在从学院向综合性大学转换的过程中，表现出了几个重要特点：一是大学校长在管理体系中拥有极大的权力；二是雇佣体制中教员之间的竞争空前激烈；三是各大财团通过巨大的资金投入而介入到大学体制的制定和运营之中。助教会不会被解雇，完全取决于上课的次数、课堂的人数、论文的篇数，等等。大学官僚化的趋势，突出表现为资本主义经营的逻辑。韦伯引用马克思《资本论》中的话说："这里，我们碰上的是所有资本主义经营都会出现的状况：'工人和他的生产资料相分离。'"用韦伯自己的话说："工人，这里说的就是研究助理，依赖国家交给他使用的工作手段，因此他得仰仗研究机构的领导，就像工厂雇的工人得依赖雇主。"

单纯比较美德不同的大学体制，并不是韦伯的用意。问题的关键，是德国的大学正在"美国化"。与中国的经验相同，一百多年前，德国大学美国化的急先锋，是商学院。韦伯说得很形象："创建这些商学院的强大动力，是希望学生能取得接受决斗的挑战资格，在此基础上再接再厉取得预备役军官的资格：让脸上稍微留下一点军刀造成的疤痕，通过短暂的求学生涯、劳动习惯的养成，成为实业界的雇员。"[1]在另一篇专讲这个问题的文献中，韦伯说了更火辣些的话："无可否认的是，单独设立商学院的另一个主要原因是，在商业和工业领域的新一代生意人中，存在一种愿望，即佩戴同窗会的徽章、留下决斗的伤疤，最重要的是有人提出决斗时爽快地答应决斗，由此就能取得'预备役军官的资

〔1〕 韦伯：《美国的大学与德国的大学》，《韦伯论大学》，第38页。

格’……取得资格的目的是出于追求封建性的威望。”[1]

好吧，工商业的迅速发展，自然需要有更多的人才，这些人才的标准纯粹是由需求法则确定的。与此前大学里那些囊中羞涩的编外讲师不同，与传统大学中只能通过发愤读书才能拿到文凭的傻学生不同，商学院的设计本来就不是要依循科学原则的，甚至必要的技术也不是它要得到的东西。成功，是商学院的唯一目的。在工商业取得成功，多快好省是第一原理；此外，进一步成功的保证，是尽可能得到德国封建意义上的威望，将学术和贵族的荣誉统揽一身。商学院的内在欲求，是要在全体社会经济竞争中拔得头筹，要达到这样的目的，只懂得会计学、经营学这些在传统大学里没有地位的学科当然是不行的，还必须有广泛的交际圈子，小型的seminar研讨活动，取得官方认可的等级证书和毕业文凭，以及更为重要的“可以作为成就标志的那种封建的僭望”[2]……简言之，就是要用培养工商业接班人的模式来替代培养学术接班人的模式，通过在工商业培植“封建的野心”来替代“学术的自由”。

对此，韦伯的态度很是坚决：“我要明确地说，无论拥有怎样高贵的缎带、徽章，还是拥有预备役证书，都一点也不能证明这个人能够做艰难的工作，能维护德国在世界

---

〔1〕韦伯：《商学院》，《韦伯论大学》，第62页。

〔2〕分别参见韦伯：《美国的大学与德国的大学》《商学院》，《韦伯论大学》第39、62、63页。

上的地位——这些东西是工商资产阶级没有的。”[1]话说到这里，有个悖谬的现象不得不提。韦伯认为，美国19世纪末期的教育改革有着二重趋势。首先，美国传统的学院常设有人文教育课程，相当于德国文理中学的高中部或大学一年级的预科课程。在从学院向大学转换的过程中，在课程体制方面美国着意与德国接轨，推动专业性研究向欧洲水平靠拢。其次，根据实业界的经验要求，把绅士作为理想的人格形象纳入到大众化的公民教育中，所以才有了商学院这样的高等职业教育体系的确立。这常被称作美国教育“欧洲化”的趋势。不过，相比于美国的“欧洲化”，也许德国的“美国化”才更加揭示了学术的矛盾处境所在，更加体现了现代工业的残酷竞争法则。

所以说，德国大学的商学院建制的真正意味，不单是商学院的成立，而是其基本的逻辑逐渐贯彻到了整体科学体制之中。美国大学的“德国化”，只是在美国惯常的大学体制中多加了些作料，而德国大学的“美国化”，则含有一种绑架的因素，促发着德国依照资本主义的办法将学术及其有关

---

〔1〕韦伯:《商学院》,《韦伯论大学》，第63—64页。韦伯的这番说法，也不由得让我们想起托克维尔早在1858年曾说过的话：“中产阶级的独特思想成为统治的普遍精神，既主导对外政策又支配国内事务，这种思想活跃而灵巧，常有不道德之嫌，通常有条不紊，有时却因虚荣和自私而流于轻率；优柔寡断、温和中庸，但讲究享受。这种精神与平民或贵族精神相结合，可以产生奇迹，但单凭这种精神却只能导致一种既无德性又无威严的统治。”托克维尔:《回忆录：1948年法国革命》，周炽湛、曾晓阳译，上海：上海人民出版社，2005年，第46—47页。

的整个生活都一步步地裹挟进去。由于美国各大学有着多样化的差别，大体可以缓慢地吸收或稀释外来的影响；但德国大学的“美国化”，一开始便迎接着资本主义世界带来的所有挑战，管理、人事、课程、研究项目、经营资金乃至民主政治等方方面面，统统汇入大学体制的改革中，处于这种滚滚浪潮中的年轻人，才会惶惶中不见未来，纯靠运气等待着这场赌博的结局。

三　阿尔特霍夫体制

德国大学的“美国化”是一场总体性的变革，牵一发而动全身，这一点，尤其对于那些今天正在实施“美国化”改革的其他国家的大学来说，要当心才是。说到一百年前德国大学的转变，大概也像今天的中国一样，是齐头并举的。这其中，最为昭著的就是韦伯在大学论战中经常提到的阿尔特霍夫体制。

阿尔特霍夫曾是德国教育部主管高等教育和大学的部长，而且做了十年之久。他有着非凡的行政才能，特别是在普鲁士的大学急速扩张时期，是个筹款的高手。从他初入教育部工作到出任部长的16年间，大学拨款的增幅超过了50%，到他退休时，续增40%多，加在一起整整一倍。此前，德国的大学大多因循传统，采用同僚制的形式，各教授之间拥有差不多的权利，遇到教授晋升和院长遴选的时候，常常合议共决。这种情形，并不像美国那样通过竞争性的选举办法来解决。不过，当大学的经费越来越依靠国家来拨付，支出越来越由国家来决定的时候，情况便悄悄地发生转变了。大学规模的扩大，需要更多的资源，而为了获取这些资源，更要靠官僚制的经营。美国大学的校长制便是在学院到大学的转化过程中确立起来的集中管理体制，相比而言，德国大学的官僚制化亦是不可避免的，必然要融入大量的资本主义因素。恰如韦伯说的那样："美国所有的大学都有校长，这校长就是阿尔特霍夫这样的人。"[1]

其实，阿尔特霍夫部长确实想做很多事。"在德国没有教育部的幕后操作而很少发生的每件事，他都做到了。"[2]阿尔特霍夫雷厉风行，不仅为大学增加了大幅的拨款，而且还大力推行基于平等主义的民主制度，吸引年轻教职员的支持。他通过强化国家的干预，不仅兴建了实验室和各类研究所，而且还倡导提高教师的待遇，如此等等，确实为大学发展做出了相当多的贡献。不过，阿尔特霍夫所代表的能力和权力总是相应的，他拨的钱越多，用力越大，权力的欲望也会越大。

他非常欣赏那些才华出众的年轻讲师们，求贤若渴，因此也会"利用他们人性的弱点，利用各种手段，做出各种许诺"来网罗人才。他曾极力想把那时还是讲师的韦伯留在普鲁士，接替柏林大学的教授职位，所以私下告诉巴登州的大

---

〔1〕韦伯：《美国的大学与德国的大学》，《韦伯论大学》，第44页。
〔2〕同上。

学事务部长，说韦伯想利用其他大学的职位做“跳板”而谋求柏林的教席。根据玛丽安妮·韦伯的记述，阿尔特霍夫的这种做法着实惹恼了韦伯，他和他的父亲斥之为“阴谋的交易”，并保证决不会因这样的欺骗而从教于柏林大学。[1] 在德国大学“大跃进”的时代，阿尔特霍夫与韦伯之间的这类过节，不知上演过多少回了。

著名的“贝恩哈德事件”，也惹恼了韦伯，他为此写过不少驳论和檄文，公开发表在媒体上。这件事的原委，是阿尔特霍夫擅自任命贝恩哈德为柏林大学经济学正教授，此前从未与相关院系和教授透露过半点儿消息，以致这些在学界卓有影响、最受尊敬的教授们，只能可怜巴巴地“从媒体那里或拜访了新同事后，才了解到这一情况”[2]。更有甚者，阿尔特霍夫还强行阻止了桑巴特和布雷斯劳获得柏林大学编外讲师的教师资格。韦伯说，“很明显，在柏林大学，像其他大学一样，也有一些性格刚硬的学者，继承和保持着与高层教育行政当局相对的学术团结和独立的光荣传统。但是，人所共知，这样的人越来越少了。不幸的是，对柏林的教授们来说，距教育部的大门是如此之近，发生这类事情太容易了”[3]。韦伯所说的光荣传统，指的就是19世纪以来大学任命教授和编外讲师约定俗成的惯例。一

---

〔1〕参见玛丽安妮·韦伯：《马克斯·韦伯传》，阎克文译，南京：江苏人民出版社，2002年，第228—229页。

〔2〕韦伯：《贝恩哈德事件》，《韦伯论大学》，第5页。

〔3〕同上书，第4页。

般来说，教授任命通常是由校方开列一份简单的候选人名单呈送政府中负责相关事宜的部长，部长圈定下即可；而编外讲师资格的确认，则完全属于大学内部事务的惯例，根本不在州政府的权限范围之内。不过，随着教育部发的钱越来越多，"经营者"的角色越来越多，介入大学事务的想法和权力也就越来越多了。

官僚制的基本理念，是经营，即现代企业组织的一套营利（Erwerb）制度。熟悉韦伯学说的人都知道，企业的原则，首先是营利和效用的原则；塑造企业概念的核心，是形式理性下的资本算计。一般来讲，韦伯会将企业组织意义上的营利机会（Erwerbschance）与市场机会（Marketchance）分开使用，营利是通过预算管理来实现的。[1]很显然，教育部的钱不是白给的，拨付经费的同时，是要把现代经营的概念植入到大学中来的。经营者要培养的，是他们理解的"职业人"，有效投入和有效产出的前提，是资金权力的有效控制。预算管理的办法，所在意的当然不是一时一地、一人一事这些琐碎的东西，而是要从整个企业的绩效准则出发，做总体的衡量和控制。所以，韦伯看得很清楚："对大学教授职位的任命，本质上是一种赠予其金钱利益和社会声誉的赞助行为。"[2]而且，大学越是被纳入这样的官僚制系统之中，

---

〔1〕 Weber, Max, *Economy and Society: An Outline of Interpretive Sociology*, Guenther Roth & Claus Wittich（eds.）, University of California Press, 1978, p.96.

〔2〕 韦伯：《贝恩哈德事件》，《韦伯论大学》，第2页。

就会越加“不懈地追求学术绩效评估的客观性”[1]。

事情发展到这个程度，我们才会理解韦伯说的话：“是运气，而非才华本身，起了更大的作用。”官僚化经营中的预算管理和过程控制，需要有两个基本条件：一是设计合理并能有效运转的制度机器，二是能够将权力集中到与目标精确配置的水平。前者要求尽可能缩减个体差异对整体绩效的影响，后者则会强化制度目标本身的偏好。本质而言，这与学者本身的个性、品格和才华没有多大的关联。这样的经营理念及其运作过程，自然会强化教授团与教育官员之间的妥协，强化代表着官僚制的那些人的偏好所产生的影响。

可以说，阿尔特霍夫体制并不是阿尔特霍夫本人一手塑造的，他只是个象征而已。这样一种体制得以形成的根本原因，是德国急迫地要把自身纳入到世界资本主义体系的心理，要在现实中找到一种普遍历史的尺度，并根据这种标准化的尺度参与到世界竞争的格局中来。而德国大学的“美国化”，无非是这场国际资本主义竞争的一个缩影。无论是商学院的成立，还是贝恩哈德事件，都不过是这场风起云涌的竞争浪潮中的冰山一角而已。事实上，德国大学的几乎每个角落都在推动改革，都被浪卷到这股滚滚洪流之中。

首先，阿尔特霍夫体制是德国在国际竞争中的体制枢纽。美国大学的竞争模式是以像洛克菲勒财团、摩根财团这样的大型基金投入为基础的，德国因缺少这样的资源配置系

---

〔1〕 韦伯：《贝恩哈德事件》，《韦伯论大学》，第4页。

统，只能由国家行政部门扮演这样的角色：国家决定经费支出，成为大学变革的关键因素。根据日本学者上山安敏编译的材料，资本主义竞争首先表现为以自然科学为核心学科的飞速发展，在化学工业界，德国人感觉到了美国庞大生产体制的威胁，为此专门成立了“恺撒·威尔海姆协会”，构建了财界、官僚和学界的三位一体格局，在推动化学工业进步的同时，也常常表达出对德国大学讲座制度和研究效率的不满，并进行强力干涉。[1]这与“二战”期间及结束后，美国由国家委托大型财团来主导规模化的自然科学和社会科学研究项目，是同出一辙的。[2]

为提升科学发展的速度，德国大学最先在自然科学、医学领域增设实验室和研究所，随后此类机构在其他领域也普遍确立起来。新机构的成立，带动了人事制度的变化。一方面，各实验室和研究所开始设立助教职位，他们不再像编外讲师那样没有分文的固定薪金，而是领取国家预算所拨的薪酬，收入稳定，但由于被编定在等级森严的官僚化组织之内，因而服从上级指示、完成规定工作就成了他们的职业要求。另一方面，由于产业革命后富裕家庭增多，这些家庭的子女也涌入学术界寻找就业机会，因而编外讲师的队伍也迅速扩大。在这种情况下，德国大学中的年轻人开始形成两个

---

〔1〕上山安敏：《关于〈韦伯的大学论〉——代解说》，《韦伯论大学》，第119页。
〔2〕参见叶启政：《实证的迷思：重估社会科学经验研究》，北京：生活·读书·新知三联书店，2018年。

彼此竞争的群体，助教群体的生成使得编外讲师的生存处境雪上加霜，编外讲师则受不了这样的诱惑，宁可失去原有制度保护下学术上的自由，纷纷加入助教群体。韦伯就曾经历过编外讲师的尴尬，他在柏林大学第一个学期讲授商法和罗马法的课程，对选课人数早有思想准备，却没想到来的学生不仅人少，还有个人走错了教室。[1]

伴随管理和人事制度的改革，授课也发生了根本的变化。其中，seminar制度就成了大学官僚化的助推器。Seminar的教学形式本来是作为讲座课程和个人研修的辅助模式存在的，但随着学校规模的扩充，硬件设施投入的加大，以及助教职位的出现，seminar开始成为最主要的授课方式。这种方式与传统的私人传授（privatissima）完全不同，而采取学术作为主体的口头讨论的形式。比如，历史学教授兰普雷希特就极力主张这种小班讨论，当然，这种授课模式是有他对于学科的考量在里面的。他对兰克和朗格的史学观不以为然，坚持将自然科学的方法移植到历史研究中。兰普雷希特的此番想法，与今天史学领域时兴的各种专门史研究是很相似的，一是着重历史学习的不同模块，二是偏向于方法上的讨论，三是要把平等主义的原则置入具体的教学活动中，鼓励学生发表自己的见解，颇类似于今天大家常说的批判性思维。

---

〔1〕参见上山安敏：《关于〈韦伯的大学论〉——代解说》，《韦伯论大学》，第123—124页。

兰普雷希特有关教学活动改革的主张，以及后来提出的研究所所长应该实行轮换制的建议，带有制度民主化的色彩。表面上看，这似乎是对官僚化的一种反动，实际上却是对官僚化的一种进一步推动。首先，seminar制度需要大量资金、设施和助教的支持，从而加大了上层权力介入教学的可能性，商学院就是典型的例子。其次，这种授课模式改变了知识传授的方式，往往以方法为中心，“把历史的事物镶嵌到‘法则’和‘阶段’中去”；并需要借助一些主题性的选本和割裂的材料来帮助学生形成历史认识。由此形成的科学思维，仅仅有助于被分割了的某些专门领域的知识生产，年轻人脑子里面都常常是些片段的成分，“科学已经成了一种计算，可以在实验室或统计资料处理中制造出来，就跟‘在工厂里’的生产一样，只需冷静的理性，而非一个人的全部‘灵魂’”。

可以说，一百年前德国为应对世界潮流而推行的大学改革，几乎搅动了大学体制的方方面面，政府资金的巨大投入，将科学与金钱、权力以及各种各样的竞争需求空前结合在一起。人事制度、课程体系、教学形态、研究机构以及预算管理等制度发生了彻底的转变。相对于国际资本主义竞争的挑战来说，这无一不是对于自身以往的科学乃至文明传统的更大的挑战。韦伯说：“这种盛行的体制，试图把新的一代学者改变成学术‘生意人’，变成没有自己思想的体制中的螺丝钉，误导他们，使他们陷于一种良心的冲突之中，步入歧路；甚至贯穿他们整个学术生涯，都要承担由此而来的痛苦。”[1]

一个刚刚踏入学术生涯的年轻人，“您是否确信，年复一年地眼看着一个又一个平庸之辈踩过自己的肩膀，自己还能够忍受，既不怨怼，也不沮丧？”

四　学术自由

在这样的学术体制中，年轻人要存活下来，最直接的办法莫过于尽快适应。既然“选课人数多，具有难以衡量的好处，乃至价值”，既然学生出席情况是“以数字评价水平的明确标识”，就要在“招徕学生”方面做足文章：一是要脾气对路，学生喜欢什么样的脾气，温文的还是高亢的，老成的还是率真的，都要适时做到；二是腔调要好，是批评时政的还是痛说家史的，是引领风气的还是忍辱负重的，都该辨识清楚。总之，学生的实际需求和鉴赏品位，是把握民主测评的关键。当然，若成果评估是决定生死存亡的关键，就要好好研究国际学术市场的评价系统，这与产品定价的规律差不多，多熟悉下产品手册（国际期刊），了解最通行的研究题目、关键词、方法、参考文献和写作模板，拿影响因子来做判断指数就够了。如果研究项目等级和资金多寡也是学术评估的重要指标，也要照例研究个透，按规定出牌，才能万无一失。

---

〔1〕韦伯：《马克斯·韦伯论阿尔特霍夫体制》，《韦伯论大学》，第51页。

韦伯说的“纯属外在的因素”，当然是指学术市场特有的需求结构，这与生意没什么差别，却与科学无关。在大学的常规体制下，职业上的成功并不能说明是最出色的学者，有时情形正好相反，毕竟，“能承受住这样的处境而不自怨自艾的人寥寥无几”。学术生活就像一场赌博，因为它显影的底版就是资本和权力的博弈场。既然如此，这些编外讲师们还非得囚守在这不伦不类的学术圈做什么呢？何不痛痛快快地换一种活法呢？

布伦塔诺曾说过：“作为一名编外讲师，不单纯是为了将来当教授。”话虽浅显，却道出了学术所具有的内在性。这至少说明，总有一些人是唯因科学的存在而从事这项工作的，即人们常说的“为了科学本身而科学”。可话说到这里，我们只是似乎先天预设了科学的存在，并没有知道些什么。但对于所有从事科学工作的人来说，有一点是清楚的，就是我们始终在从事专业研究。这种理解有些现象学的味道，虽然专业化并不能全部概括科学研究究竟是什么的问题，却找到了一种内在的外在性：从学者的工作状态看，“我取得了某种持久的东西”，当唯有我发现了事物之间的关系时，我“才能确实体会到，自己在科学领域里获得了某种真正完善的成就”。因此，科学的专业化的内在处境表明，一是必须通过对象化的方式去发现，二是一种基于专门领域内客观连续的发现之上的发现，三是专属于我的发现，我因此而完满。这种实现过程，不是由教授的身份决定的，也不是由各种外部条件决定的。相反，所有外部条件的存在，都应以保证上述科学研究严格的专业化规范为目的，否则，便僭越了一切科学存在的前提。

这也意味着，科学发现不能作为个体的我的纯粹主观体验，专业化研究必须具备几个重要条件：1. 科学既然要追求真理的客观有效性，就必然包含有实证的成分；2. 既然科学是一种发现或认识的链条，就必然需要尽可能搭建专业知识的完整体系；3. 既然科学是一种专业范围内不断理性化的发现过程，就不能单独依靠个人来完成，而需要建立一套专门的评价和批评系统；4. 既然科学以新发现为目标，就必然通过具体个人来实现，即便是团队协作，也必然依赖于个人的坚持和灵感在里面；5. 既然科学以专业化为前提，就必须要有自己的领地，不容科学以外的其他因素介入；6. 专业化既是对科学的保护，又是对科学的限制，从事科学工作的学者必须认清自己的专业限制，具有自我监督的义务，即使“越出自己的领域，进入邻近的学科……充其量不过是给专家提供一些有用的问题”。

科学有自己所属的自由意志，至少从专业化的角度含有以上诸多含义。因此，所有为科学提供的外部条件，都不能违反科学的这种自由意志，而应努力维护“学术自主”的空间。首先，对于专业化研究来说，外部世界不可强加给科学任何先入的价值预设，不能以任何信仰上的理由进行歧视和区别对待。其次，科学独有的可积累、可续接的传统不能遭到随意破坏，学者在专业研究领域所必需的决定权和批评空间应得到保障。对于学者来说，他所享有的自由是有限定条件的，在专业研究和大学讲台上，在专业化的思考和发言上可以是自由的，但对于专业之外的任何与信仰、政治意见甚至是私人体验有关的东西，则必须严守专业化的限制，做到"讲台禁欲"。"教师的任务是用自己的知识和科学经验使学生获益，而不是把自己个人的政治见解强加给学生。……一旦科学工作者在研究中掺入了自己个人的价值判断，对事实的充分理解就到头了。"

不过，专业化并不是科学的唯一内容和唯一标尺。上文把"专业化"称为科学"内在的外在性"，指的是专业化只是科学的一种规定性，而不能算是促发科学工作的内在动力。一个人不会因为进行了专业化研究就能够长期从事科学工作，不会因为有了一时发现就能战胜无数次的失败。仅凭专业化，是不能进入学者的生命内部的。科学并不是一个自足运转的系统，内在的人才是原发力。因此，科学问题根本上是人的问题，是由人的激情所促发的一种理智活动。好多人做了这行，一开始有十足的兴趣和心力，但过不了多久就荒疏懈怠了；有些学者做了教授之时，便是学术生命结束之时。却还有一些学者，总好像患上了迷狂症，任凭雨打风吹，我自心如止水，不钻研到底誓不罢休，像韦伯说的那样："生前千载已逝，身后寂寞千年。"因此，回答不了科学所激发的人的灵魂状态的问题，也就回答不了科学何为天职的问题。

专业化工作常会带来内在的压抑性，伴有枯燥乏味的感受，并不会时刻产生生命的快慰。所以说，从科学问题返回到人的问题，有两种现象是需要搞清楚的：一是科学研究究竟能持续多久？二是其中的灵感从哪里来？也就是说，在一个人身上，如何将激发科学工作的稳定的、必然的动力与突发的、偶然的活力结合起来，恐怕是考察科学之内在天职的关键。一百年前的德国大学改革，想必对此两方面都造成了双重挤压：政府势力强行干预，媒体公开介入学界，使学者无法自行选择和决定自己的事务，学术无法依靠专业化的路径展开；尤其对于年轻人来说，一改清苦却平静的学术环境，疲于应对各种事情，想方设法招揽学生，却没了从事研究的必要时间。在这样的学术工厂里，科学当然就成了一种计算，生命处于理性编排之中，不再需要灵魂的投入。

因此，回答上述两个问题，就必然蕴含着对当下大学体制的批判。换言之，对现状的不满，以及由此去探索改变现状的出路，也必然要从上述两个问题出发才能得到深化。科学的激情和灵感，“是在我们不经意的时候降临的，而不是在我们趴在书桌前苦思冥想、求索不得的时候。当然，如果我们不曾在书桌前苦思，满怀激情探问，想法也不会从天而降”。是的，勤奋与灵感究竟有什么样的关系呢？学术自由的这种内在源泉，是否就是不可知的一种神秘体验呢？以卡勒尔为代表的年轻学者们，也曾非常严肃地评论过“科学的天职”问题。卡勒尔说，在大变革的时代，确实到了清算“当下旧科学的处境”的时候了，韦伯说科学工作的成果之所以重要，是因为这些“值得我们知道”，可“他没能区分科学之中价值判断的三种可能性：（1）某个已经存在的事物值不值得继续存在；（2）对我们来说值不值得促进其存在；（3）它是否为我们所知，它该在何种程度上、以何种形式值得为我们所知”[1]。卡勒尔要强调的是，追问科学的天职，本身绝不是“知与不知”的问题，而是“值与不值”的问题，韦伯说科学提供了我们“值得我们知道”的客观结果，却没有提供“值不值得知道”的价值判断。不回答后面一个问题，我们如何能够把握科学作为天职的原动力？

年轻人深陷时代的困境，倘若不努力挣脱出来，去寻找一个有着明确价值方向的未来，情何以堪呢？卡勒尔对韦伯的批评，恰恰表露了一个大变革时代中的青年人的心境和心声。在他的眼中，韦伯所说的专业化科学以及“仅仅为了知道而已的知识”，只是在维护旧科学中的新康德主义及其相亲近的实证主义而已。科学依然在韦伯意义上的诸神斗争之中彻底堕落了，已经再也无法提供让年轻人奋发进取的精神动力了。所以，必须要超越那些专门的知识（Kenntnisse）的局限，重新返回智慧（Wissen）之源；必须强调：“智慧源自灵魂的中心，源自最深处，源自统一的有机造物的本原。反过来，它又是该有机体中心与其他有机体中心的深刻关联——直至触及那汇聚一切的最深的独特中心。”[2]卡勒尔的这种表白，重申了浪漫派企图在精神上

[1] 卡勒尔：《科学的天职》，本书第52页。
[2] 卡勒尔：《科学的天职》，本书第66页。

超越现代主义的志愿，他认为，所谓科学，若不能返回历史内生性的创造之源，何以忝称为一种天职呢？！卡勒尔的此番理想，倒颇有些类似于今天中国很多的心之切切的年轻人，他们也觉得，在现代资本主义竞争的腌臜之地中，若不能重新确立中国文化之一体的核心，不寻回那“聚拢一切的最深的唯一中心”，切断被现代科学污浊了的各种所谓的专门知识，又怎样能获得学问原初的那种纯洁力量呢？所以，卡勒尔强调严格区分学问和知识，就是要寻找一种本源性的价值，希求通过对于永恒的守望，毕其功于一役，彻底扭转科学的颓局。

在卡勒尔的眼里，由统一精神所奠基的学问与专业知识是不同的：“与此时此地深刻相关的永恒，正好相对于那太局限、在任何地方都不存在的无限，二者的对立最确切地表达为智慧与认识之别。”[1]也正是在这个意义上，学术的灵感必然来自那些灵魂上达致“唯一中心”的“人格”“体验”，来自对于永恒有机体的分有般的感受。很显然，在年轻人看来，韦伯对于科学作为天职的认识，总显得拖泥带水，守着旧科学不放，而韦伯所说的年轻人中间“已经遍及街头巷尾、报章杂志”的那种对偶像的崇拜，指的就是这样的青年浪漫派。韦伯用嘲弄的口吻说，若是说到通过体验的灵感在头脑里涌现某种想法，那么这样的想法民科也有，只是想法代替不了工作，想法只是想法，永远都

---

〔1〕特洛尔奇：《科学的革命》，本书第67页。

“缺乏一套完全确定的工作方法”。

特洛尔奇则一语点破了卡勒尔的实质：

> 卡勒尔和他所谓的青年找到了这种新的领袖，以及科学与生活的新联结。他们的出发点与旧科学的前提相当不同，他们自认为经受过军国主义世界与世界民主带来的痛苦，目睹了它们的垮台，也经历了资本主义与社会主义的腐化，因此，他们渴望世界观的统一，一种活生生的法则的统一。就像古希腊人曾经的那样坚信他们自己永恒地被选中，相信自己的生活法则刚好符合自然与神圣的诫命。当然，在现代世界，这样的排他性已不再可能。现在，这涉及一个人所属的民族的每种独特法则，涉及存在与价值、具体存在与应然的每一次碰撞。德意志特有的法则必须由一位活着的领袖确立为规范和指导准则，可现在这些空想家净知道瞎嚷嚷，恨不得比旧科学本身还要糟糕，好歹旧科学还有些章法。[1]

特洛尔奇指出，卡勒尔重归价值统一体的希腊梦想，本质上是一种德意志性（Deutschtum）；他相信直觉般的体验更接近真理，无非是想再回到德意志式的“玄妙的神秘主义”罢了。卡勒尔凭着直觉区分学问和知识，让学问从一个

---

〔1〕特洛尔奇：《科学的革命》，本书第65页。

灵魂中心关联到另一个灵魂中心，从永恒创造物到今天的伟大人物，无非是想创立一种秘密教派，靠先知和异象、灵感和魔术来证明自己。韦伯也认为，强调科学的灵感本原，“是那些抱有宗教情绪或渴求宗教体验的德国年轻人最常表达自己感受的基本说法。他们渴求的不仅是宗教的体验，而是体验本身”。在这个意义上，任何想通过从外部构想出来的所谓统一性原则来为科学提供终极基础的做法，必然会成为科学的反面。要说科学研究需要灵感，灵感也必定在工作本身之中。

由此看来，学术自由的要义，不仅体现在一种专业化要求的内在限制上，更体现在学者对自我激情的控制上，科学的两个最重要的敌人，除了大学体制因服从竞争而彻底官僚化的倾向外，就是学者本身对于神秘体验、人格启示以及先知临现的迷恋，“某些现代知识分子，觉得需要用所谓保证为真的古董，来装饰自己的灵魂”，“这是一种地地道道的自欺欺人”。在现时代的处境下，党派政治、财阀资本、教会势力以及代表着公共舆论的媒体都在强行介入到学术研究中，学者本身因批判现实而祈求降临的精神幻梦，也时刻笼罩在他们的工作中，扮演着具有强烈精神关怀的救世主形象的业余心态（Dilettantismus），成为奴役科学的心魔。

五　责任伦理

学术上真正的自由，属于那些“全心全意为事业服务”

的人，只有通过事业（Sache），才能成就“人格”。不过，韦伯的这种说法，虽明确，不造作，却似乎依然没有回答科学工作的动力问题。让我们还是先来看看韦伯还说了些什么吧，这里的“事业”都包含了哪些意思。首先，科学不是一件即兴的工作，但科学的成果却注定会过时。这算是科学非常独特的命运。因为科学的每一项成果，都是在解决前人留下的问题，但取得成果的同时，又必然把新的问题留给了别人，在看似周而复始的循环中，每一个都具有内在的超越性。因此，科学存在的意义，就在于它是一个进步的过程，科学工作的成果，则是这种连续进步过程的每个台阶。若说科学的生命是永无止境的，那么学者的生命就是其中的每个片段，他无法通过科学来实现自己的永恒，只能为此而献身。

正因为科学工作取得的任何成果，都注定会过时，所以学者永远面对的是否定性，而且这些成果就其个人的生活实践来说，也未必会有什么用，反而常常被家人责怪很无能。不过，韦伯说，科学内在的理性化过程，却做到了这一点：“人，只要想了解，就能随时了解到。”一切都不再那么神秘，无须生活在柏拉图所说的洞穴里的阴影之中，要靠哲人或先知来转述光的样子。在这里，韦伯的论断是很决绝的。希腊人（柏拉图）在充满激情的迷狂中试图靠概念来把握永恒真理，文艺复兴时期的人（达·芬奇）试图通过理性的实验去探索通向真实艺术和自然的道路，都是希望能够找到绝对肯定的东西，找到“唯一”，找到上帝。可即便是虔敬派的神学家（斯彭内尔），也承认上帝是隐藏着的，是找不到的。今天，经由理性化的科学，放弃了这些抽象的幻象，转而只相信知识本身的进步。

这真有些吊诡在里面：古人毕其一生执着地追求永恒真理，到头来却是“洞穴墙壁上的影子戏”，肯定归于了否定；而今人通过累积的肯定不断获得的进步，对真实生活的全面了解，却是由科学自身的否定来实现的，当然科学随之也丧失了终极意义。浪漫派非得把古人强加给今人，“通过人为抽象建立的一个彼岸王国，凭着自己瘦骨嶙峋的双手，企图把握血肉饱满的真实生活，却从未成功地捕捉到它”。浪漫派只能带着他们的理想活在往昔的幻觉中，成了“没有生命的幽灵”。

科学既然是在自我否定中取得进步，就不能为自身赋予终极意义，或者说，科学不能在存在的意义上自我证明。科学只能告诉我们“值不值得知道”的东西，却不能告诉我们“值不值得知道”的意义。科学最终告诉我们，除了理智本身，别无其他。以往人们用来把握世界所依赖的任何魔力，都是无效的，无论这些魔力寄托在神灵那里，还是语言那里，或是在一些终极的预设里，都是不可靠的。因此，在这个世界的除魔中，只有理性化活动本身，才是科学所能为的。科学工作的目的绝不是意义或价值，只能是理智本身的要求。

因此，任何不符合这一要求的，都应该从科学中清除出去。在科学活动的地方，书斋或是讲台，无论学者面对自我，还是教师面对学生，都不能扮演布道者、宣传员和煽动家的形象。正如前文所讲，那些用来招徕学生的办法，在脾性和腔调上大做文章，都不过是胆小鬼而已。科学作为天职，是一种建立在自我否定基础上的肯定性，是一种严格的自我限定和自我节制。这是一种禁欲主义的理智活动及其伦理要求，如舍勒所说："科学跟确立世界观毫不相干也不该相关。"[1]成熟的理智，表现为对于自我之界限的认识，而非自我通过对终极意义的预设而假想的纯粹意志。在韦伯看来，以往那些"形而上学家"或"智者"的形象，都潜藏着一种价值上的危险，即在科学领域想要成为政治领袖的企图。"恰恰是那些成天以领袖自居的人，往往最不具备领袖的气质。"政治的激情所要求的，是他能够在现实作用于自己的时候，保持内心的沉着冷静。[2]学者若把课堂当作传播政治意见的舞台，反而证明他没有丝毫的距离感。

很显然，"除魔"是韦伯对于当下世界的一个根本判断。世界被祛除了魔力，即便仍有不同的价值存在和纷争，却消解了唯一的终极性这一普遍存在的前提，科学不再以人格作为感召，转而诉诸普遍有效性的法则。在这个意义上，科学在自身的进步过程中，任何时刻的发现都必然是不自明的、不完备的，都是或然性的结果，有待进一步的修正。科学的

---

〔1〕舍勒：《哲学还是世界观学说？》，本书第100页。

〔2〕韦伯：《以政治为业》，见《学术与政治》，北京：生活·读书·新知三联书店，1998年，第100—101页。

自由不体现在任何本质的、自明的和先验的统一知识上，而体现在自身的限制和无限超越的过程中。[1]因此，任何神话与历史，及其形而上学的诉求，任何基于完整人格（位格）的神或人的信仰，都不过是一种“着了魔”的表现。

官僚制中的资本权力可以让人享受花钱和管人的乐趣，而在讲台上充当救世主，兜售自己的私人意见，在施展魔法的过程中也满是享受，特别是用“古董”来“装饰现代灵魂”的办法，“赋予各种各样的体验以神秘的神圣占有感”，更像是解决现代危机的一剂灵药。所有这些，都是在大学改革以及时代变迁中出现的一些乱象。用国家意志或反其道而行的公共舆论来表达私欲，或者依靠缅怀历史和制造幻象来战胜现实，都是时代所引发的虚弱症，是对科学作为天职的反动。与之相反，科学首先就其提供的生活技术而言，是一种朴素的日常，而就其提供的思维的方法、工具和训练来说，则是一种理性化的手段。更重要的是，科学可以让人“明白”，让人变得更加“清明”（Klarheit）。

知道容易，明白难。科学之“学”，最终是要给一个人清明的头脑。其一，是具体实践中的选择问题：既然价值领域充满了诸神之间的争斗，人必须在其间做出选择，在所有的生活秩序中都必须做出抉择，因此，要实现什么样的目标，践行什么样的立场，就不可避免要采用什么样的手段。进而言之，既然确定了目标，“就必须接受根据经验将会随之产生

---

〔1〕参见收入本书的舍勒：《哲学还是世界观学说？》一文。

的结果”。科学告诉我们，千万不要欺骗自己，任何价值目的都与事实的有效性相关联，任何选择，都不是一个人纯粹主观的一厢情愿的结果，都不是自欺欺人的把戏。其二，伦理意义上的诚实问题。既然选择了实践上的立场，就等于放弃了别的立场，既然“敬奉了这个神”，“就得冒犯其他的神”。因此，科学的内在要求，是就意义而言，一个人做出了选择，就必须一以贯之，就必须对自己所作所为的终极意义做出交代，而这样的义务，反过来又要求他要明确认识到，这是他对于自己的选择做出的交代，并不可以替代别人的选择。理智的诚实不是乡愿，看似忠信，实则逐流，表面的厚道和洒脱中皆是媚俗的心理。其三，是政治决断中的后果问题。既然对生活最终可能抱有的各种立场，相互之间是不可调和的，所以必须做出决断。而学者或教师的任务，就是要告诉人们“让人不舒服的事实”，告诉学生各种可能的决断可能产生的不同后果。学者必须要有说出事实的勇气，面对可能的真相，即使是价值领域可能出现的严重冲突，都不能躲躲闪闪、支支吾吾，这依然是理智诚实的要求，是科学的责任伦理所在。

韦伯说：

> 我们的时代的命运，这个伴随理性化和理智化的时代，首先就是世界的除魔。恰恰是那些最崇高的终极价值，已经退出了公共生活，要么进入神秘生活的彼岸王国，要么返回人与人之间直接的同胞关系中。……
>
> 如果有人企图在没有新的真正预言的情况下，就酝

酿新的宗教架构，那从内在的意义上来讲，也会出现类似的怪物，而且只会更丑陋。至于课堂先知，最终也会变成狂热的宗派，永远也不会创造真正的共同体。

事实上，科学，或者说是大学，是学者们正在守候的使人类不被欺骗的最后一块土壤，为此，我们不仅要抵御学术资本主义的侵入，使科学从遍及世界的资本竞争中解救出来，更要防范我们的自我欺骗，仿佛在自己建筑的空中楼阁中就能获得救赎。科学作为天职，需要学者向外和向内都要有非凡的勇气，通过面对现实的伦理化要求而在专业领域的探索中踽踽前行，才能最终得到“等待”的资格。相反，只有那些一心想着在学术竞争中胜出的人，才常常会编织出一幅幅奇妙的科学幻景，而那些只在海市蜃楼中追逐着永恒真理的人，才最容易拜倒在庞大体制的脚下。科学本是一件朴实简单的事情，这份职业需要得到保护，也需要由衷的激情，它只需要每天都在做，每天都迈出小小的一步……

六　质疑与讨论

《科学作为天职》这篇经典文献，虽开门见山就点明了德国大学改革的几处关键要害，可主要的靶子却是当时在年轻人那里风行的浪漫派思潮。至于其中外部体制与内在精神之间的具体历史联系，就需要用专业化的办法来考察了。不过，我们从这里依然可以看出，大学之内外变局，确与现代世界的内外形态密切相关。一方面，世界资本主义竞争已经彻底介入到科学工作的活动中，与中国今天的情形同出一辙，而且，资本及其构成的官僚制权力会通过制造一整套科学管理的话语和制度系统，对于学术传统构成全面的正当性挑战。学术活动中的经营性，不仅有利于将大学快速体制化，而且特别容易制作出一套作为客观指标的量化装置，铺天盖地，不仅使全世界的学术管理制度均一化，甚至会渗透进年轻学者最细微的生活计算之中。不仅如此，由于官僚制也普遍通行于公司企业、政府部门、大众媒体，带有诸如平等竞争、民主政治等强烈的意识形态的痕迹，会使科学之外的各种势力堂而皇之地侵入科学的领地，迫使其就范，成为它们的附庸和帮凶。

有压迫，就有反抗。面对全球资本主义的大势，学术界总有人出来抗争。像卡勒尔这样的年轻人就是代表。况且，很多年轻人刚刚从战争归来，噩梦还没消去。因此，他们不屑于同残酷的现实纠缠，总想着要一下子解决问题，靠美妙的永恒世界来拯救他们，或去寻找“人格”榜样，或去寻找神秘“体验”，或希望从远古的神话或曾经的先知那里得到救世的“灵感”。在他们眼里，辉煌的过去似乎本来就启示着光明的未来，而从不论中间的路途。所以说，竞争社会中平等的现实要求，总是与启示的灵魂欲求同时到来，现实越是充满压抑，人们的幻象就越多，这两种看似相反实则相成的势力，无论从外部而来，还是由内部发出，都期待着要征服科学。此种境况，对比一百年后的中国，何其相似！

不过，虽然韦伯对此的严厉批评是有语境的，而且相当致命，却还是受到了思想同仁的某些质疑。这些质疑大多不是针对韦伯所做的批评本身，相反，很多人都对韦伯犀利的眼光和文风赞许有加，就像特洛尔奇说的那样，韦伯的这篇演讲，彻底否定了先知时代的重新到来；李凯尔特也说，正因为韦伯在学术研究中信守严格的概念工作，所以，他“曾是也一直会是所有科学工作者的光辉榜样”〔1〕。不过，这篇演讲中，韦伯对于科学所做的界定和说明，似乎并没有完全得到大家的信服，有些更为关键的议题，似乎在结尾的高潮处戛然而止了，没有得到进一步的追问。

从局部的材料看，对韦伯的质疑来自很多方面。库尔提乌斯指出，韦伯关于科学的讲法，是奠定在价值之争的判断上的，那么这种情形，虽然是一种事实判断，但是否意味着这恰恰是晚近西欧文化的一种失序的征兆？韦伯所倡导的“全心全意为事业服务”，并没有解释从事这项工作的动力因问题，柏拉图的思想前提，正是人与知识对象之间存在一种爱的关系（Liebesbeziehung）。如果不回到这个前提上来，韦伯所论的科学就丧失了人文性，就此而言，我们必须要讨论宗教史研究或一般的精神史（geistesgeschichtlich）研究中，学者与工作领域的价值品性之间能够体验到的心灵契合究竟有多广多深，我们不能将这种“体验的义务”（Erlebnispflicht）弃之不顾。〔2〕

特洛尔奇和舍勒的批评集中在科学与哲学的关系上。特

---

〔1〕李凯尔特：《韦伯及其科学观》，本书第90页。

〔2〕库尔提乌斯：《韦伯论科学作为天职》，本书第83页。

洛尔奇认为，若说科学是实证性的专业化科学，与统合世界的唯一性无关，哲学的任务却是“开辟一条把握整体的道路，然后才要与具体学科建立稳定的关联”，因此，在这个方面直觉也许会更接近真理，专业化的路径是不能彻底取代直接逼向整全的思想路径的。在同样的意义上，浪漫派虽然改变不了现实的社会经济状况，但“旧浪漫派与它所催生的历史性世界观，远比启蒙哲学富有想象力”，正如旧浪漫派对于法国大革命的反动，会带来持续的影响，“新浪漫派也会参与即将发生的大规模反动，来针对当今的启蒙革命及其社会主义—理性主义的信条”〔1〕。

舍勒说，韦伯将“主观的”等同于“人格的”，而不认为它是“最为客观，非同寻常的客观”，因此，韦伯没能理解：“只有认识的人格形式才能提供世界总体，也唯有人格形式才可能触及所有事物之绝对的存在层次。”〔2〕虽然从“普遍有效性”的角度来判断，韦伯有关科学的界定是完全正确的，但他没有明白形而上学家的意义：“那些‘普遍有效的’只不过是相对的真与善，而绝对的真与善却只能是由人格承载的个体性的真理与美德，绝非普遍有效。”因此，我们不能纯粹用普遍有效性的标准来要求形而上学家，即使从责任伦理的角度来看，学者也无法做到彻底的清明。

李凯尔特更绝，干脆拿韦伯本人来说事。他对韦伯的总

〔1〕 特洛尔奇：《科学的革命》，本书第75页。
〔2〕 舍勒：《哲学还是世界观学说？》，本书第102页。

体印象是这样的：“韦伯是一位太过纯粹的历史学家，以致不会以思辨的方式提出总体的普遍历史。就算作为社会学家，他也只愿意做方法上自觉清明的专业研究者，从未想过像‘哲学’那样从事社会学。”[1]很显然，从一般的角度看，韦伯不是传统意义上的哲学家，而是以历史学家和社会学家的身份出现的，李凯尔特的这一判断，似乎表面上与特洛尔奇和舍勒没什么区别。不过，他的这番说法也潜藏着另一层意思，虽说“韦伯不想做哲学家，事实上也未曾当过”，但并不意味着韦伯没有哲学家的“高度”。这一点，便与特洛尔奇和舍勒的表面理解大不相同了。

在李凯尔特看来，韦伯穷其一生的工作，是要像培根那样，寻找一种“新工具”，将有关社会发展过程的研究尽可能扩大，韦伯所提出的“理想类型”（Idealtypen）这一概念工具，对于历史生活的分析达到了所谓“纯粹”的新高度。最有意思的地方是，韦伯的这种“纯粹”，是写在脸上的。他“总是一副苦行的样子，甚至偶尔板着脸”，他总是什么也不说，在学生面前很克制。韦伯的这种样子特别容易让人产生错觉，好像纯粹的科学工作是很灰暗的，只要“全心全意为事业服务”就行了，学者总显得很“悲苦”，或干脆“听天由命”算了。

这就是韦伯的这篇演讲，加上他本人特别容易给人的印象。李凯尔特说，假若读者只是读出了这样的气氛，就错

---

〔1〕李凯尔特：《韦伯及其科学观》，本书第87页。

了。“韦伯生性就不太爱张扬那些对他至关重要的东西，反而乐意使它们看起来显得相对次要”，在那种看似悲苦的命运里，却掩藏着“韦伯在科学工作中感到的那种强烈的个人愉悦”。即便韦伯讲起柏拉图来，似乎他最大的贡献莫过于把概念提升为科学认识的最重要的工具，可韦伯在他严格的概念思考时“也曾享有的高度的对道理的愉悦”，却依然来自柏拉图式对学问的爱，这正是韦伯科学作为天职的激情所在。

李凯尔特极其敏锐地发现：“韦伯距离他明言反对的东西，其实比他自己清楚意识到的更近一些。”他甚至直接挑明：在韦伯那里，“科学不一定会导致世界的‘除魔’，反倒或许能让人先彻底意识到生活的‘巫术’；与此同时，正如柏拉图式的阳光带来喜悦与幸福，今天的科学所创造的清明依旧能为从事理论的人提供一种同等的幸福与愉悦”[1]。李凯尔特的此番话，着实让人吃惊，韦伯有关“除魔”的论断被他再次颠转过来，他反而要证明，在韦伯那里，从未丧失过科学对于那些总体存在的追寻，以及背后激发他的理智之爱的激情。只是这种爱的激情，总是被他以科学的方式加以克制。可这又是为什么呢？难道在一个学者的身上，这两种力量彼此纠缠，不矛盾、不造作吗？

很显然，韦伯这篇演讲的措辞，是有修辞方面的考量的，正因为他从大学改革的外部条件入手，又眼见年轻人被

〔1〕李凯尔特：《韦伯及其科学观》，本书第95页。

一些“偶像”迷住，不得不要用冷静甚至决绝的态度讲出他对科学的看法。他不留任何余地，目的是要告诫年轻人无论生活怎样困顿，事业如何压抑，都要严守科学的底线，绝不能屈服。但这还不是全部问题的关键。对韦伯来说，这个时代更大的哲学问题，乃在于科学与政治、理论家与实践者之间的关系。这个时代与以往的时代不同，正因为科学是职业性的，政治也是职业性的，因而科学与政治绝不能相互混同。但若要找到“主掌自己生命之线的守护神”，就必须要同时经受这双重生活的考验。

诚如李凯尔特所说：“他越是严格地坚持其科学理想，坚持概念上的清明和纯粹的、价值自由的理论，其生活的总体处境就变得越发困难。他若要从事政治，唯有通过某种直觉或直接‘洞见’的方式，而不是靠概念上的深思熟虑，来把握自己确立的目标，肯定其价值。”因此，一个人，听从且能听到召唤的人，必须要在寻求科学的有效真理和政治的有效行动之间做出区分，“不仅在概念上区分，而且要在他自己个人的现实里彼此截然分开”，这不单纯是一种形而上学家在思想上一以贯之的努力，也不单纯是一种政治家在瞬息万变的现实中做出准确判断的能力，而是要确立一种“不可思议的”更高标准，将“很古老同时最现代的问题”，即“沉思生活（vita contemplativa）与行动生活（vita activa）的关系问题”真正合二为一。

李凯尔特是最懂韦伯的：

韦伯站在讲台上散发的魅力，或许源于听众感到：这位正在演说的人，内心里强行压抑着什么，根本上比他说出口的还要丰富得多。[1]

---

〔1〕 李凯尔特：《韦伯及其科学观》，本书第96页。

“科学作为天职”在中国

韦伯视角下的现代中国知识场域

应　星

韦伯在他1917年的著名演讲中，开篇就谈到了科学作为“天职”（Beruf）在物质意义上的含义——科学作为一种职业。这种区分与他两年后在“政治作为天职”的演讲中的一个区分是一致的：“为”政治生存（live “for” politics）与“靠”政治生存（live “from” politics）。不过，在政治领域的这种区分并不特别明显，就像政治家所追求的权力的神圣精神（Holy Spirit）或荣誉（Glory）与政客所追求的虚荣（vanity）有时只有一步之遥一般。[1]而在科学领域，这种区分比较明显，因为学者生涯体现出更强的自律性而非他律性。学者外在的职位、荣誉与内在的价值时常是错位的，按照韦伯的话来说，这不过是一场“疯狂的赌博”，两者的

〔1〕 D.Owen & T.B.Strong（ed.）*Max Weber: the Vocation Lectures*. Indiana: Hackett Publishing Company, Inc., 2004, p.40, pp. 77-78.

相合不过是一种运气而已。[1]所以，韦伯在对作为职业的科学做了简略的讨论后，很快就将重点转向讨论学者生活的内在条件。我们也因此容易忽略韦伯这些简略讨论的意义。其实，韦伯对科学作为职业的论述自有其重要的意义。职业化是现代学者与古代学者的重要差别之一。在这种情况下，现代学者所谓的“安身立命”，必先有外在的安身，而后才有内在的立命。安身环境对大多数学者的精神生活有着直接的影响，只为自己的天职而活着的学者是寥寥无几的。年轻学者往往在刚开始走上学术道路时满腔热情，一旦受挫则易生怨艾甚至无法承受。他们之所以缺乏承受力就是因为对自己的学术处境缺乏清醒的认识。韦伯在演讲开篇这部分的讨论体现出来的精神正是他在演讲后面所谈到的科学最重要的一个功用：清明。[2]尽管清明并不能帮助年轻人征服运气，却能使他们面对不利的处境时更加从容平和。

那么，韦伯是如何引导年轻人来认识德国当时的学术环境呢？他主要是通过对比德国与美国的学术体系，强调了德国学术体系正在经历的历史性转型。他早在1894年就曾专门比较过美国的大学和德国的大学，那时他强调的重点是美国大学的竞争性对具有地方自治传统的德国大学的冲击。[3]而在1917年的演讲中，韦伯将此洞察进一步发展成一个核

---

〔1〕 韦伯:《科学作为天职》，本书第11页。

〔2〕 韦伯:《科学作为天职》，本书第38页。

〔3〕 韦伯:《韦伯论大学》，第37—45页。

心概念："经营"。他认为德国的大学正在趋向美国化。而所谓"美国化"的含义是指：其一，手工工匠式的科学研究正在转向大规模人力及资金投入、合作与产出的大工厂般的科学研究；其二，"身份制支配"[1]的大学自治体制正在转向官僚化的大学体制；其三，本着个人爱好的研究正在转向严格专业化的研究；其四，年轻学者在教学与研究上的时间张力、在教学评价上的民主化与学术研究的贵族化之间的张力更加强化。这几点使科学在某种程度上成了围绕专业而经营的职业。相对韦伯早期的思想，他在1917年对德国教育体系的转型的态度更加复杂。在《新教伦理与资本主义精神》中，韦伯所表达的是对"狭隘的专家没有头脑"的深切忧虑[2]；而在现在这篇演讲中，韦伯所强调的是"科学已经踏入了一个前所未知的专业化阶段"，"一个人只有在严格的专业化情况下，他才能确实体会到，自己在科学领域里获得了某种真正完善的成就"[3]。在1894年的文章中，韦伯提醒大家注意的是美国大学"活跃的股票市场模式的那种危险性"，他将高度官僚化的所谓"阿尔特霍夫体制"直斥为"对德国未来的学者有直接的带有腐蚀性质的影响力"[4]；而在现在这

〔1〕韦伯：《经济与历史·支配的类型》，康乐等译，桂林：广西师范大学出版社，2010年，第336页。

〔2〕韦伯：《新教伦理与资本主义精神》，苏国勋等译，北京：社会科学文献出版社，2010年，第118页。

〔3〕韦伯：《科学作为天职》，本书第12页。

〔4〕韦伯：《韦伯论大学》，第42页。

篇演讲中，他承认“和所有资本主义的经营，同时也是官僚化经营中的情形一样，这一发展趋势在技术上的好处是不容置疑的”[1]。不过，有一个思想是贯穿韦伯一生的：即在日益理性化和理智化的时代里，在大学必须正视官僚化、产业化的冲击时，如何捍卫学术的自由和学者的尊严。正如上山安敏所指出的，在韦伯的大学论中，“‘大学的官僚制’是一根纵线，而‘学术自由’是一根横线，这两根线是始终交织在一起的。他要我们理解管理体制与思想自由会在非常紧张的关系中‘同居’”[2]。德国教育体系的转型给年轻学者带来了巨大的不确定性，他们应该对这种不确定性有充分的认识，在官僚化、市场化的高压下怀揣着学术自由的梦想挣扎前行，既不让厄运瞬间击倒，也不为顺境沾沾自喜。

“作为我们的同时代人”[3]，韦伯对科学作为职业的论说对我们意味着什么？让我们简略地追溯一下韦伯演讲百年以来中国学术处境的丕变。

韦伯演讲发表的1917年，正值中国学术转型的一个重要时刻。如果说韦伯所述的德国与美国教育体系的差别或多或少具有学术古今之变的意味的话，那么，对当时的中国学

---

〔1〕韦伯：《科学作为天职》，本书第7页。

〔2〕上山安敏：《关于〈韦伯的大学论〉——代解说》，载《韦伯论大学》，第139页。

〔3〕阿隆：《社会学主要思潮》，葛智强等译，北京：华夏出版社，2000年，第379页。

术处境来说，在古今之变以外，还有一个更为特别、影响也更为深远的因素：中西之别。虽然说18世纪江南考证学派的兴起已经揭开了中国传统学术走向现代职业化的序幕[1]，但是，中国传统学术真正的巨变还是从19世纪中叶以后开始的。这个巨变是在晚清经世自强之风席卷、西学东渐之潮涌来的背景下发生的。中国学术的旨趣开始从“通人之学”转向专门之学，学术分科开始从“四部”（经、史、子、集）之学转向“七科”（文、理、法、商、医、农、工）之学。[2]与此同时，科举制度从改革到骤然废止，新式学堂从初试到遍立，一个新的教育场域在世纪之交逐渐兴起，一个新的社会阶层——知识分子从传统的士绅阶层脱胎而出。[3]到民国初年，有两个事件标志着中国学术巨变第一阶段的终结。第一件事是王国维1911年发表《〈国学丛刊〉序》：“正告天下曰：学无新旧也，无中西也，无有用无用也。……凡事物必尽其真，而道理必求其是，此科学之所有事也。”[4]这意味着中国学术思潮从张之洞的中体西用调和论开始走向以科学为鹄的的中西会通论。第二件事是1912年教育部颁布《大学

---

〔1〕艾尔曼：《从理学到朴学——中华帝国晚期思想与社会变化面面观》，赵刚译，南京：江苏人民出版社，1995年。

〔2〕左玉河：《从四部之学到七科之学——学术分科与近代中国知识系统之创建》，上海：上海书店，2004年。

〔3〕应星：《新教育场域的兴起：1895—1926》，北京：生活·读书·新知三联书店，2017年。

〔4〕王国维：《〈国学丛刊〉序》，载王国维：《观堂集林（外二种）》，石家庄：河北教育出版社，2003年，第700页。

令》，在1903年张之洞的“八科分学”和王国维的分科方案基础上最后形成了“七科之学”方案，并取消了经学。[1]这意味着中国现代学术分科在制度上的最后确立。然而，作为知识分子主要寄身地的大学此时还处于新旧的过渡时期，在大学作为一名教师意味着什么，还缺乏明晰的标杆。正是从这个意义上，我们将蔡元培1917年就任北京大学校长视为中国学术巨变第二阶段的开始，因为是蔡元培把追求高深学术确立为大学的宗旨。北京大学在他治下以全新的人才吸纳机制、学术创新体制和学术自治精神奠定了一个中国历史上史无前例的“学术社会”的基础。[2]

值得注意的是，蔡元培所开创的“学术社会”的参照系并不是美国而是德国。如果说韦伯在演讲中心情复杂地提出了德国大学在某种程度走向美国化的问题的话，那么，在蔡元培心中却是把洪堡式的德国大学理念作为新北大精神的圭臬。[3]因此，我们就不难理解在蔡元培的大学理念中是完全不存在“经营”概念的。他上任伊始把商科和工科这种与“经营”理念最接近的学科从北大裁撤出去，就是一个明证。1928年10月，曾深受蔡元培教育思想感召，也深深受益于德国学术思想的傅斯年在中央研究院《历史语言研究所集刊》第一

---

〔1〕左玉河：《从四部之学到七科之学——学术分科与近代中国知识系统之创建》，第197页。

〔2〕应星：《新教育场域的兴起：1895—1926》，第100页。

〔3〕陈洪捷：《德国古典大学观及其对中国大学的影响》，北京：北京大学出版社，2002年。

期发表了著名的《历史语言研究所工作之旨趣》，谈到现代学术已从个人孤立的研究走向依靠团体的“集众的研究”。[1]“集众的研究”也成为傅斯年创办史语所的基本理念。当时曾有人批评傅斯年的做法是“资本家”的做法。[2]傅斯年的“集众”虽然的确强调用集团的力量去搜寻史料，并在明清内阁大库档案和殷墟挖掘上取得了突出成果[3]，但是，“集众”与韦伯演讲中的“经营”仍然是两个完全不同的概念。后者强调的主要是国家大规模投资、“工人和他的生产资料相分离”的大型企业化的运作方式。而无论是傅斯年本人，还是他的那些史语所同事，都更像韦伯笔下德国老派教授的风格。[4]

此外，韦伯所说的德国大学美国化的另一层含义，即“身份型支配”的大学自治体制正在转向官僚化的大学体制，这在蔡元培所开创的“学术社会”也正好被倒置过来了。因为在中国仕学合一的传统影响下，北大在蔡元培整顿前具有较浓厚的衙门气息。而蔡元培整顿北大的一个主要方向恰恰是要切断大学与政治的直接通道，塑造独立于政治干预的学术自治场域。因此，德国式的“身份型支配”的大学自治体

---

〔1〕傅斯年：《历史语言研究所工作之旨趣》，载欧阳哲生编：《傅斯年全集》第3卷，长沙：湖南教育出版社，2003年，第12页。

〔2〕王汎森：《傅斯年：中国近代历史与政治中的个体生命》，北京：生活·读书·新知三联书店，2012年，第89页。

〔3〕王汎森：《中国近代思想与学术的系谱》，长春：吉林出版集团，2011年，第354页。

〔4〕杜正胜、王汎森编：《新学术之路：“中央研究院”历史语言研究所七十周年纪念文集》上册，“中央研究院”历史语言研究所，1998年。

制正是蔡元培努力办学的方向。而这种努力在相当程度上取得了成效。到1931年，陈寅恪已有这样的评论："吾国大学之职责，在求本国学术之独立，此今日之公论也。"[1]

不过，韦伯演讲中提及的学术专业化问题，倒是成为蔡元培整顿北大的另一个重要目标。中国传统学者具有"学无定业"的特点，绝大多数无法把学术作为一种职业，学术更多是一种闲散的爱好。而蔡元培到北大后开创的大学新风，使"今日之大学，固来日中国一切新学术之策源地"[2]，学术真正成为一种以专业技艺谋生的职业。这种专业技艺也成为教师职业行使某种特别的"管辖权"的基础。[3]以史学为例，1919年蔡元培在北大废门改系，中国史学门改为史学系，并在学院化的体制下逐渐强化了专业史家的评核和认证；而以现代解喻传统意味的整理国故运动最终不免走上被学术分科体系消亡的命运，到20世纪30年代中期以后国学正式为现代学科体制所取代，史学的专业化也终告确立。[4]

尽管蔡元培领衔的"学术社会"在创造"为学问而学问"的学术环境上取得了巨大的成功，但同时也存在着两种张力。一种是对纯学术的追求与通过思想和学术来为中国政

---

[1] 陈寅恪:《吾国学术之现状及清华之职责》，载陈寅恪:《金明馆丛稿二编》，北京：生活·读书·新知三联书店，2009年，第361页。

[2] 傅斯年:《新潮发刊旨趣书》，载《傅斯年全集》第1卷，第79页。

[3] 阿伯特:《职业系统：论专业技能的劳动分工》，李荣山译，北京：商务印书馆，2016年，第134—140页。

[4] 刘龙心:《学术与制度：学科体制与现代中国史学的建立》，北京：新星出版社，2007年，第257—287、314—315页。

治奠定非政治的基础的追求之间的张力，另一种是通过“新学术”来挽救国运与通过“新主义”来改造社会之间的张力。这两者最后汇聚成了学问与主义的张力，并造成了中国现代思想界的分裂乃至后者压倒前者的困境。[1]然而，在诸多曾追求纯学术的中国知识分子在政治发生巨变后多有彷徨、迷惘或转向时，陈寅恪终其一生却坚守“独立之精神，自由之思想”，以其“不古不今之学”通今博古，以其“一方面吸收输入外来之学说，一方面不忘本来民族之地位”会通中西。[2]他后来虽居新时潮的边缘，却仍具有标杆性意义。正是在这点上，陈寅恪与韦伯对学术自由的守护是完全一致的。

中国当代学术的复兴是随着思想解放、改革开放的大潮而出现的。这是继清末民初之后中国学术环境的第二次巨变。这次巨变也分为两个阶段：第一个阶段自1978年到1995年前后，第二个阶段自1995年前后一直延续至今。这两个阶段的运转逻辑虽然在持续深化改革的背景下有一定的延续性，但由于各种复杂因素的作用而存在很大的差异。

在第一个阶段，科学作为职业在中国社会，既不是对民国学术环境的复归，也未表现出韦伯所说的“美国化”特点，而是呈现出由拨乱反正、新旧交替而产生的过渡性。这

---

〔1〕王汎森：《“主义”与“学问”：20世纪20年代中国思想界的分裂》，载许纪霖编：《启蒙的遗产与反思》，南京：江苏人民出版社，2009年，第221—225页。

〔2〕陈寅恪：《金明馆丛稿二编》，第246、285页。

种过渡性具有以下几个基本特点：

首先，学者的清贫自守。在改革初期，教育领域并不是重点，教育改革的步伐远远落后于城乡经济改革。大学教师在整个80年代的收入增长非常缓慢，住房极其紧张，职称晋升名额稀少、竞争激烈，教师内部的阶层分化并不明显。当时甚至流行诸如“脑体倒挂”“搞导弹的不如卖茶叶蛋的”之类的说法。进入20世纪90年代后这些状况虽有所缓解，但问题仍然很突出。有不少熬不住清贫的人就选择了“下海”或“出国”，而那些留在学校的多是不忘初心、坚守清贫的人。

其次，思想的非专业化。1978年以来，大学专业不断扩张，许多原来被取消的社会科学专业（如社会学、政治学、法学等）都陆续得到了恢复。不过，那个阶段学者的思想并不具有较强的专业化特点，而是体现出较强的现实关怀、较深的启蒙意识和较宽的文明视野。这是因为这些大多经历过“上山下乡”的知青一代学者社会阅历丰富，经验直觉敏锐，问题意识明确，富于责任感和使命感。他们对宏观问题的关怀远胜于对细节问题的论证，对经验问题的兴趣常常压过对理论概念的深究；他们长于思想议题的开拓而短于学术传统的传承，沉潜往返的静思时常被引领思潮的激情所扰乱。因此，他们的思想具有双重性：一方面在学术的荒原上开疆拓土，用十年左右的时间获得通常需要二十年甚至更长时间才能获得的学术成就[1]；另一方面，却又正如韦

---

〔1〕应星：《且看今日学界“新父”之朽败》，《文化纵横》2009年（转下页）

伯在演讲中所指出的："在科学领域里，有些人对他本该献身的事业，却只想即兴地表演，仿佛走上舞台一样，企图用'体验'使自己具有合法性，并问自己，我怎样才能证明自己不只是一个'专家'，怎么才能使自己在形式上或者内容上，发前人所未发？"[1]

再次，活动的重心向外。在这个阶段，大学教师虽然生活资源（等级工资、住房等）依靠校内的分配，事业重心却常常在校外，因为他们的思想表达、交流和提升更多是通过跨单位的圈子来进行的。比如，20世纪80年代先后兴起的"走向未来"丛书编委会、中国文化书院、"文化：中国与世界"丛书编委会以及"二十世纪文库"编委会，就基本上将人文社会科学知识分子的佼佼者尽数吸纳。这些圈子形成了具有较强磁力的学术民间交流机制，为清贫寂寞的知识分子提供了相当的精神支持。不过，许多圈子都具有或浓或淡的江湖气息。学界"新父"们早年在底层社会的混迹使他们具有很强的处理俗务的运作能力，他们常常也自觉不自觉地把世俗的那套手腕和心机带到圈子中，带进学术中。[2]

最后，话语的自足自适。在这个阶段，有许多学者纷纷出国，不过，出国的那批学者与留在国内的这批学者基本上是两条少有交叉的线，生存在各自的学术话语世界中。引进

（接上页）第8期；项飙：《中国社会科学"知青时代"的终结》，《文化纵横》2015年第12期。

〔1〕韦伯：《科学作为天职》，本书第16—17页。

〔2〕应星：《且看今日学界"新父"之朽败》，《文化纵横》2009年第8期。

西学是国内人文社科知识分子开拓思想领地的基本途径，但当时并没有与国际学术接轨的压力。这使他们能够对西学资源自主地吸纳，并用自适的话语去表达。这个时期的中国学术有的时候可能陷入自说自话、闭门造车的狭隘境地，有的时候却又能把中国放在世界文明的眼光中去观照，既不做简单的尾随者，也不做偏狭的地方文化守护者。

1995年到1999年发生的一系列事件标志着中国学术复兴第一个阶段的结束，第二个阶段的开启。1995年国务院批准了“211工程”总体建设规划；1996年全国哲学社会科学规划领导小组首次制定了“国家哲学社会科学研究五年规划要点”；1998年高等教育管理体制深入开展以“共建、调整、合作、合并”为方针的改革，同年开始实施“长江学者奖励计划”；1999年大学实行大规模扩招，同年开始实施“985工程”，教育部还于同年正式将南京大学《中文社会科学引文索引》（CSSCI）列为教育部重大项目。国家对教育体制改革尤其是大学改革空前的重视改善了学者的生活和研究条件，促进了学术的初步繁荣，加强了学术的全球化交流，同时也深刻地改变了大学的社会生态。

也就是在今天，我们才在中国大学里更真切地感受到韦伯当年对德国大学处境的洞察。首先，“经营”的概念第一次真正进入中国大学。国家以课题、重点学科、重点基地等各种形式对大学的大规模投入，使大学成为一个体制资源丰裕的集散地。团队作战、巨资投入、工程管理，使“大科学”成为中国大学今天最耀眼的生存形态。即使是资源需求量较小的人文社会科学，国家的投入也是逐年翻番。仅以社会学一级学科为例，1991年国家社会科学基金资助项目只有29项；而2017年国家社科基金仅仅年度项目就多达480项，这还不包括国家社科基金的重大项目、后期项目、成果文库、西部项目、外译项目。项目制成为国家引导大学教师生存方式和发展方向的一个基本手段。课题这样一种本来只是研究计划的东西如今竟然被异化成比研究论著还重要得多的科研成果，大多数课题的成果反倒以悄无声息的打印报告草草收场。现在几乎所有的211高校教师如果不拿到一个省部级以上的项目，就无法晋升教授或副教授。而对于教授，如果想攀升到诸如长江学者之类的更高位阶，不拿到一个国家重大项目几乎就是不可能的事。对于大学和学科而言，项目数量和金额的多少成了最重要的一项考评指标。项目经费并不是用以直接保证学者优良生活品质的费用，而是国家交给主持者使用的公共财政，私占私分项目经费等同于贪污国家财产。这里和韦伯所说的学术工人依赖国家交给他使用的工作手段，其生存状态却缺乏保障的情况是类似的。在项目报销上挖空心思、巧立名目、暗度陈仓的事情虽然极其普遍，却是不合规甚至不合法的现象。

其次是官僚化开始成为大学一个突出的问题。中国大学的这种官僚化表现为以下几个特征：其一，大学按照行政级别来分类，按照不同级别来进行资源分配。985高校（副部级）、211高校（厅局级）、非211高校，构成了大学竞技场上一个环形的跑道，越位于跑道内圈，就越能占有丰厚的资源和优良的平台。其二，大学按照“数目字的方式”对教师进行精细的、形式化的、标准化的管理、考评和奖惩。“精确的计算是其他一切事情的基础”，这是韦伯所谓“理性化”的原始含义。[1]这些数目字在教学上体现为教课时数和学生评分；在科研上体现为权威期刊和核心期刊发文数量、著作出版数量、项目立项数量、获奖成果数量和级别、论文引用率等。其三，把传统的“助教—讲师—副教授—教授”四级分类变成十多级的分类，每级配备相应的资源，提出相应的任务考核要求。以前在大学里评上教授就意味着从此获得了不受体制约束的自由，而今在大学里评上教授只是万里长征走了一半，教授之上叠床架屋的“人才”帽子一眼望不到头。即使你不追求这些东西而仅仅是要保住教授职位，也需要满足数量化的定期考评要求。其四，大学教师阶层分化明显。20世纪80年代无论在什么大学、什么系科，甚至什么职称，教师总体的分化程度都不高。而今天教师既沿着不同的大学所发放的岗位津贴差异而分化，又沿着同一学校不同系科的待遇而分化（如许多大学工商管理学院畸形发达），更沿着同一学校同一系科的不同教师岗位而分化。那些如包工头一般掌握着各种学术资源分配权的“新父”们可以忘乎所以、挥金如土，而那些刚入校的“青椒”们常常疲于奔命、困窘难耐。尽管此时比起20世纪80年代来说大学教师绝对生活水平提高了不少，但在诱惑和压力下挣扎的“青

---

〔1〕韦伯：《新教伦理与资本主义精神》，第8页。

椒”们的相对剥夺感却空前强烈。

再次是专业化开始得到了空前的强化。随着国家对大学资源投入的增加和数目字管理技术的强化，同时也随着1994年以来中国人文社会科学界关于规范化与本土化的大讨论，官方和民间这双重的驱力使教师的活动重心回到了大学，回归到各自的专业。各专业的学科传统、分析逻辑、话语表述乃至注释规范成为学术创新和学术训练的基本要求。20世纪80年代不少名噪一时、放胆高论却少有注释的著述放在今天则可能被指为抄袭之作。今天的学术更强调沿着既有的中西学术传统脉络去创新，更强调在高度分化的专业话语场域找到自己可能的位置。不过，以往弥漫在民间的江湖习气也随着“新父”们的专业化转型而进入了各专业场域。“新父”们先天的营养不良决定了他们学问的底气虚弱，而进入学界后成名太快又使他们的精力早早地陷入会议、派系和资源的泥潭。他们太晚地奠定为学的地基，又太早地陷入戴维·洛奇所谓的“小世界”[1]。他们在同行评审的外衣下所真正熟稔的是黑箱操作，所认同的是“内举不避亲”、近亲繁殖的裙带作风，所沉醉的是利益均沾、互惠交换的权力游戏。由此就形成今天学界专业化与江湖化并存的景观。出于对这种景观的过分厌恶，我们又能看到个别学人抛弃学问本身，而热衷于某些公共表演，展示“伪名士”的姿态。

值得注意的是，韦伯在演讲中所谈到年轻学者面临的压

〔1〕洛奇:《小世界》，王家湘译，上海：上海译文出版社，2007年。

力，这在今日的中国是有过之而无不及的。中国大学每位新教师自博士毕业后最初的大约五年，是一个面临关键考验的时间段——我把它称为中国特色的“博士后”阶段。从教学上说，他们要主讲多门课程，每门新课的备课都是十分繁重的工作；从科研上说，他们必须积极在权威期刊和核心期刊上发表论文、申请课题，否则在五年内评不上副教授就可能被边缘化甚至不再被续聘；从行政上说，他们不得不为“新父”们打工，为他们组织层出不穷的会议，填报没完没了、花样百出的表格，处理烦琐无比的报销；在家务上，他们需要承担结婚、生子、买房、养老等诸多世俗生活重任，经济困窘与房价飞涨、精力有限与事务繁重构成了尖锐的矛盾。此外还有一个人们以前很少注意到的问题。这五六年往往也是年轻学者的学术研究面临转型的关键时刻：从以前追随自己博士生导师的问题意识做论文，到现在进入“博士后”阶段应该自己谋求突破高度专门化、定型化的研究套路，独立地提出新的问题域，独立地嫁接复杂的传统，独立地摸索分析的路数。对他们所面临的处境和压力来说，这是一个极其艰辛、避易就难、舍近求远的工作，需要从容、平静的思考。应该说，要想把教学与科研、工作与生活、自立与帮工、静闲与忙乱、远虑与近忧这些关系很好地加以平衡，那如同高空走钢丝一般是殊为不易的。有些人不堪其负而倒下了，有些人只是习得了发表、填表的种种技术而放弃了学术独立的成长，而有些人则把自己的既无力发表更无力完成转型宽解为自己不媚俗的姿态。有些人毕业三五年就能发

表三四十篇中英文核心期刊论文，很快就拿到了“××学者”的“人才帽”，而有些人海外名校博士毕业后七八年也发不出一两篇CSSCI期刊论文——这两种现象看似学术生产力高低的典型对比，其实是同一种学术成长危机的不同表现形式而已。最令人担忧的是那些素质优良、本心向学的年轻学人，如果一直就在专业化、技术性的训练里打转，如果在经验与观念之间以邻为壑、故步自封，如果在重重诱惑和压力下投机取巧、急功近利，既失去了“新父”们曾有的宽广的问题视野和敏锐的思想意识，又逐渐沾染上“新父”们身上的江湖习气，那就是一种最糟糕不过的学风传承。

韦伯所说的“美国化”对中国社会而言有一层他本人未曾言及的，但更具实质重要性的意涵：中西之别，也即所谓“国际化”对中国学术构成的挑战。我们今天的大学尤其是研究型大学最致命的处境就是普遍实行的赶超世界一流大学的国际化战略。这种战略与上述围绕专业的“经营”结合在一起，成为极具中国特色的科学作为职业的环境。本来，打开世界的视野，搭建国际交流的平台，融汇中西的思想资源，是一个有文化自主性和自信力的大学的题中应有之义。但是，当所有的教师聘任资格都要求清一色“海归”尤其是来自欧美名校时，当把在英文期刊尤其是在*Science*（《科学》杂志）、*Nature*（《自然》杂志）上发表论文当作科学想当然的最高标杆时，当任何专业的教师晋升教授时都必须提交给海外学者去评审时，当把英文中国学的项目学生当作最优秀的学生去供奉时，那就不再是国际化的本来含义，而是文化自卑的体现。“这种弥漫性的语言自卑症，这种深入骨髓的文化自卑主义，实际恰恰已经成为阻碍中国思想学术文化创造性发展的致命痼疾，成为‘实现中国梦’的最大障碍。”[1]在“与国际接轨”的口号下，中国的学人今天正在自觉地成为以美国为主导的学术市场的蹩脚的尾随者。学术“成果”在大量涌现，学术真金却在不断萎缩；学术市场热闹非凡，学术空气却异常浮躁。盲目的接轨话语使今天的中国大学正在不断丧失自主独立的学术精神、宽松自由的学术氛围、立足本土的学术情怀。陈寅恪留学欧美诸名校却无意获取任何学位，胡适留学美国却奋笔疾书《非留学篇》，这是民国时代学人的自信；陈寅恪无大学学位却作为“教授中的教授”受清华盛邀，钱穆不通外文却被燕京大学礼聘，这是民国时代大学的自信。实际上，“只有以成熟自主的现代中国学术传统为基础的大学制度，才能包容和吸纳来自世界各国的学术营养，为中国学者创造真正‘世界一流’的研究成果，甚至为具有历史意义的学术创新提供前提条件。”[2]

每个时代的学人都有他那个时代所需要面对的种种问题和困境：战争，内乱，断代，资金短缺，政治和宗教干预，等等。从这个意义上说，我们这个时代的大学处境固然面临着上述诸多的危机和障碍，但也并不意味着这种处境比其他

〔1〕甘阳：《北大五论》，北京：生活·读书·新知三联书店，2014年，第42页。
〔2〕李猛：《大学改革与学术传统：现代中国大学的学术自主问题》，载甘阳、李猛编：《中国大学改革之道》，上海：上海人民出版社，2004年，第5页。

时代的处境更加糟糕。我们需要一种清明的智慧：认识到这些危机的存在，正视运气对职业生涯的影响因素，承认有一己之力所无法跨越的障碍，体察人伦日用与求学问道之间的紧密关联，坦然面对我们需要对现实处境做出的某些必要的妥协和权宜。最重要的是，我们需要认识到，"科学作为职业"的生活如滴水穿石一般，需要的远不只是激情和勇敢，更需要持久的耐心，需要在平实、简单乃至单调的日常生活中一以贯之，需要坚守日常实践的理性辛劳来证明自身。如果说教师也可以成为英雄的话，那么，教师的英雄之处就在于他是在没有硝烟的战场上、在容易让人倦怠的俗世中、在充满诱惑的江湖边，坚守着一种强韧的精神，既不沉沦也不退缩，既不忧愤也不轻狂，抵抗浮华的诱惑，承载琐碎的消磨，坦然面对清贫的重压，化繁就简，不忘初心，挣扎前行。这是一名真正优秀的学者所需要的基本品质。这些品质并不都是天生的，对许多人来说是需要在时间的磨炼中才能成长起来的。学术终究是比慢而非比快，比冷而非比热，比精而非比滥的。只有咬牙挺过中国特色的"博士后"阶段的磨炼，只有通过小火慢炖式的熬制，学人的本色和学问的真金才会如凤凰涅槃般相伴而生。这正是韦伯在演讲中最后告诫我们的："投入我们的工作，无论作为一个人，还是一项天职，达到'日常的要求'。这其实朴实、简单，只要每个人都找到主掌自己生命之线的神灵，听从它。"[1]

---

〔1〕韦伯:《科学作为天职》，本书第46页。

指向价值的行动

“科学作为天职”与韦伯科学学说中的价值理性化

田　耕

在《科学作为天职》这篇演讲的开篇，韦伯通过简述美国和德国大学制度，尤其是通过对比年轻学者在其中的处境，来说明学术工作的外在情形。他罗列了大学在当时面临的一系列耐人寻味的“矛盾”。[1]在陈述这些矛盾的声音里面站着我们熟悉的韦伯，他以敏锐而沉重的口吻表达着身为精神贵族的学者对日益官僚化的大学和学术的不满。事实上，早在这篇演讲之前若干年，韦伯对大学官僚化的问题就进行过不止一次的批评和抗议。[2]因此，韦伯在这篇演讲的

---

〔1〕“根据我们的传统，各大学理当兼顾研究和教学两方面的要求。至于说一个人是否同时兼具这两方面的能力，完全是碰运气。”韦伯：《科学作为天职》（I/17：79）。一个对自己的学术研究具有判断力的学者，如何又要同时将这个判断交给外在学术的“官僚制”去执行（同上引）。

〔2〕其中比较著名的例子是1909年韦伯在德意志大学教师协会（Verhandlungen des III Deutschen Hochschullehrertages）上大声疾呼“驱逐任何形式的官僚式的观点”，参见Ghosh，Peter. 2014. “Beyond Methodology：Max Weber’s Concept of *Wissenschaft*.” *Sociologia Internationalis*. Vol.52（2）. p.190（转下页）

“外部视角”中所重申的大学面临的外在困难似乎没有那么引人注目。

但对所有将精神作为志业去追求的人来说，韦伯估计的困难要比大学的官僚制倾向更大。在韦伯行将结束对科学的外部条件的考察时，他最强烈地表达了这个时代给准备以科学为天职的人所提出的沉重问题：您是否确信，年复一年地眼看着一个又一个平庸之辈踩过自己的肩膀，自己还能够忍受，既不怨怼，也不沮丧？[1]面对韦伯描述的难题，他眼中将要承担这些困难的下一代学者似乎已经有了答案：“自然了，我为我的天职而活着。”（Natürlich, ich lebe nur meinem “Beruf”.）[2]

这样的回答在韦伯的时代想必不绝于耳。但对韦伯来说，怎样才可以说是“为天职而活”显然不容易回答。这篇演讲就是讲述韦伯理解的“为天职而活着”的意涵。能这样做的人，首先需要明白科学是在何种意义上成为一种志业的劳作（Berufsarbeit）。将科学视为“自己的”天职的人是不是准备好接受科学从来把握不了自己命运的现实？将作为“天职”的科学与那些外部环境中令人气馁的“现实”分开，是不是就足以让我们面对最不利于“职业科学家”成长的世

（接上页）及Hübinger，Gandolf.1987. “Gustav Stressmann and Max Weber：Politics and Scholarship.” in *Max Weber and His Contemporaries*. Edited by Wolfgang Mommsen and Jürgen Osterhammel. Allen and Unwin. p.327.

〔1〕韦伯：《科学作为天职》（I/17：80）。

〔2〕同上。

界？更为重要的是，理解将科学作为天职这个事情，对不在这个行当，乃至不准备成为“职业”学者一员的人来说，又有什么意义呢？

一

在这个问题之下，韦伯开始在演讲中转入讨论科学、学者和大学的内在视角。科学对韦伯来说成为一种天职，首先因为它是一种专家式的劳动。韦伯认为，今日的科学的确是一个分工的时代，因为只有通过分工，才能使得学者进入到最为细节的劳动当中。科学在本质上是必须要被取代的劳动[1]，学者必须意识到有无数的前人在同样的地方存在着类似的猜测（Konjektur），自己只不过是将永远继续下去的工作的一个环节。[2]这就意味着，在学者（即从事这项劳动的人）不得不停下来的时候，可能完全看不到有什么意义：我们竭尽全力的劳作，或者是前人劳动的继续，

---

〔1〕卢卡奇在《灵魂与形式》（*Die Seele und die Formen*）中对艺术品和科学的研究作品的区分，非常类似韦伯在这里对科学作品的界说。艺术品是自己的目的，它是第一，也是最后一个，因为它有形式。而科学的作品只是手段，它必将被一个更好的作品所取代，它没有形式。参见Lukács, Georg.2010. *Soul and Form*. Translated by Anna Bostock. New York：Columbia University Press. p.22。

〔2〕“科学的实情都是这样的：一个人只有在严格的专业化情况下，他才能确实体会到，自己在科学领域里获得了某种真正完善的成就”，韦伯：《科学作为天职》（I/17：80）。

或者是未来我们意识不到的继续者的开始，而不是它自身的目的。

借用歌德的例子，韦伯在天职与人格的关系上更进一步阐述了科学这个劳动的特别之处。所谓专家或工匠，指的是“全心全意地为事业服务”（rein der Sache）的人。[1]但这种劳动，理当饱含着面向事情的激情（sachliche Leidenschaft）。其中，劳动者放弃了将自己活着的生活变成艺术品的可能。因此，将科学作为天职，首先是去承担一种表面上最没有个性的劳动。

对科学作为劳动的限定构成了韦伯定义科学作为天职的基础：将科学作为天职意味着一种既不能将从事此劳动的人，也不能把这种劳动作为目的工作。众所周知，韦伯的这个演讲是巴伐利亚州自由学生团体组织的“精神工作作为天职”系列中的一讲。在“一战”的结尾，面对将在未来以科学为天职的年轻的德国学子，韦伯选择以这样的“科学”作为全文的基调未免显得奇怪：既然科学的劳动是无法作为自己目的而存在的，甚至，它将取消自己视为自己的目的，我们又如何能实现“科学是为其本身”呢？简而言之，如何找到科学的“意义”？

> 我们得以探讨科学的意义问题。因为一项服从于这样的进步法则的事业，并不是自明地具有自身的意义和

[1] 韦伯：《科学作为天职》（I/17：84）。

> 理性。对于一项实际上永无止境，也永远不可能有止境的事业，人们为什么为之献身呢？人们首先会回答，完全是出于实践的目的，或者说是出于广义的技术性目的：也就是说，是为了能够依据科学经验给我们提供的期待，调整自己实践行动的方向。不错。可是，这只能对实践行动者有意义。那么对于科学人来说，又该对他的职业抱有怎样的内在态度呢？——如果他确实想要寻求一种这样的态度的话。他会坚持说，自己之所以献身科学，是在“为科学而科学”，而不只是因为别人可以利用科学，取得商业成果或技术成果，可以吃得更好，穿得更好，照明更好，统治得更好。可是，他把自己完全纳入到这种永无止境地运转的专业化经营中，致力于取得注定将会过时的创造成果，那么在何种意义上，他相信这样做是有意义呢？〔1〕

要理解科学这种并不令人振奋的境地，就需要重新理解包括科学在内的理性化过程。在韦伯看来，理性化没有给生活在文明世界的人更强的生命力，我们也并不比被理性化征服的世界更亲近自己生活的状况。但理性化给了控制我们生活的强大手段。我们是否想要这样的控制生活的手段？我们

〔1〕施特劳斯在他对韦伯科学学说的著名批评中认为，韦伯所告诉我们的对科学最深的绝望在于，求真之生活的根基是完全没有理智证据的信念。Strauss, Leo. 1953. *Natural Right and History*. Chicago：University of Chicago Press. p.76.

用这些手段实现让生活更可预期所具有的意义是什么？这是世界的除魔（Entzauberung der Welt）留给我们巨大的疑问和考验。在韦伯看来，托尔斯泰最完整地表达了这个疑问：死亡之于一个文明化的人（Kulturmensch），就如同科学劳作之于学者一样，只是必将消逝，但不是一个有意义的终点，它并没有一个“成全”生命的能力。[1]

韦伯这篇演讲的不同寻常之处，就在于它首先是将“科学作为天职”作为一个“意义”的巨大问题来提出的。科学是在关于它的“意义”而不是它的“用处”的问题中才遭遇到托尔斯泰这样的疑问。而韦伯则想进一步去问，在托尔斯泰之后，我们不作为职业科学家去理解将科学作为天职的行为和生活，对我们自己有什么意义？

非常悖谬的是，在这篇演讲的前半部分，韦伯将理性化进程和托尔斯泰的问题同时放置在了科学作为天职的起点上。而二者之间对传统上看待科学的方式来说有着深刻的紧张。这种紧张促使韦伯在“传统科学”的伟大时刻里面去考

---

〔1〕“在托尔斯泰的作品中，可以发现他从原则上提出了这个问题。他以独有的方式想到了这一问题。他所有的思索都围绕这样一个问题：死亡到底是不是一种有意义的现象？他的回答是：对一个文明人来讲，死亡不具有任何意义。”韦伯：《科学作为天职》（I/17：87）。这段话的含义，和卢卡奇在《小说理论》中认为逼近小说极限的没有中断的“自然”非常接近，参见 Lukács, Georg. 1971. *The Theory of the Novel A Historico–Philosophical Essay on the Forms of Great Epic Literature*. Translated by Anna Bostock. Cambridge：MIT Press. P.146。晚期的韦伯和卢卡奇有很多观念上的一致，后者甚至可以说做出了对韦伯最富同情的理解和批评，下文将谈到这一点。

察托尔斯泰关于“意义”问题的真正内涵。从柏拉图的“洞穴”隐喻，到达·芬奇以“技艺”解释的自然（Natur），到在物的细节中（physisch）揭示上帝的新教科学家，再到尼采对“快乐的科学”的剖析。看上去，韦伯的历史回顾似乎在历数科学在理性化的历史上可能给我们的意义：真理、自然、神意和快乐,等等。对韦伯来说，以科学为天职的人首先要做的，就是将这些贯穿理性化历史的意义和托尔斯泰简单但难以回答的问题放在一起。

答案似乎是，如果我们仍然能在科学中获得人生的真理以及有关自然和神意的认识，那么，韦伯时代以科学为天职的劳动者，将继续理性化的伟大时刻中奠定的科学，他们的工作因此具备当然的“意义”。如果韦伯时代的科学，已经远离了他这里历数的种种“意义”，那就意味着所有科学可以用来回答托尔斯泰问题的选项在这个时代成为被击碎的幻象，在此前提下，只有离开科学，我们才可能认识真的生命，认识我们的自然，找到幸福。所有人生意义里面我们试图寻找的，不仅不能在科学里面找到，甚至必须反对科学才有可能。韦伯很明确地认为，强烈质疑现时代的科学能告诉我们任何有意义生活的答案正是这个时代的年轻人面对的潮流。[1]

---

〔1〕那么今天呢？“科学作为通向自然的道路”？这在年轻人听来，简直就是亵渎！今天的年轻人的论调和这刚好相反：摆脱科学的理智主义，返回自身的本性（Natur），从而返回自然本身！至于说科学作为通向艺术的道路，这根本就是无稽之谈，不值一驳，韦伯：《科学作为天职》（转下页）

传统上，我们认为韦伯是通过强烈反击上述潮流来捍卫科学之价值的学者。但韦伯“捍卫”科学的前提来自他在托尔斯泰那里读到了比自己身边的年轻人对科学更强的质疑。这是他区别于认为科学具有颠扑不破前提的“旧科学”的一个重要的面向。[1]科学作为天职的根本困难，并不在于理性化的历史上所取得的那些“意义”在离我们而去，并不在于科学已不可能像柏拉图、达·芬奇、斯瓦姆默丹，乃至离韦伯并不那么远的兰克时代那样去提供“通向真实存在之路”“通向真实艺术之路”“通向真实自然之路”“通向真正上帝之路”“通向真正幸福之路”。而是科学无法证明自己是一个有价值的事情。在韦伯看来，科学恰恰没有办法予以证明科学所造出的知识，或按照科学进行的这个世界是值得拥有的。[2]

（接上页）（I/17：91）。“今天的科学确实是与上帝相异的力量，任何人都不会打心眼里怀疑这一点，无论他愿不愿意承认。从科学的理性主义和唯智主义当中解脱出来，这是与上帝同在的根本前提。”（同前）“相信以科学为基础的技术，能够支配我们的生活，赞美科学是通向幸福之路，除了占着大学教席和编辑部的几个长不大的孩子，现在谁还信这个？”（同前）

〔1〕参见收入本书的卡勒尔的《科学的天职》（节选）以及Ghosh，Peter.2015. “Max Weber and the literati.” in *Max Weber in Context：Essays in the History of German Ideas. c. 1970-1930*. Wiesbaden：Harrassowitz Verlag.pp. 197-250，以及Ringer, Fritz.1969. *The Decline of the German Mandarins：The German Academic Community, 1890-1933*. Hanover：Wesleyan University Press。

〔2〕韦伯：《科学作为天职》（I/17：95）。关于这一点在收入本文集中的卡勒尔对《科学作为天职》的评论中也写得很明白：“韦伯承认，科学也许曾经如此，但现在已经不是这样了；他甚至必须承认，遵照科学现在达到的法则性，它压根不想如此。毫无疑问，马克斯·韦伯也认为科学不能回答托尔斯泰的问题：‘对于我们来说唯一重要的问题就是：（转下页）

他说得很明白，比起科学在认识世界的信念来说[1]，关于科学之“价值”的信念是更为根本的信念（韦伯所谓的依据终极意义得到的信念），它无法证明，但是需要解释。[2]

到这篇演讲过半的时候，韦伯以“破”的方式阐明，科学没有自明的基础去承担自己的目的，因此，以科学为天职的人，也不应是“自然”地认为科学就是有价值或科学提供了最值得过的一种生活的人。在这个“问题化”科学的基础上，以科学为天职，并不是那些完全不认同，或者不曾有过托尔斯泰式的质疑的人才会面对的问题。韦伯在演讲开始提到的那些工匠和专家，也是我们每一个人的样子。韦伯看得很清楚，以科学为天职是超出科学这项志业劳动本身的。它并不是首先去关切学者（从事科学劳动的人）对科学的立场，而是去探索这样的“志业”可以给其他人，乃至深深怀疑科学对生活是有价值的人能带来什么。因此，“科学作为天职”，恐怕要比维护科学作为诸多价值领域中独特的那一个具有更深的现实意义。对韦伯来说，是对科学置身其中的

（接上页）我们应该做什么？我们应该怎样生活？’”前引卡勒尔文章，页2。

〔1〕“所有的科学工作都预设，自己在逻辑和方法上采用的规则是有效的，这是我们在这世界上取向的总体基础”，韦伯：《科学作为天职》（I/17：93）。

〔2〕“科学工作的成果之所以是重要的，正是因为它们是‘值得我们知道的’。显然，这就是我们所有问题的根源。因为像这样的一种预设，本身没有办法通过科学的手段来证明，而只能是依据它的终极意义来解释（*deuten*）”，韦伯：《科学作为天职》（I/17：93）。

现实的理解和承担，而不是“科学家”的特质和“科学”这项职业的义务，决定了将科学作为天职的意义。[1]

演讲的后半段，则是韦伯面对这个困难的问题，以“立”的方式来阐明，科学对有着完全不同价值前提，乃至并不认为科学对他们自己有意义的人，是不是能确立起有价值的生活的基点。我们将在下文中看到，科学在韦伯那里之所以被认为能实现这种独特的奠基，源于它彻底的现实性，韦伯将之称为“理智的诚实”（die intellectuale Rechtschaffenheit）。[2]理智诚实的首要之处，就是面对科学与学者在我们生命和时代最重要的问题上提供不了答案这个局限。科学作为志业的贡献，毋宁说是以最大的现实感来面对这个局限。

理智诚实的对立面，是各种讲坛布道者或伪先知进行的廉价的世界观教育。韦伯要着力打破的是科学可以为人建立价值立场的“假象”。科学作为天职，意味着诚实面对并且承担自己的根本立场，也就是面对那些让自己“不舒服的”现实。这在韦伯看来是带有深刻伦理力量的美德。[3]大学如能真正对抗讲坛布道的人和行为，那只是因为它可以进行更

[1] “但这就已经不再只是关于人以科学为天职的问题，也就是说，不再只是关于科学作为一种天职，对那些献身者来讲意味着什么的问题，而是完全不同的问题：放在人的整个生活之中，什么是科学的天职？它的价值何在？”韦伯：《科学作为天职》（I/17：88）。

[2] 韦伯：《科学作为天职》（I/17：97）。

[3] 韦伯：《科学作为天职》（I/17：98）。

为深刻和实在的价值的教育。这种教育尤其需要专家身上那种面对事情本身的激情，这种激情支撑着学者和政治家去完成各自的志业所要求的艰苦而孤独的劳动。科学作为天职如果并不只是职业科学家的自我要求，而关乎我们所有人在行动中实现自己价值的意志，那么这种理智的诚实则是现代大学培育人格的关键目标。

在和《科学作为天职》同年发表的论文《社会和经济科学中的“价值自由”的含义》(1917，以下简称《“价值自由”》)中，韦伯采取了和《科学作为天职》不同的论述思路，即不是从大学入手来看价值的承担，而是从价值承担的含义出发来考察现时代的大学和大学教育。〔1〕韦伯在文章的开始就明白地表示，所谓排除价值判断是不可能的。〔2〕对献

〔1〕本文初作于1913年，系韦伯为1914年1月召开的关于“价值自由”的主题会议而作，很明显是韦伯对当时的方法争论（Methodstreif）的回应之一。1917年年初，韦伯将原文进行了修改，本年11月发表在*Logos*杂志（卷七，第一分卷）上。本文的修订版不仅和《科学作为天职》同年问世，而且在讨论的主题上关系密切。而施鲁赫特也指出，本文的修改稿和韦伯同时写作的著名论文《中间反思》(Zwischenbetrachtung）中有关“价值领域”(Wertsphären）的讨论更是使用了类似的概念范畴，参见Schluchter, Wolfgang. 1996. *Paradoxes of Modernity: Culture and Conduct in the Theory of Max Weber*. Berkeley：University of California Press. p.16。

〔2〕韦伯，《“价值自由”》，第482—484页；WL：489-491。张旺山先生翻译的《韦伯方法论文集》(台北：联经出版公司，2013年）为本文以下讨论韦伯科学学说的主要参考，引文同时注明《科学学说论文集》(*Gesammelte Aufsätze zur Wissenschaftslehre*，第五版，1982，略作WL）中的页码，引文有改动将不再一一注明。在引用时，为和《科学作为天职》的译文凡例取得一致，韦伯原文中着重标出的文字，译文将以重点号标出，原文则以斜体标注。本文作者在引用时加以强调的（转下页）

身于“老科学”的学者来说，大学作为特定价值的维护并不是问题，在韦伯的眼中，正是这样的学者才恰恰不屑于跟风去做那种表面价值中立的“拟态”（Mimikry）。[1]这种骨子里面的高贵立场不是体现在拒绝排除价值，而是体现在要求自己“将自己的实践性的评价本身向学生们和他自己绝对地交代清楚”（absolut *deutlich* mache）。[2]这种要求是韦伯认为令学者自重的诫命（Gebot）。

但韦伯并不相信遵从这样的“诫命”仍然能为现时代的大学教育赢得真正的尊严。一方面，大学事实上不可能实现对所有的价值，甚至是对这个时代公认最重要的价值立场开放。[3]另一方面，韦伯更深重的怀疑是，秉持科学的学者和大学，有什么手段去“证明”自己的选择是有价值的。如韦伯所说，法学家不能证明法的存在以及受到法的约束的文化是无条件的价值，正如同医生并不能证明生命是一个在任何情况下都值得争取的存在一样。[4]这一种怀疑完全延续了《科学作为天职》中的“托尔斯泰的问题”。

但也因为这种怀疑，韦伯清楚地看到，学者抵抗成为

（接上页）文字，将以黑体字标出。

〔1〕韦伯，《“价值自由”》，第482—484、487页；WL：495。这是韦伯在《“价值自由”》开篇时以蒙森和特赖奇克为例子的含义，和这种面对事情的激情相对应的是缺乏激情的官僚和表面公允的党同伐异者。

〔2〕韦伯，《“价值自由”》，第492页；WL：498。

〔3〕比如韦伯写作时代的“国族的生命的问题”（Lebensfragen der Nation），韦伯：《“价值自由”》，第489页；WL：496。

〔4〕韦伯：《“价值自由”》，第489页；WL：496。

伪先知的律己与自重并不是在科学中讨论价值的根本意义。价值自由因此并不是上文所说的那种骨子里不屑于没有立场的高贵，而是因为明了了价值判断在科学中的意义而得到的自由。这种新的“价值自由”因此就不只是对实践科学的学者才有意义，而是对所有人获得理智清明提供了基本的手段。

正因为如此，衡量大学教育者的根本标尺之一，是其对价值承担的态度。《科学作为天职》和《“价值自由”》这两篇文字对此持一致的立场。但对比《科学作为天职》，《“价值自由”》的文字更为系统地阐释了价值判断（Werturteil）对科学和大学教育为什么尤其重要。韦伯言简意赅地指出，对大学使命的判断有两类，一类认为大学今天仍然有塑造全面的人格以及培育整全的文化和伦理观念的使命。而与之相对的判断则是，当专家提供了专家的指导，而理智诚实成为大学唯一致力于培育的美德的时候，大学里面的教育才成就了它的价值。

在韦伯看来，有价值的大学教育成立的前提之一是，作为专家的老师能够如专家那样去教育和研究。在这个意义上，以科学为志业首先意味着成为“专家”。无论我们积极地看待专家的含义（最积极的看法自然是，成人即是成为纯粹的专家［reinen Fachmenschen］)，还是消极地看待专家（即防止我们生命的根本问题被专家去回答），理智诚实都成为最根本的道德。我们亦可以说，如果我们认为人生最重要的问题不能，也不应该被理智所回答，那么理智诚实为制止理智做出这一僭越提供了根本的保证。[1]这里韦伯对专家的两种看法，实际上对应了韦伯对“价值自由”的两种看法：如果价值自由首先意味着科学在一定限度内不受无法被排除的价值的影响（我们可称之为“消极的”意义），那么，这种“价值自由”对于所有人的价值的追求，又意味着什么（即“积极的意义”）？[2]

以专家作为有价值的大学教育的根本，承接了韦伯在《科学作为天职》的演讲中将“完全献身于‘事’”（die rückhaltlose Hingabe an eine “Sache”），也就是面对事情本身的激情作为人格基础的说法。[3]德国和欧洲在韦伯看来不可能回到歌德和洪堡式的对个性教养（Bildung）的路子。[4]人

〔1〕韦伯：《“价值自由”》，第484页；WL：491。

〔2〕由这里的“消极的”和“积极的”两个含义出发，我们需要追问，价值自由在韦伯学说中的关键地位，是不是因为它决定性地表明科学是一种独一无二的“价值领域”呢？这是本文要回应的问题。关于反对将韦伯价值自由的科学学说理论与各种实证主义直接挂钩的做法，参见Turner and Factor.1984. *Max Weber and the Dispute over Reason and Value: A Study in Philosophy, Ethics and Politics*. London：Routledge and Kegan Paul. Chapter 2 and 8，以及Proctor, Robert. 1992. *Value-Free Science ? Purity and Power in Modern Knowledge*. Cambridge：Harvard University Press. pp.155-200。

〔3〕韦伯：《“价值自由”》，第487页；WL：494。

〔4〕韦伯在此反对的浪漫派的个性观念，参见Beiser，Frederick.2003. *The Romantic Imperative: the Concept of Early German Romanticism*. Cambridge：Harvard University Press. pp.88-100，以及Izenberg, Gerald. 1992. *Impossible Individuality: Romanticism, Revolution and the Origin of Modern Selfhood*, 1787-1902. Princeton：Princeton University Press. pp.27-35。需要注意的是，韦伯虽然不同意洪堡式的整全个性的观念，但他和洪堡都恰恰从歌德身上取得了最重要的灵感。韦伯完全改变了“守护神”这一源自歌德自传的著名譬喻的“自然”意涵，将它和最彻底的追寻和创造自己的生活方式，包括自己的生活（转下页）

格（Persönlichkeit）在韦伯的眼中不仅不是一个经典德意志时代（上文中的蒙森、特赖奇克的时代是其尾声）的精神，乃至和四十年前的状况相比都发生了巨大的变化。[1]和传统学人及大学相比，对人格观念的执着尤其属于正在颠簸动荡的德意志中成年的一代人，它首先是人格应获得的权利（Recht der Persönlichkeit）。对每个人来说，它是一种和所经历的世界，和所从事的工作都需要先在地区分开的东西。[2]韦伯对人格观念的重新理解，就是将之建立在上文说到的专家的性格之上，那种并不因为“和自己的个性不符”而拒绝去面对事情的热情之上。只有能完成事情、能面对事实的人，才能把自己的个性放在自己需要完成的使命之下。所有这些在韦伯看来，就是他所在的大学面对的最紧迫的教育任务，这些任务的紧迫性，甚至是离他最近的所谓政治经济学历史学派的前辈学者都没有体会过的。科学在韦伯看来是最深，也最根本的自我约束。这种约束自己的力量有多大，在韦伯看来，面对不堪的现实的热情就有多大。

问题是，科学作为天职所要求的理智诚实，为什么要

（接上页）目标的力量（某种程度上，也就是专家代表的那种力量）联系在了一起。温特莱布很敏锐地看到了歌德自传包含的这一其同时代有极大差别的特点，参见Weintraub, Karl. 1978. *The Value of the Individual: Self and Circumstance in Autobiography*. Chicago：University of Chicago Press。

〔1〕Proctor，*Value-Free Science*, pp.65-85.

〔2〕韦伯：《“价值自由”》，第486页；WL：494。

以自我约束去产生最深刻的创造行为—承担价值？是什么样的力量可以支持我们去进行这种相当矛盾的行为呢？韦伯在《科学作为天职》的演讲当中所讲述的对自我的纪律非常强烈地让我们想起《新教伦理与资本主义精神》中的入世禁欲主义（Innerweltliche Askese）。[1]专家将这种劳动本身作为极高的善，通过强烈的对自我的克服和超越来追求，韦伯的这种论述充满了读者难以忽视的“新教徒”色彩。能够将自我的个性服从于切实的劳作的能力，很像17世纪的新教徒身上延续下来的禁绝自己欲望的英雄气。新教徒不是在不可

---

〔1〕社会学家默顿的名著《十七世纪英格兰的科学，技术与社会》（范岱年等译，商务印书馆，2011年）其实从另一个角度试图证实英格兰的清教运动是推动欧洲近代科学成就的独一无二的力量。拉吉罗（Guido De Ruggiero）在他和韦伯几乎同时代的著名思想史作品中，干脆将这个论题变成清教伦理与“自由主义”精神的关系，参见拉吉罗：《欧洲自由主义史》，杨军译，吉林人民出版社，2001年。上述研究某种程度上和异常重视韦伯的比较历史和文化研究关心的问题相一致，但过于“执着”在韦伯笔下的新教伦理的发生学上面，也就是说这个独特历史处境对于后来“科学”的发展的作用。但在韦伯那里，孕育在新教精神中的自我纪律，悖谬之处是它反而没有天主教的许多现实的情境去作为纪律（也就是禁绝自己欲望）的前提，所以其行动才更需要一个更为强大的精神基础。在韦伯对比“教派”与“教会”在新旧大陆如何建立信徒之人格的文章里面，系统支配自己生命的生活之道（Lebensführung）再次频繁地出现，这种生活之道，和成为“天主教恩宠机构”最为彻底，或者说唯一的对立就在于它不间断地证明自己（dauernd bewähren）。韦伯：《新教教派与资本主义精神》，载《新教伦理与资本主义精神》，康乐、简惠美译，广西师范大学出版社，2007年，第219页（*Religionssoziologie* I：234）。本文的最初版本为《北美的“教会”和“教派”：从基督教会和社会政治角度的简论》（‘Kirchen’ und ‘Sekten’ in Nordamerika：Eine kirchen- und sozialpolitische Skizz），发表在《基督教世界》（Die Christliche Welt），1906年6月。

知的预定说中，而是将此世的劳动效果当作个体信仰的证明（Bewährung des Glaubens）中形成了入世禁欲主义。[1]在韦伯的作品里面，《新教伦理与资本主义精神》中的加尔文宗信徒和清教徒恐怕是上述行动最鲜明的担纲者。韦伯笔下对价值具有信念（Gesinnung）的行动者，像极了他在《新教伦理和资本主义精神》当中在世界的边缘改变现代世界的早期新教徒，对他们来说，有效的信念（fides efficax）不是实现了的信念[2]，而是有能力体现在行动中的信念，即使体现在注定会失败的行动中。纯粹的信念，除了这种行动之外，并不属于这个世界。[3]而纯粹的社会行动，意味着行动能够承担价值。

在入世禁欲主义当中被塑造的新教徒，的确有力地佐证了韦伯在《科学作为天职》和《"价值自由"》中论及的日常的义务的说法。但我们可能会忽视的是，新教徒不是在属于

---

〔1〕Weber，Max.2014. *Die protestantische Ethik und der "Geist" des Kapitalismus*（Neuausgabe der ersten Fassung von 1904-05 mit einem Verzeichnis der wichtigsten Zusätze und Veränderungen aus der zweiten Fassung von 1920）. Edited by Klaus Lichtblau and Johannes Weiß. p.93；p.103.

〔2〕Weber，*Die protestantische Ethik und der "Geist" des Kapitalismus*，pp.96-97. 施密特认为，新教以"不可见的内在性"为入世的禁欲苦行找到了一个更为稳定的心理结构，参见施密特：《政治的概念》，刘宗坤等译，上海：上海人民出版社，2004年，第53页。这个说法的前提是，新教的"禁欲"丧失了天主教提供的许多现世的可见的基础，包括施密特所谓代表制度的问题，参见Schmitt, Carl. 1996. *Roman Catholicism and Political Form*. Translated by G. L. Ulman. Westport：Greenwood Press。因此它有更强的动力将苦行变成精神性的劳动，一种在认知上的可见。然而韦伯诉诸新教伦理的这种独特的精神的劳动相当复杂，其最特殊的一点恰恰是要以意志的方式释放世界的"非理性"。我们在下一小节将继续讨论这个问题。

〔3〕韦伯：《"价值自由"》，第508页；WL：513。

自己的世界里面，而恰恰是在对自己的价值理念充满重重分歧和阻力的世界里面开展这样的行动的。如果他们具有韦伯所说的改变世界的英雄气概，那首先是因为他们知道这个世界并不属于自己信仰的理念。对强烈的信念来说，这是最需要勇气的地方，而对承担价值来说，这是行动的起点。从这个起点开始，韦伯在《科学作为天职》和《“价值自由”》中不止一次提到但多少面目模糊的“日常的义务”，最终成为价值理性化的一部分。

二

在理智诚实的前提下，我们或者接受科学家之外的先知和煽动家，也就是在没有“斗争”的情况下接受价值判断[1]，或者接受价值就是“斗争”的后果。显然，韦伯留在社会理论史上的回答是反对前者而强调后者。韦伯的这个回答被冠以从诸神之争到价值多元论的各种理论史名称，但我们注意到，这个回答首先针对的是选择了自己的“守护神”的人如何侍奉之的问题。在他看来，诸神之争没有因为西方人相信的一神论而停止。[2]而所谓诸神之争的前提，恰恰是将古代诸神褪去魔力的理性化。其后果将如《路加福音》所

〔1〕韦伯：《“价值自由”》，第485—486页；WL：492-493。

〔2〕“只不过古代世界还没有从诸神与精灵的魔力中解脱出来”，韦伯：《科学作为天职》（I/17：100）。

说的那样，找到那唯一必然之神（Einen, das not tut）。[1]以先知伦理除魔的基本后果，是将生活的方方面面纳入进来的“理性化”。《科学作为天职》使用了这个说法，重点首先并非在“多神”，而是如何侍奉神意。除魔的世界中的“诸神之争”所要接受的献祭要比古典时代更强，因为那就是通过理性化的生活自身。

韦伯非常清醒地看到，这场斗争最残酷的地方，不是选择向什么神去献祭，而是为了你的守护神的斗争将以非人格的形式，对每个人每日每时的行动提出要求。在韦伯看来，所谓价值的多神论对现时代的人提出的最困难的事情正在于此：日常的行动中，而不是被变成体验对象和艺术品的“生活”，才是面对自己根本价值的战场：

> 今天，这种宗教的状况已经成了“日常”。许多古老的神从坟墓里又爬了出来，不过，由于他们已经被除魔，所以化身为非人格性的力量。他们企图夺取支配我们生活的权力，并且重新开始了彼此之间的永恒斗争。这就是我们生活中的日常。对于现代人困难的是，对于年青一代格外困难的是，怎样挺身面对这样的日常。[2]

在《“价值自由”》当中，上述引文所指出的宗教状况

---

〔1〕韦伯：《科学作为天职》（I/17：101）。

〔2〕同上。

中的“日常性”意味着我们“生命体验中最真切的东西”（gemeinte Konkretissimum des Elebens）。[1]而这样的真切意味着它的价值是不成问题的。正如韦伯所看到的，这种“不成问题”的价值感受是唯一的，它建立在对包括伦理在内的其他价值尊严的不服从乃至抗拒的基础上。而这个基础上建立的“价值”，不会承认价值之间具有合理的相互替代（Alternativen），而是恰如上帝与魔鬼之间的“你死我活的斗争”（unüberbrückbar tödlichen Kampf）。[2]

在韦伯的科学学说当中，我们通常不会放过他对现代人沉浸在价值感受之中的日常那种入木三分的描写。但我们容易忽视韦伯在这个标志性的语句背后发现的矛盾：如果可以不为任何深远的文化意义所撼动的价值感受意味着我们只有在斗争中才能真切面对自己的价值，他真的能提供给我们这样的行动能力吗？在这个以系统掌握自己，抑制自己的自然冲动为基础建立的生活之道（Lebensführung）当中，我们不能忽视的是，在抑制自我的自然冲动方面越来越理性化，对它的压力的敏感和随之的反抗将越来越多。而这种反抗比起英

---

〔1〕韦伯：《“价值自由”》，第502页；WL：508

〔2〕同上。在沃格林对韦伯和“德国人”的批评当中，价值判断（Werturteil）正是因为没有了实质的理论关联（无论是在古典还是在基督教那里看见的文化存在），才必须以一种对待价值的决绝态度出现，无论是视其为“责任”还是“守护神”，都意味着价值应不可置疑地被接受（unquestionable），参见Voegelin, Eric. 1987. *The New Science of Politics: an Introduction*. Chicago: University of Chicago Press. pp.12-14。这个论点相当绝对化了关于“价值”的新教命题。

雄式的新教伦理，正如新教比起天主教的自我纪律一样，将会更少现实的基础，而成为更为纯粹的精神冲动，它离韦伯在《新教伦理与资本主义精神》开篇所描述的“生活之道”，一种将生活固定在一种文明的归宿中的道路就更为遥远。[1]

在韦伯那里，“日常性”概念本身并不等同于价值，或者价值生成的机制。相反，它本身也有相当的取消价值立场的力量和倾向。这种献祭给复活的诸神的日常性，在韦伯那

〔1〕如果价值的实现完全仰赖于带着对抗命运的创造性力量（我们也常常认为这是韦伯式的学者的样子），那么这种看上去最能超越自然的“理性化”的生活，恰恰是不承认价值的等级秩序的最单纯的自然。秉持这种劳动创造价值的人，怎么看待别的价值，怎么看待别的创造价值的劳动？简而言之，我们如何可能仅因为相信自己的劳动创造价值而构成了共同体？韦伯对“新教教派”的理解提供了理解这一点的最直接的例子。在对习俗的管理（Sittenkontrolle）的角度上来比较教会和教派，作为信徒集聚的教派其成员之间的关系在韦伯看来具有两个基本的道德维度，一方面，我们都应该是最能要求自己服从纪律的平信徒，因此信徒最终服从的伦理要求不来自专门技术（神学）或圣职，而是一种信徒的资质（Qualität），而这种资质的本质，是教派成员具有的克里斯马（Charisma）。克伦威尔那里的“查核局”（triers）和“风纪局”（ejectors）能具备道德审查权威，在韦伯看来是因为教会的克里斯马特征（charismatische Charakter der Autöritat）也是教团成员本身的克里斯马特征（charismatische Charakter der Gemeindmitgliedschaft selbst）。韦伯：《新教教派与资本主义精神》，第216页，*Religionssoziologie* I：231。而另一方面，教派成员之间，又是兄弟之爱（Brudergeist），也就是将特定的行动和关系严格限制在教会兄弟之间。韦伯非常清楚地看到，用去除教派资格（Excommunikation）作为控制成员的手段并不鲜见，中世纪的使用力度和影响比新教教派有过之而无不及，那么为什么这种为禁欲新教仅见的“证明”特别需要这种“兄弟”之爱呢？参见韦伯：《新教教派与资本主义精神》，第218页，*Religionssoziologie* I：231。这仍然是韦伯在有关新教的两篇文章中没有完全清晰回答的问题。

里也常常让人放弃掉行动的可能而成为最“浅显”的存在：

> 就事实，从外在的假象而言，就像每一个人在生活中所经验到的一样，这些相对化与妥协不但有，而且还随处可见。在真实的人之几乎每一个个别的重要的“采取立场”中，都有种种价值领域（Wertsphären）相交会且相互纠缠着。而在这个最固有的意义下的“日常”（Alltag）之让人变得肤浅的东西，恰恰就存在于：人们不仅没有，更重要的是，根本就不想要意识到这部分在心理上，部分在实用（pragmatisch）上受到制约的“种种死敌式的价值之间的混杂”（Vermengung todfeindlicher Werte）；他宁可逃避在“神”与“魔”之间做选择。[1]

因此，科学作为天职的一个重要的力量，是在坚持对抗“日常性”中常常包含的逃离价值的倾向才能将“日常”的义务变成价值选择的场所。这些选择就是韦伯从柏拉图那里借用的“守护神”概念：它们决定了灵魂的命运。在这样的转变中，“科学作为天职”成为关键。日常在自然中的无意义和流变，是在知识的光照下成为一连串的有意义的选择。科学的工作最终是为能做出选择的灵魂贡献了形式。因此，韦伯科学学说中重要的德性，理智的清明，首先呈现了非常强的行动色彩：如何将你的信念变成现实。

---

〔1〕韦伯：《“价值自由”》，第502页；WL：508。

> 知识之树所结出的会打破所有人的愉悦（Die aller menschliche Bequemlichkeit），却无可回避的果实并非其他，就是这样一种见识：既然我们对这些价值的冲突不可能置若罔闻，那么我们就必须明白，那一个个的重要的行动，更不要说是作为整体的人生，如果不应像一个自然事件（Naturereignis）一样消逝，而是应被我们有意识地引导（sondern bewußt geführt werden soll），那么它便意味着一连串的根本的决定（eine Kette letzter Entscheidungen），而通过这些决定，灵魂也像在柏拉图那里一样选择了自己的命运，也就是说，它的行动和存在的意义（den Sinn ihres Tuns und Seins heißt das）。[1]

那些似乎不成问题的价值感受力，那些鲜活的判断立场转化成毫无生气，也无力承担价值的灰岩也并不困难。正是意识到这种困难（或者说危险），韦伯关于价值的科学学说才在一个非常富有张力的关于价值的社会行动（soziales Handeln）中展开论说。[2]一方面，价值可以作为经验科学

〔1〕韦伯:《“价值自由”》，第502—503页；WL：507-508。

〔2〕Schluchter，*Paradox of Modernity*，p.44.事实上，韦伯的价值行动所包含的这两个面相——价值的多神论和价值的斗争，常常被认为自相矛盾。即使是身为韦伯同事和朋友的特洛尔奇也觉得韦伯将“相对主义”和道德上的毫不妥协合二为一是一件不可思议的事情，参见Troeltsch, Ernest. 2004. “Ernest Troeltsch’s evaluation of Max and Alfred Weber：Translation of a Letter by Ernest Troeltsch to Heinrich Dietzel.” Translated by Friedrich Wilhelm Graf, *Max Weber Studies*.Vol.4(1)：101-108。关于价值的（转下页）

研究的事实，首先因为它是在具体的价值判断情境中出现的，也就是和每个行动者对被行动影响的事物的好恶和喜怒关联在一起的“实践性的评价”（praktische Bewertungen）。[1] 如果不能成为导致价值评价（Wertungen）的行动，那么价值（Wert）无从谈起。但另一方面，如上文所见，这些活生生的、成于具体行动情境的价值评价，即使最纯粹的“意志”和“信念”，仍然不足以让行动者对抗取消价值的倾向。[2] 而不能找到类似新教命题中重要的行动的“证成证据”（Rechtfertigung）[3]，那么所谓“挺身面对”自己的日常的生活也是空谈。不能理性化的价值立场并不能从根本上区分价值和事实，那就意味着具有根本理念意义的伦理问题很难不变

（接上页）行动的学说，可以参见施密特在tyranny of value和Kelsen关于正当性的论文里面对韦伯的批评和理解。

〔1〕韦伯 2013：481；WL：489。韦伯在《“价值自由”》一文中将价值判断这个引起多方争论的术语，完全视为实践性上的判断，将种种“社会性的事实”当作实践上“值得期待”或者“不值得期待”所进行的种种实践性的评价（praktisch wünschenswert oder unerwünscht），韦伯 2013：492；WL：499。用韦伯用来批驳形式伦理的著名的例子来说明，男女之情，“刚开始的时候是一个激情（Leidenschaft），现在则是一个价值”（WL：506）。在韦伯看来，这种价值判断的含义是，这种激情在没有成为价值之前，是一种在当事人那里毫无疑问地具有价值感受的东西。但这种感受在伦理上的地位是什么，并不知道。很显然，韦伯并不认为处在激情阶段的男女知道自己在其中实现的价值是什么，但他坚决反对将这种没有实现的价值视为行动者将彼此看作工具。

〔2〕用韦伯的话说，即一个“伦理上非理性的世界”（ein ethisch irrationale Welt）。韦伯：《“价值自由”》，第499页；WL：505。

〔3〕韦伯：《“价值自由”》，第499页；WL：505。

成技术讨论。[1]

因此，韦伯对行动的社会学奠基的一个重要工作就是将彻底的社会行动放在价值理性化之下展开。在这个奠基之上，行动个体的具体的价值判断，需要一个理性化的过程才能接近价值的立场。与之相应，韦伯科学学说的对象从价值变成了价值的行动学说。[2]价值的行动学说的这两个部分的张力，是韦伯不同意从传统的伦理学说来看待问题，而要从科学学说上寻找突破的重要原因。将经验科学嫁接上伦理内涵，从而回避承担价值的行动如何可能（价值理性化的核心

---

〔1〕如果价值是能够被“可能之事的技艺”（die Kunst des Möglichen），或者对可能性的判断所替代的，那么这判断的对象就不是价值立场了，参见韦伯2013：509；WL：514。韦伯坚决反对科学可以貌似“客观”地权衡不同的价值判断，然后找到一个政治家似的令各种立场可以接受的“折中价值”（staatsmännisches Kompromiß），韦伯 2013：492；WL：499。这一观点被视为与施莫勒创建的社会政治协会（Verein für Socialpolitik）中的保守观点决裂的标志，参见Ghosh：182。韦伯在1888年就加入此协会，韦伯依据1892年对易北河东岸的德国工人状况调查的结果写就的报告次年就在该会刊物上发表，其中的发现也出现在1894年他就任弗莱堡大学国民经济学教席的演讲中。

〔2〕韦伯在《罗雪与克尼斯和历史的国民经济学的逻辑问题》这篇长文的第三篇，也是最后一篇（《克尼斯与非理性的问题》）已经论及了这个问题［该篇最初发表于《德意志帝国的立法，行政与国民经济年鉴》（*Jahrbuch für Gesetzgebung, Verwaltung und Volkswirtschaft im Deutschen Reich*），1906年］。整个论文的术语虽然深受李凯尔特的影响，但核心的内容却非常明确：如果用历史哲学的术语来说，一门科学如果旨在以“价值的实现”（die Verwirklichung von Werten）为自己的对象，那么它一定会将那些自己在进行“价值判断”的个体（die selbst “wertenden” Individuen）视为这个过程的“承担者”（die “Träger” jenes Prozesses behandelt werden），WL：116。

内容）这个不可或缺的中间步骤，在韦伯看来恰恰剥夺了伦理的尊严。对这种没有尊严的伦理化的批评贯穿了韦伯对国民经济学历史学派的批判。[1]在深受历史学派影响的韦伯眼中，正是这种历史主义将承担价值的行动变成了无法被理性化的“空隙”（hiatus irrationalis）。

罗雪（Wilhelm Roscher）著作中的历史主义是韦伯科学学说早期批评的重点。在韦伯看来，这种历史主义通向所谓“没有预设”的科学的路是对价值的不开放。这典型地体现在它将各个文化民族（Kulturnationen）都视为具有同样形式的生命周期的做法上。罗雪的“历史方法”是在非历史的法则中存在着：它把所有在“理性化”中要处理的非常基本的非理性都放回到韦伯非常不满的“有机体”统一性（die “organische” *Einheitlchkeit*）上面，通过预设的文化共同体来回避它必须说明的由个体行动者的意义走向“有机价值”的过程。这一点可以说是自曼德维尔（Mendeville）的“私人之恶，公众之善”（private vices, public benefits）以来的倒

[1] 关于韦伯与“历史学派”的新老代表（前者代表是施莫勒，后者则是罗雪和克尼斯）之间的关系，可参见张旺山先生在译著中的导言（第22—35页）。在更广泛的思想史的意义上，韦伯与所谓政治经济学派的上一代学者的关系，通常是通过韦伯去研究威廉帝制末期的德国思想的入手点，参见Krüger, Dieter.1987. “Max Weber and the ‘Young’ Generation in the Verein für Sozialpolitik.” in *Max Weber and His Contemporaries*, edited by Wolfgang Mommsen and Jürgen Osterhammel。Allen and Unwin ，Keith Tribe.1995. *Strategies of Economic Order：German Economic Discourse, 1750-1950*. Cambridge：Cambridge University Press. pp.66-90.

退。[1]因此，在罗雪那里形成了一个包括民族在内的有机体的矛盾：一方面，特定民族的价值形成并没有得到说明，另一方面，却又将此不可分割的有机整体看作天意般的安排（*providentielle* Fügung）。[2]所谓的经验科学变成了宗教思维。而这种变化与罗雪以过度的浪漫主义的“共同体”观念冲淡了黑格尔那里的观念论大有关系。[3]

韦伯也认为克尼斯（Knies）的“非理性”在相当程度上接受了罗雪式的人格有机体观念，同样用始于浪漫派的“民族有灵”（Volksseele）来屏蔽对文化共同体的价值形成的说明，从而也是用更无思辨的宗教思维取代了对价值形成的思考。[4]因此，在韦伯看来，之所以出现直接将文化价值的内容提到伦理的高度，从而事实上消灭了伦理的尊严，是因为没有对价值进行批判研究的经验科学。只有在罗雪和克尼斯式的“老历史学派”基础上重新建立这样“对理想和价

---

〔1〕WL：33.

〔2〕WL：33.

〔3〕“罗雪与其说是与黑格尔相对立，不如说是一种倒退（*Rückbil*）。但黑格尔的形而上学沉思以及首重历史思考则在他那里无影无踪了。取代其卓越的形而上学体系的是一种相当原始而简单的宗教思维。但与此同时我们也发现了某些过程的恢复，我们也许可以称之为一种迈向科学研究的公正（Unbefangenheit），或者说是迈向——就用时下那些颇令人反感的说法——‘没有预设’（Voraussetzungslosigkeit）的进步（*Fortschritt*）。如果说罗雪没能将其他始自黑格尔的道路完成，则主要的原因是他没能如黑格尔那样明白‘概念与被概念掌握的事情之间的关系’这个逻辑问题（*logische* Problem der Beziehungen zwischen Begriff und Begriffenem）所具有的方法论的启示”，WL：41–42。

〔4〕WL：142-144。

值判断进行科学上的批判”[1]，才能重新恢复我们对价值与伦理关系的思考。科学对于价值行动的重要，是因为行动者是通过知识的果实才对自己的根本立场敞开的。这种敞开，被洛维特概括为开明（Unbefangenheit），并将其作为韦伯手中社会科学的真正内涵。[2]

因此，不经过价值关联而直接将经验科学的内容变成某种伦理，特别是基于某种文明有机体的伦理实质是漠视了具体而纷繁的价值判断。韦伯将之和宗教类比。在和《新教伦理与资本主义精神》同时写作的《社会科学的与社会政策的知识之“客观性”》（1904年，以下简称《“客观性”》）这篇文字中，韦伯继续了他对罗雪代表的国民经济学“历史学派”中没有尊严的伦理化的批评。作为《社会科学与社会政策文库》（Archiv für Sozialwissenschaft und Sozialpolitik）除旧布新的领导者之一，韦伯在文章的一开始就指明了文化领域的科学与真理之间的紧张，而这种紧张源于文化生活的科学根本上是从实践性的观点出发的。[3]表面上，韦伯继承了历史主义的原则出现之后看待“应然”（das Seinsollende）的方式，也就是“应然”既不应该和不变的“自然”，也不

〔1〕WL：149.

〔2〕Löwith，Karl.1982. *Max Weber and Karl Marx*. Translated by Hans Fantel, edited with an introduction by Tom Bottomore and William Outhwaite. London：George Allen & Unwin. pp. 56-57，61.

〔3〕“在什么意义上我们可以说，在种种‘文化生活的科学’（Wissenschaften vom Kulturleben）领域里面毕竟是有‘客观有效的真理’（objektiv gultige Wahrheiten）的？”参见WL：147-148。

应该和必将发生的未来结合。然而，韦伯认为，这样一来的伦理——也就是关于应然的学问——丧失掉了“伦理律令”所应该具有的尊严（die spezifische Dignität der ethischen Imperative），变成了没有经过理性化的文化价值，一种被演化论和相对论支配的价值理论。[1]

尽管如此，我们注意到，韦伯对克尼斯发展出的历史主义的批评与对施莫勒（Gustav Schmoller）的批评形成了更强的一致，在破掉历史学派之历史主义的基础上为新的价值学说铺垫了基础，这个铺垫是通过对习俗之自明性的解说来实现的。在对老历史学派的批评上，韦伯潜在的问题是，如果我们不接受不经过个体可承担的价值行动的文化共同体，如果伦理是和活生生的价值有联系的，那么是不是意味着任何明确而一致的价值立场本身就是一种具有明证性（Evidenz）的伦理？在实践中鲜活地贯彻着自己价值允诺的行动者，是不是都具有同样的伦理上的尊严？这是韦伯思考“历史学派”的另一位代表人物施莫勒学说的入手点。[2]

和施莫勒一致的是，韦伯并不认为行动者的价值判断有着极其分散的主观特性，比如我们完全可能在判断某人是不是流氓的时候取得比“残碑”之文字的释读大得多的

---

〔1〕 WL：148.

〔2〕 韦伯特别强调了收入《国家科学手册》（Handwörterbuch der Staatswissenschaften，第三版，第八册）中的施莫勒关于国民经济学的文章，韦伯 2013：495；WL：501。

一致意见。[1]但和施莫勒相反的是，韦伯认为价值的经验科学恰恰要在看到这些习俗上的一致意见（konventionelle Einmütigkeit）的时候，拒绝将之视为经验上的真，也就是将“习俗上的自明之物”变成问题（daß ihr das konventionell Selbstverständliche zum *Problem* wird）。[2]这种自明给予的道德尊严不能成为一个伦理要求。

对习俗的问题化在韦伯那里意味着对习俗的理解本质上是对异己经验的通感（einfühlbaren）[3]，也就是一个个体对成为价值判断对象的文化、时代、艺术品等予以的同情之理解。这种理解会唤起行动者心中对上述对象的整体感（Totalitätsgefühle）[4]，但这样的“整体感”只是被唤起价值感受的人对这些具体对象的感通之心。韦伯很清楚，这样的感通之心，无法历史化，因为它既不能进入到（对历史事件的）因果归因（kausalen Zurechnung）[5]，也不能回到历史中创造这些对象的人的感受和心态。[6]但恰恰是在解除了这种“整体感”的历史性之后，韦伯关注的问题是这种通感对于价值关联性的解释（wertbetziehende Interpretation）。也就是说，当我们不将这种感受力当作有效的历史事实来接受

---

〔1〕韦伯:《“价值自由”》,第495页；WL：501。

〔2〕韦伯:《“价值自由”》,第495页；WL：502。

〔3〕WL：116.

〔4〕WL：119.

〔5〕WL：122.

〔6〕WL：123.这两点也是韦伯在和历史学者迈耶论辩中所作的文章《“文化科学的逻辑”中的一些批判性问题》开始部分论述的内容。

的时候，它和我们的关联就只在于"'我们'要找出在其中可能'实现了'的'价值'"。[1]通感是帮助我们实现价值感受力的起点。而提出这个问题的前提，正在于这个被唤起，但并不属于我们内在生命的通感，其实是"自我为目的"（Selbtzweck）。它是要找出在这些唤起价值感受的"整体感"的对象之中，究竟实现了什么样的价值。只有清楚这种实现是什么，类似"新教伦理"这样的类型化的概念才会从一个朦胧的同情之理解的对象，变成一个给特定的价值赋予形式的存在。不难看出，这样的一个"理解"的路径与罗雪和克尼斯那里吸收浪漫派的人格与共同体观念有很大的不同。某种程度上，它解除了习俗和传统贴近个体的那种自然基础，转而将其变成了个体行动者"发现"价值的过程。这种发现的陌生化力量和再造价值的力量是成正比的。

至此，我们简略讨论了韦伯在其科学学说写作早期的一个核心的工作，就是批评受浪漫派概念影响过重的历史主义。这部分的批判工作和韦伯对早期德国社会学中的浪漫派风格的影响密切相关。[2]在韦伯看来，这种历史主义没能包含观念论，尤其是黑格尔关于理性和行动最重要的成就，因此特别不能将面向价值开放的理性行动放在个人身上。韦伯

---

〔1〕此处韦伯的原文是der "Werte" welche "wir" in jenen Objekten "verwirklicht" finden *können*, WL：122。

〔2〕关于这一点，参见Liebersohn, Harry. 1988. *Fate and Utopia in German Sociology, 1870-1923*. Cambridge：MIT Press. pp.27-35。

尤其不认为有机体理论——无论是文明还是国家——中有形成承担价值之行动的可能。但在这部分批判中被作为伪伦理学说的文明和传统的问题，仍然停留在韦伯对价值的思考当中。对价值的“通感”某种程度上是一个转折点。那么，在“立”的方面，韦伯如何重构这样面对价值但又绝不使其仅仅停留在价值感受的行动力呢？对韦伯来说，真正的社会行动发生的空间就是处在信仰和自然之间的，有着无穷人造物的价值的世界，在其中科学如何研究价值，如何使得我们现代人保持洛维特所说的对价值的开明，是韦伯科学学说面对的真正挑战。接下来，本文将通过《“客观性”》和《“价值自由”》这两篇作品的解释来理解韦伯的思路。

三

面对上述挑战，韦伯科学学说的重要尝试之一就是阐明科学的工作如何连接上文所说的价值行动的两个方面：价值的判断和价值的理性化，从而说明科学如何为价值的行动奠定新的基础。在《“价值自由”》和《“客观性”》两篇文章中，韦伯都给出了此工作最重要的一些步骤。

在《“客观性”》一文中，韦伯指出，知识是从活生生的生命实在（Wirklichkeit des Lebens）出发，在法则与概念这些假设性的知识手段的协助下[1]，对生命实在有意义的方式

〔1〕韦伯称之为概念的决疑术（Kasuistik von Begriffen），指的是穷（转下页）

进行理解。而这个理解将具备历史（为什么会如此发生）的维度，也将为理解新的生命实在准备方向：

> 如果我们想要对这个个体性的集合（individuelle Gruppierung）“在因果上加以说明”，则我们总是必须追溯到其他的，完全同样具有个体性的集合上，我们将由这些集合出发——当然会利用那些（假设性的！）“法则”，即概念——来对这些集合加以解释。而确立这些“法则”和“因素”无论如何只是一连串使我们得以获得我们所追求的知识的工作中的第一步。对上述“因素”在历史上如何聚合成此个体，以及这样的聚合方式导致的具体的、富有意义的“共同作用”（Zusammenwirken）的分析，对具有规定性的陈述（ordnende Darstellung），特别是能让这种“富有意义”之特质（Bedeutsamkeit）为什么会产生和如何产生变得可以理解（Verständlichmachung）的工作，则是第二步工作的课题……对这些聚合之种种个体性的，对现在而言富有意义的个体特征，就其形成过程尽可能地去追溯，以及由从前的，同样也是个体性的种种组合对这些聚合进行历史性的说明，则是第三个课题。最后，对可能的种种未来组合进行评估，则是一种可以想到

（接上页）尽性地去掌握抽象概念层面上的因果关联。韦伯：《“客观性”》，第199页；WL：174。

的第四项课题。[1]

在《"价值自由"》一文中，韦伯将这个工作分为四步。该工作的出发点是具体的、相互对立的意见，通过对意见背后的价值公理的阐明，进而说明这一价值公理所能实现和不能实现的经验性的限制，为思考价值公理本身或者对其做出改变提供方向。

a）找出那些互相对立的意见所依据之最终的，在内在上"相一致"的价值公理（Wertaxiome）……（这个过程）不会产生任何事实知识（Tatsachenerkenntnis），这一过程类似逻辑那样"产生效力"（gilt）。

b）使（行动者所持的）"评价性的立场"看到该价值公理将演绎出的种种后果。如果人们以，并且只以这些价值公理作为对种种事实性的事态进行实践性评价之基础的话。这种演绎就论证而言固然是纯意义上的，但相反地，它却也必须结合种种经验上的确定，以便对那些可能会被实践性地评价的经验性的事态（empirischen Sachverhalte），提供尽可能穷尽的决疑术（Kasuistik）。

c）确定……"评价性立场"由于1）受限于某些特定的，不可避免的手段的约束性；2）某些特定的，并非直

[1] 韦伯:《"客观性"》，第199—200页；WL：174–175。

接想要的副结果的不可避免性，而产生的事实的后果。……因此之故，他那在目的、手段与副结果之间所进行的价值决定，对他本身也就变成了一个新问题，并且丧失了对其他人的强制力（zwingender Gewalt）。

d）某些新的价值公理以及可以由此导出的种种公设受到了拥护，而它们是某一实践性的公社的拥护者当初没有注意到的。[1]

对比写作相隔十年的两篇文字，其共同之处是，具体的实在和具体的价值评断都需要通过知识工作才变得可以理解。这个知识的起点，无论是价值的公理，还是"概念的决疑术"，本身没有经验性在其中。但经验性的事态要通过对知识触发的理性化才能通向意义和背后的价值立场。而行动者明白其对经验的实在所以感兴趣（也就是在具体价值上被触动），也就需要面对这样的兴趣的由来。只是这个由来包含了令他自己未必情愿面对的"现实"（手段、副结果和新的价值）。而在这个意义上理解最初只是触动自己的现实，意味着行动者对看似具有强制性的经验，或者看似具有必然性的事实，所获得的自由（上述c部分的工作）。两个文本都肯定了通过"知识"而获得的这种自由，而其实质就是通过目标—手段，以及目标—后果之间的两个因果关系去思考目标。

〔1〕韦伯：《"价值自由"》，第505—506页；WL：510–511。

而两文不同的是，在较早的《“客观性”》中，韦伯的核心工作仍然是历史个性的构成和发生。“理解”的工作虽然摇摆在经验和规范之间，但中心还是在前者。而在《“价值自由”》的文字中，韦伯则认为，一旦“价值判断”的立场在知识构造出的自由中变成了问题，一定是理性地导向根本价值立场变化的前奏。其科学学说的中心，从历史个体的“意义”如何被理解，变成了这种“理解”如何导致价值观的改变。

如果说科学学说处理的价值具有（实践的）价值判断和价值理性化两个基本面向，那么两文的根基都落在了价值关联（Wertbeziehung），即“将实在物关联到价值上”（Beziehung von Realitäten）这个基本命题上面。[1]在《“客观性”》中，韦伯将自己的科学研究的立场视为在经验研究者（Stoffhuber）和观念研究者（Sinnhuber）之间。[2]在《“价值自由”》一文中，韦伯则认为科学通过两个基本路径促使行动者对自己的价值立场敞开，即价值的经验性学问（*emprische* Disziplin）和价值的哲学性学问（*Philosophische* Disziplin）。[3]表面上，《“价值自由”》对于这两个面向的推进非常明显，但如果进一步对比韦伯在两文中的论证，我们会发现二者的概念和论证手法有相当的交叉，较早写作的

〔1〕韦伯：《“价值自由”》，第506页；WL：511。

〔2〕这是韦伯借用小说家魏谢（Friedrich Theodor Vischer）的说法，参见：《“客观性”》，第241页；WL：214。

〔3〕韦伯：《“价值自由”》，第503页；WL：508。

《“客观性”》一文，事实上奠定了韦伯科学学说处理价值关联的基础。本文余下的部分将对此加以讨论。

1.对价值的经验分析

我们首先来看韦伯那里研究价值的经验科学。具体的价值判断遭遇到的最重要的经验事实是实现价值的手段和后果与价值本身的分离。也就是说，价值实现的后果与促使它实现的手段，都可能完全不在价值存在的价值域中。因此我们对价值的确认，不能让其手段和后果变得正当。[1]在《“价值自由”》中，经验科学必须将价值判断视为前提（a priori），讨论的是促使价值实现的手段，及其可能导致的后果。如果我们在韦伯的意义上“经验性”地看待价值判断，研究价值判断首先悬置了价值判断的正当性，而从实现我们的先定目标最不可或缺的手段，以及最可能出现的后果来权衡我们是否愿意承担这样的目标。对价值的理解，首先是手段与目标，以及目标与后果这两重因果性的分析。不过韦伯提醒我们，价值的技术性批判虽然探究的是手段，但这一批判恰恰是围绕着目的的选择，而不是手段的选择来发生变化的。[2]

在《“客观性”》一文中，这一分析被韦伯视为技术性的批判（technische Kritik）。[3]这指的是在目标、手段和后果

---

〔1〕韦伯:《“价值自由”》，第496页；WL：502。

〔2〕韦伯:《“价值自由”》，第494页；WL：501。

〔3〕韦伯:《“客观性”》，第175页；WL：150。

之间的权衡中考虑价值。首先，研究价值要回到人的行动当中去，而这个行动的第一个范畴，就是目的—手段。在目的给定的前提下，价值作为我们实践中想要的东西，源于它作为手段的合理性。而这个合理性为何，是科学的第一个评价对象。不过，韦伯强调，从手段出发，我们才可以对被给定的（aufgegeben）目标本身进行经验性的评价。正如上文所说，围绕着"手段"的经验在韦伯那里是对"目标"的改变的第一重动力。

科学对价值研究的第一步，实际上是彻底指向"现在"的经验性。这样的判断带着非常强的"非发生"的特点：对行动的经验判断其实不是从它产生的历史时刻，而是从它指向未来的倾向来进行的。换而言之，上述围绕手段而产生的改变"目标"是在韦伯所谓技术性批判的含义上改变价值的第一步。这也就意味着我们只有在"现在"，而不可能在别的历史时刻产生基本的价值感受。这个价值感受是和"技术批判"意义上的行动绑定在一起，也就是与"当下"的合理性并存的。

与这一技术性批判相对应的是行动者的形象，是一个具有责任感且有反省能力的人（Selbstbesinnung）。而其带着责任感去反省的对象之一，就是价值冲突。因为技术性的批判可以预见到，一个目标的实现会伤害到别的价值。[1]因此，行动和不行动，本身就带有对某些价值的支持，与此同时，

---

〔1〕韦伯：《"客观性"》，第175页；WL：150。

也就是对某些价值的反对。这是在最直接的行动的逻辑上价值的内涵。我们通常所说的，行动者在相互冲突的价值中自行选择立场，很大程度上是在对价值的技术性批判中实现的。

秉承目的—手段思考的技艺之学（Kunstlehren）的前提并不是取消价值，而是价值被给定，或者说取消掉托尔斯泰式的问题。[1]在此前提下，技术性的进展其实和理论发展的扩展高度相关乃至一致，因为此前提下的个例都将或难或易地成为法则下的个案，成为理论扩展的例子。但韦伯那里生产价值的最重要的基础，历史个体（historisches Individuum），则不会出现。

2.对价值的理解

在《“价值自由”》当中，韦伯很明确地认为，被作为预设（Voraussetzung）的实践性目的，或者说“事先确立的目的”（a priori feststehenden Zweck）并不等于是经验事实上的价值。因为能被预设的目的，常常简单到不需要为之讨论什么实现的手段了。而相反，经验中的价值，不仅可能并不为行使判断的人所清楚地知道，也会因为对手段的摸索而发生变化，表面相同的目标，完全可能“出于极不相同的根本理由（verschiedenen letzten Gründen）而被意愿着”。[2]一言

---

〔1〕韦伯：《“客观性”》，第211页；WL：186。

〔2〕韦伯：《“价值自由”》，第494页；WL：500。

以蔽之，无论活生生的判断性立场多么明确，或者“自然”，它既不是科学要把握的价值，也不是真正的价值行动要承担的价值。韦伯相信，价值不会停留在科学的技术性批判那里的真正原因，就是（被期待）行动的人的理性不会将价值停止在先在目标上面。价值不能被先定地知晓，与其说是科学的价值学说的动因，不如说是人的行动的动力。科学理解价值承担，需要我们建立对价值判断的理解（Verstehen），而这种方式是从“期待”和“不期待”这样的明确但无法照见自己的评价立场出发的。

在《“客观性”》一文中，对价值的理解首先意味着对前述“技术性”批判中的“目标”本身的意义进行认识（Kenntnis der Bedeutung des Gewollten selbst），这是对目的本身的理解。[1]在这个理解中，精神性地理解（das geistige Verständnis）为价值判断奠基的种种观念是关键，换而言之，就是去理解我们用来塑造价值观的理想。在韦伯看来，我们预设的目标或者价值观，需要在这些作为最终的公理（letzten Axiome）的理念之前去自省[2]，从而让行动者认识到，具体的判断之下，我们最终是用什么来安排我们的好恶，以及为实现这些好恶的行动。以最高的价值立场来反省自己的价值判断，是行动者将之视为客观上有价值的前

〔1〕韦伯：《“客观性”》，第175页；WL：150。
〔2〕韦伯：《“客观性”》，第176页；WL：151。

提。[1]

而将价值判断与这些最高的价值联系起来，在韦伯看来是“人格”（Persönalichkeit）形成的基础。只有能将人格和具体的价值联系起来，人格才具有改变行动的力量，这种力量韦伯称之为人格的“尊严”（Würde）。[2]具有人格的尊严也就意味着在对抗人生的种种艰难之中维系和发展其价值观。正因为人格中最内在的元素（jene innersten Elemente der Persönlichkeit）是和将价值判断回溯到根本价值的反省联系在一起的，韦伯用人格来描述在辩证批判下的行动者的形象，也就是那些相信价值、为了价值而坚决行动的人。

在韦伯看来，即使比技术性更深的、逼近根本价值立场的追问揭示了具体判断背后一个根本的立场，但仍然是就“意义”而言（Sinn und Bedeutung）。[3]这种意义实际上是一个文化的理想（Kulturideale），但并不是价值立场的正当性（Geltung）。因此在这种更为深刻的“自省”面前，个人的良知仍然是自由的。而更悖谬的是，正是“科学”使得人们在“知道”了这些公理的同时也获得了这个“自由”。即因为具体判断背后的价值的“公理”只能是通过知识（Erkenntnis）获得的，我们才可能获得选择信奉或者不信奉

〔1〕韦伯:《“客观性”》，页177；WL：152。我们需要注意，这个客观性不是本文的论述对象，即研究价值的经验科学的“客观性”。韦伯很快将转入这个问题，我们将看到二者的区别和关联。

〔2〕韦伯:《“客观性”》，第177页；WL：152。

〔3〕同上。

此立场的自由。知识之果实也就意味着，这个被科学揭示出来的道理，并没有强制发生行动的律令的力量。这二者的不可分，是韦伯那里科学学说重要的挑战。既然科学能够揭示出比具体的价值判断处境更根本的“公理”，那为什么科学在事关一个人应当做什么的问题上还是提供不了根本的保证呢？

3. 价值的观念类型

韦伯对此的回答是现代社会科学流传最广的结论：一门经验科学无法教任何人“应该如何”（was er soll），而只能教人“他可以怎样”（was er kann），以及——在某些情况下——“他想要什么”（was er will）。[4]“可以如何”和“想要怎样”，分别对应于上述“技术性批判”和“辩证性批判”建立起来的目的—手段关系以及文化价值。韦伯所指的“应该如何”，则强调了伦理律令与文化价值上的应然的区别，也就是说，伦理律令是无法推导出每个人生活的文化内容（Kulturinhalte）的应然的。[5]因为这种区分，韦伯怀疑将文化科学的“意义”赋予种种伦理意义上的“尊严”——也就是无条件的正当性（Geltung）的做法，认为后者实际上是将科学变成了教派的教义学。[6]

---

〔1〕韦伯：《“客观性”》，第176页；WL：151。

〔5〕韦伯：《“客观性”》，第179页；WL：154。

〔6〕这种价值的经验科学不能决定的正当性（Geltung），在社会与政治生活中有着种种在韦伯看来很诱人的假象：大部分社会政策难道不是（转下页）

文化意义的这种“非伦理”性，和每个人具有的这种良知的自由是一体两面的事情。知识在根本上不能完全决定正当性，意味着只有行动才能创造意义。在背负文化价值的行动的争斗中，而不是价值和非价值的争斗中，文化理想才能最终实现。“那些最强烈感动我们的最高的理想，永远都是在和其他理想的争斗中实现的，而这些理想对他人而言，就和我们的理想对我们而言那样，是同样神圣的。”〔1〕在韦伯看来，文化价值恰恰因为不具备伦理律令的合理性，才构成了驱动行动的重要知识动力（Erkenntnistrieb）。〔2〕这个动力不会着落在对文明的先验判断上（transzendentale Voraussetzung），也就是特定文化是不是有价值的判断，而是着落在有着价值信念的行动者身上，也就是韦伯所说的“文化的人”（Kulturemenschen）。文化价值的力量，乃至神圣性，体现在为他而争斗的人身上，而不是文明比较的结果。

我们是“文化人”（Kultur *menschen*），这意味着我

（接上页）从那些理所当然的目的出发的吗？它们岂不是具有当然的正当性吗？同时，这种被视为理所当然的正当性同时意味着对冲突背后的规范意义视而不见，因为针对理所当然的价值进行的分歧和纷争，很大程度上被视为技术性分歧，或者是利益——特别是阶级利益——导致的冲突。韦伯：《“客观性”》，第178—179页；WL：153。韦伯强调的是，个体的世界观主张和阶级利益之间的选择性亲和力（Wahlverwandtschaft）。

〔1〕韦伯：《“客观性”》，第180页；WL：154。

〔2〕韦伯：《“客观性”》，第207页；WL：181。

们将带着有意识地对世界采取立场（Stellung）并赋予世界一个意义的能力和意愿。不管这个意义是什么，它都会让我们在自己的生活中以之为基础，对人的共同生活（menschlichen Zusammenseins）的某些现象加以判断（*erureilen*），并对这些我们作为有意义（*bedeutsam*）的现象采取（肯定或者否定）的立场。不管这些立场是什么，这些现象对我们而言都是具有文化意义（Kultur *bedeutung*）的，而对这些现象的科学的兴趣，也完全建立在这些意义上。[1]

因此，韦伯将他致力于寻求的科学视为“对经验实在所做的思想上的安排”（denkende Ordnung der empirischen Wirklichkeit）。[2]这种安排既然要去推动科学，在他看来那么科学“应该是一个让人追求的真理”。[3]他包含了两个义务：认识事实上的真（Wahrheit）与实现自己的理想（Idea）。[4]这两个义务的区分而不是混淆在韦伯看来是他所追求的社会科学应该有的性格。韦伯期待，汇聚在这个杂志的同道，也是那些活生生地对这个杂志的性格有感受力的人。当特定的实践问题和他们的理想发生矛盾和冲撞的

〔1〕韦伯:《“客观性”》，第206页；WL：180–181。
〔2〕韦伯:《“客观性”》，第175、182页；WL：150，156。
〔3〕韦伯:《“客观性》”，第182页；WL：156。
〔4〕韦伯:《“客观性”》，第181页；WL：155。

时候，也是他们将研究兴趣投入到这些问题的时候。[1]韦伯期待，具备这样性格的学者既是“思想着的研究者”（der denkende Forscher），也是“充满意念的人”（der wollende Mensch）。尽管韦伯对这样的性格在当时德国的前景没有足够的乐观，他仍然相信他们能够从服从理想和服从事实的两个义务之间，找到最大的合力。

> 必须向读者（以及——我们再度要说——尤其对我们自己）交代清楚：是否以及在哪里“思想的研究者”停下来了，而“充满意念的人”则开始说话了；在哪里论证是诉诸知性的，而在哪里论证是诉诸感觉的。“对事实之科学性的说明”与“评论性的论理”（wertendes Raisonnement）之经常的混淆（Vermischung），迄今为止，在我们这门专业的研究工作中固然流行最广，但也是危害最剧的独特性之一。前面的论述所针对的，乃是这种混淆，而不是反对“挺身坚持自己的理想”（etwa gegen das Eintreten für die eigenen Ideale）。“没有信念”（*Gesinnungslosigkeit*）与“科学上的客观性”（*wissenschafiliche* ‘Objektivität’），并无任何内在的亲和性。[2]

〔1〕韦伯：《“客观性”》，第184—185页；WL：159。

〔2〕韦伯：《“客观性”》，第183页；WL：157。张旺山先生将Gesinnungslosigkeit译为“无心志性”，此处作“没有信念”。

这种驱动学者进行科学的研究的价值观在韦伯看来是文化科学的自然，但绝对应该和“人格说”区分开来。在该文中，韦伯对此“人格学说”的内涵没有太多的思考，相当程度上认可了“人格因素”（das “Persönaliche”）和研究的价值选择之间是一回事情。[1]因此，科学的客观性在这篇文章中是思想的规范，是对所有“想要”求真的人有效的东西。比起十余年后成文的《“价值自由”》和《科学作为天职》，韦伯的这篇文章更像是只写给那些科学的“志业者”，而没有去讨论科学作为天职本身的含义。对写作这篇文章的韦伯来说，只要“志业者”的思想没有僵化，他们就能拥有永不枯竭的“思想关联”（Gedankenzusammenhänge）[2]，这些思想的关联才是客观性成为一种创造能力的始源。

那么，韦伯所要建立的这种科学，这种能最大程度地区分服从事实和服从理想，从而将科学与“无信念”以及虚假伦理区分开来的事业，对从事科学的人，意味着什么样的行动呢？

整个文章中，韦伯的核心论证是“客观性”来自社会实在的性格，也就是历史个体的生成，而不是法则。没有对历史个体的研究，也就无法实现上述有意义的科学研究。这样的客观性并不是将实在的（Wirklichen）化

---

〔1〕韦伯：《“客观性”》，第20页注7；WL：182。
〔2〕韦伯：《“客观性”》，第210页；WL：184。

约到普遍的（Generellen）。韦伯特别强调了归因的问题（Zurechnungsfrage），其实质是具体的因果关联，是找出对我们特别具有价值关联的历史过程中具体要素之间的源流关系。[1]相比起这个目的，对“缘起”的法则的认识（Kenntnis von Gesetzen der Verursachung）仍是认识的手段。[2]简而言之，这个客观性最终是要寻求对社会性的实在物的知识（Erkenntnis des sozial Wirklichen），而不是对法则性的认识。但韦伯也并不认为材料自己可以给学者天然的观点，因为学者深深依赖他无意识的价值观点来探讨材料，“由某种绝对的无限性中找出很小的一个组成部分”。[3]这种抽象—理论方法（die “abstrakt” theoretische Methode）代表着韦伯所谓文化科学中的自然主义（Naturalismus）。这种自然主义的核心是抽象—理论的方法与经验—历史的研究（empirische-historische Forschung）之间的僵硬对立。[4]

而针对这样的对立，韦伯的观念类型的方法（Idealtypus）中的观念，指的是作为历史现象的观念（Ideen historischer Erscheinungen），也就是从大堆混乱而分离的现象中挑选出来

---

〔1〕韦伯针对历史学家迈耶（Eduard Meyer）的科学学说论文中，即强调了这一点，他批评迈耶直接将法则实体化为历史个体。韦伯：《批判性的研究》，第259—260页；WL：230。

〔2〕韦伯：《“客观性”》，第204页；WL：178。

〔3〕韦伯：《“客观性”》，第207页；WL：182。

〔4〕韦伯：《“客观性”》，第213页；WL：187。

的个别现象，整合成一个本身具有一致性的思想图像，这个图像是一个乌托邦。[1] 而这样的图像，就是揭示某种社会实在的“观念性”的努力。[2] 我们对“资本主义式的文化”提出不同的观念努力，而每一个被提出的观念都会认为自己是一个正当的陈述。

韦伯将观念类型用在了他自己最重要的一些研究当中。作为纯粹的观念—逻辑建构，观念类型试图捕捉实在所包含的价值内涵，那些不能被给定，却对研究者具有独一无二的文化意义的内涵。观念类型通过将作为研究对象的个体与这种价值内涵关联起来，建立了认识价值的独特门径。韦伯将这种门径，而不是历史的归因，视为发生性的（genetische）。[3] 例如，教派精神如何改变了现代文化的机制。对韦伯来说，将此改变的机制作为定义“教派”的依据，是因为其中表述的是对研究者来说导致教派之形成的最典型的

---

〔1〕韦伯:《“客观性”》，第217页；WL：191。这也是韦伯首次使用这个说法。韦伯在后文指出，此处的“观念”一词，具有“理想”和“理念型”两个非常不同的含义，而且这两个含义之间还具有张力，因为“理想”具有想脱离这个理想型，即脱离实在的约束力来表白自己的倾向（第226—227页；WL：199–200），张旺山先生在译文中很准确地呈现了这一点。韦伯在该文中恰恰要强调的是二者在学术中的“合”，即通过理念型，将经验实在关联到“理想”的过程。在韦伯看来，科学是独一无二实现这个关联的地方，但这需要学者有一种责任感般的自我控制，我们后文会谈到这一点。基于此，本文没有遵从更为通用的“理想类型”的译法，而是使用了“观念类型”。

〔2〕韦伯:《“客观性”》，第218页；WL：192。

〔3〕韦伯:《“客观性”》，第220页；WL：194。

条件，韦伯在后文针对“交换”的例子里面用更为繁复的说法，称这种定义为观念构造类型的条件的判断（Urteil über die “typischen” Bedingungen）。也就是说“发生性的性格”（genetischen Charakter）和观念类型的成立是同步的。而唯有形成这个条件的判断，研究者才能表达出经验实在触发研究者的文化价值关切的机制。观念类型的背后是通过观念类型去观察实在的过程。观念类型的内容并不是价值观，而是价值观在具体实在中被触发的过程，是文化的意义和经验独特的关联。在韦伯看来，这个概念也是维系观念和实在之间界限的最好方式。

和韦伯全文的论述逻辑一样，观念类型对科学研究最重要的贡献在于厘清这一界限。而没有对这一界限的澄清，韦伯认为纯粹的经验研究（比如历史研究）实际上一直在使用某些类似的观念建构而不自知。[1]但没有观念类型去标记观念和实在的界限，更大的问题是将观念当成直接在现象背后作用的“实在的”历史力量。这个倾向和将具体的因果关系当成法则一样，都是对生活在实在的价值关系中的行动者的异化，其实是理论者自身觉得自己掌握了永恒智慧的幻觉。支配时代和人的伟大观念的力量，会有非常不同的发生形

〔1〕韦伯用歌德《浮士德》（第一部序）中的诗句“每个人都看见他心中想到的东西”（Ein jeder sieht, was er im Herzen trägt）来表达这一点，也就是说，“说生活的语言”（Sprache des Lebens）恰恰依赖于陈述者在何种程度上意识到自己是从什么角度才获得对相关事实的意义，韦伯：《“客观性”》，第236页，WL：209。

态，也会散乱地在历史上的不同行动者身上发生。观念类型是“人为”的观念命题，但因此是我们得以重返创造历史的那些力量和人的路径（在韦伯也许是唯一的路径）。[1]上文中韦伯所说的“意义必须创造”的含义，正体现在这里。[2]

结　语

韦伯在《科学作为天职》和《“价值自由”》中借用老穆勒的话所描述的只是作为行动起点的“多神论”（Polytheismus）。它也正是韦伯在《科学作为天职》中所谓的要“根据终极的意义”（letzten Sinn）来解释，但无法被科学证明（beweisen）的起点。[3]但是如何实现“依据终极的意义来解释”，则是这样的起点本身无法提供的。正因为和每个人最真切的感受联系在一起的那些判断给我们的价值感最为直接，对所有立场的不开放或“中立”才是韦伯价值学说看来最不可接受的虚假伦理。但这个最初“不成问题”的价值感受，只是完成了对“没有价值”——现代人最不能承担的后果——的初次抵制，它并没有力量去继续斗争，因

〔1〕韦伯:《“客观性”》，第224页；WL：197。

〔2〕“观念类型作为经验存在的历史性的阐述（historische Darstellung des empirisch Vorhandenen），价值总是相对，而且是在问题化中的。但其作为测量和比较实在的概念性的工具（begriffliche Mittel zur *Vergleichung* und *Messaung* der Wirklichkeit），其对启发研究和激发系统性的论证都具备极高的价值。”韦伯:《“客观性”》，第225—226页；WL：198–199。

〔3〕韦伯:《科学作为天职》（I/17：93）。

为“真切感”自身并没有继续“求真”的能力。而丧失了这一能力，似乎处于价值形成核心的生活，在韦伯那里一定将成为泯灭价值生成的第一重铁幕。《科学作为天职》以此论述开篇，《新教伦理和资本主义精神》也以此论述结尾。如果我们要知道我们想要的价值是什么，那么我们将付诸的行动必须正视并克服“多神论”这个起点，价值的行动必须找到一个不同于多神论的新的基础。

在韦伯著名的批评者那里，多数都认为韦伯找到的新基础本就是一个充满悖论的个性学说。其核心的悖论在于：这个最能成就理性化生活的方式，也是最彻底的释放非理性的路。卢卡奇的“资本主义精神的二律背反说”（Die Antinomien des bürgerlichen Denkens）将韦伯那里新教式的价值行动与这种深深包含在“日常义务”中的精神危机联系在了一起。入世禁欲主义之下种种针对理性化的世界的努力和工作，无论是价值还是责任，都只是纯粹精神性的劳作，反过来只会加深这个世界的无意义。但作为“整体性”的理性主义，这种精神劳动消除了理性世界“不能把握”的彼岸和“不配理性化的”经验存在与理性世界的边界。“非理性”获得了此前“局部”的理性体系那里完全没有的整体意义。[1]也因为如此，种种系统化安排生活的道路在卢卡奇看来一定是释放“非理性”而不是消灭它们。只是非理性被释放的道路和早于韦伯的德国社会学传统并不一样，后者的释

〔1〕卢卡奇，《历史与阶级意识》，商务印书馆，1996，第181—185页。

放仍然有很强的浪漫派风格，认为是没有精神的工具支配了有精神的心灵。但在韦伯这里，释放非理性是理性化的后果，而不是前提。因此个性本身和它创造的生活（一种卢卡奇那里自认为能把握世界的劳动）才是非理性一次次出现的唯一通道。[1] 韦伯那里的充满个性的决断力被卢卡奇称为决疑术（Kasuistik）[2]，它的出现在卢卡奇看来就表明非理性定构成了韦伯勾陈的“世界除魔”的背景：《科学作为天职》里面陈述的那些失去了魔力，变成我们生活中抽象价值的支配力量，就是因为我们自己的着魔才会如此。

在卢卡奇名之为“二律背反”的资本主义精神里，这种着魔的最重要的后果就是没有真正行动力的感受和亢奋。[3] 但上文表明，韦伯价值学说并没有将创造价值的行动寄托在一个“单薄”但又极端（非理性）的自由个体身上。那么韦伯的学说将面对的问题是，什么样的动力可以使得真切的价值感受产生求真的意志，从而去对抗这种产生“日常的义务”但又完全可能夷平我们价值创生的矛盾力量呢？

---

〔1〕卢卡奇，《理性的毁灭》，王玖兴等译，济南：山东人民出版社，1988，第532—543页。该书中（第556页）卢卡奇非常敏锐地将这种非理性的释放归结为韦伯第一个成就的从“新康德主义的形式理性到非理性的存在哲学的转变”。

〔2〕卢卡奇，《理性的毁灭》，第548页。

〔3〕用施特劳斯的话说，对韦伯而言的这个社会科学的世界，本质上还是一个禁欲新教的世界，其中“无神论的痛苦（没有救赎和安慰）和启示宗教的痛苦（被压制的罪感）结合了起来”。Strauss, *Natural Right and History*, p.66.

上文曾指出洛维特以“开明”来试图回答韦伯面临的这个问题。这个解答的启发是，如果这样的自由的个性能承担价值行动，是因为他获得了尤其强烈的对价值开放的能力。这种将异己的价值——不管这个价值来自同一文明（习俗）的另一个人，还是来自陌生的文明——化为自己人格一部分的能力，而不是价值本身给了这种特殊的承担价值行动的能力。在对历史学派的批评中，我们可以清晰地看到，承担机制的行动并没有承载在一个文化的共同体身上，也不应该以文明的传统来发动它的理性化。在韦伯的科学学说里面，对习俗（Konventionen）的规范意义（normative dignität）的不承认和最深入地理解习俗的观念（包括理解习俗所得以产生的条件及它对习俗下的种种生活的影响）同时成为韦伯理解价值的组成部分，前者恰恰是后者的前提。因而这种理解不是“宽恕”，而是理解不同价值判断发生冲突以及最终不可和解的理由。[1]这个理由不会增加任何价值和解的可能，它们并不构成一个新的价值立场，更加不是一个可能具有伦理意义的律令。[2]它是一个经验意义上的“真”的知识（Wahrheitserkenntnis），这样的知识源自行动者鲜活的，也常常相互排斥的评断性的立场，却未必归于身属冲突文明的人。

---

〔1〕韦伯的原话是说，“理解一切”并不意味着“宽恕一切”（Denn weder bedeutet “alles verstehen” auch “alles verzeihen”），韦伯：《“价值自由”》，第497页，WL：503。

〔2〕韦伯：《“价值自由”》，第496页；WL：501–502。

韦伯笔下科学对价值的理解只应该通向这样的知识。我们通过“科学”这种彻底的“吞食知识”的行为才能从“价值之阐释”开始找到我们愿意承担的价值。“可是对于这种终极意义，我们是拒绝还是接受，就要看我们对生活所持有的终极态度了。”[1]价值的自由在韦伯那里根本上是“知识”来实现的，这就意味着我们诸种求善的前提是求真，我们认识到它，也同时获得了不选择它的自由。韦伯敏锐地看到，在这样的知识之下看到的冲突，并不是习俗之间的冲突，更不是不同伦理律令之间的冲突。

韦伯看得很清楚，观念类型对我们来说最真实的一面，在于它是通过每个人的价值观被触动来重返经验、重返历史的。实在触及了每个人同情的那种价值观，永远是每个人赋予自己的行动和所生活的世界以意义的动力。但在科学里面，这种“将经验实在关联到价值”的理论性的行为，一定会突破这种关联，不再是一种观念类型的概念建构（ideal-typische *Begriffsbildung*）[2]，不是对自身的构造，而是在经验实在中寻找证据。韦伯非常犀利地指出，恰恰是被相对主义洗礼的现代史学家（der moderne relativistisch eingeschulte Historiker）对他研究的时代“一方面想以这个时代‘自我理解’的方式来谈论它”，另一方面又“想要（对之）下判

〔1〕 韦伯：《科学作为天职》（I/17：93）。

〔2〕 韦伯：《“客观性”》，第226页；WL：199。

断”。[1]观念类型当中的这种张力一旦消失，学者典型的问题是“一方面不能放手去判断，另一方面又极力想摆脱下判断要负的责任”。[2]

科学在变得成熟的时候，是通过对观念类型的克服（*Ueberwindung* des Idealtypus），来转变我们看待永恒的事变之流的眼光。[3]科学在这个意义上是常新的，因为它消解自己建立的观念类型的动力永在，而它通过思想对事实加以安排的欲望常新。也许在韦伯心中只有像歌德这样的人才能平稳地走在经验之流，享受到它纷乱多歧中的美好。但熟悉和挚爱歌德文字的韦伯在自己的笔下少有这样的信念。借助浮士德的咏叹，在滚滚向前的文化之流中，韦伯相信像兰克那样在已知晓的事实（bekannter Tatsachen）中和已提出的观点（bekannter Gesichtspunkte）建立关联的技艺，是驱使我们能追随那指出意义与方向的星辰的最可依赖的创造力。[4]

韦伯当然反对任何历史主义建立起来的文化民族（Kunstnationen）的概念。这一点在他对罗雪的批评中已然可见。但这只是表明，在完整论述政治家和政治国家建立对强力的行使之前，韦伯并无可以讨论文化民族的基础。[5]在

---

〔1〕韦伯：《“客观性”》，第226页；WL：199。

〔2〕韦伯：《“客观性”》，第227页；WL：200。

〔3〕韦伯：《“客观性”》，第233页；WL：206。

〔4〕韦伯：《“客观性”》，第241页；WL：214。

〔5〕这一点，可见于韦伯对“一战”中德国国家的两个使命（Kulturstaat和Machstaat）之间的关系的考察，施卢赫特对此的见解很准确，参见Schluchter, *Paradox of Modernity*, pp.25-30。

本文讨论的价值行动的范围内，韦伯的确如施特劳斯看到的那样，将历史的传统指向了“现在”的行动。[1]但对韦伯来说，历史的传统并没有自然守护它的价值共同体，如果没有指向“现在”的行动，我们并不知道我们守护的是不是传统本身。[2]

---

〔1〕Strauss，*Natural Rights and History*, p. 39.

〔2〕李猛，《理性化及其传统：对韦伯的中国观察》，《社会学研究》第五期，2010年。需要特别指出的是，这是在科学学说的范围内的判断，韦伯对传统的态度最重要的文本是《宗教社会学论文集》当中的篇章，笔者需要另外论述。但传统是不是能形成理性化承担价值的行动的动力，的确是贯穿韦伯诸多学说的一个重要的思路。那么，韦伯的思路里面是不是包含着某种黑格尔式的轨迹，在他近乎固执地坚持个体对价值理性化的承担的时候，也特别需要在一切浪漫派共同体之上重建属于一个新的价值共同体的生活，去尝试最深地克服我们只是在虚假的价值平等上面看待我们生活中的其他人。而对韦伯政治学说中，尤其是对表面上和伦理无关的支配（Herrschaft）的理解，是回答这个问题的关键。

专家没有精神？

韦伯论官僚时代的科学与文明

李　猛

一、韦伯的“伟大”

> 自韦伯以来，还没有一个人对社会科学的基本问题奉献了这么多的理智、耐心以及几近狂热的献身精神。无论他可能犯了什么错误，他都是我们这个世纪最伟大的社会科学家。[1]

犯了错误，但仍然伟大！即使许多人不赞同前者，但很少有人否认后者。生前与身后，韦伯固然吸引了诸多的崇拜者与追随者，同样也不乏批评者乃至敌人。但令人惊讶的是，如此巨大的分歧从未减损人们的敬畏。哪怕在最严厉的批评中，我们也能察觉到一种近乎道德义务的敬重，而这往

〔1〕施特劳斯，《自然权利与历史》，彭刚译，北京：生活·读书·新知三联书店，2003年，第38页。

往只有当我们面对一项超越个人命运的事业时才会产生。无论是否赞同韦伯，我们都必须严肃对待这位巨人，哪怕我们以为已经射中了他最脆弱的部位，当他轰然倒地时，庞大的身躯仍然有一种纪念碑式的尊严和力量。

韦伯的伟大毋庸置疑，却不容易理解。韦伯的伟大，不是通常属于历史胜利者的辉煌，而更像一种失败的伟大。对于现代社会的困境，韦伯的作品呈现了大量冷峻而敏锐的观察，这些历史社会研究往往始于对昔日英雄时代精神的追溯，继之以对在这一精神荫庇下形成的制度的客观分析，然后就毫不留情地指出，今天只剩下尾随者的卑微与放纵者的逃避，一度生机勃勃的制度已经沦为徒有其表的空壳。韦伯的社会分析充满了无情的诊断，却找不到廉价的安慰。不过，与许多学者对现代危机漫不经心的无所谓态度不同，韦伯的全部工作都是要表明，他献身的科学，注定在面对这一危机时无能为力，这一无力，就是所谓科学时代的显著特征，是这一科学支配的理性化社会的生活之道。知识就是力量，但面对生活最根本的问题，科学无能为力，因为它通过退却甚至放弃获得了它全部的力量。文明对科学抱有的无限希望，与科学给文明带来的巨大失望甚至绝望，是我们文明的根本特征。在一个科学已经大获全胜的时代，在文明的自我反省中，令人惊奇的是，科学更像潘多拉打开的礼物，而不是普罗米修斯盗取的天火。韦伯对现代理性化社会的具体历史分析，特别是他对社会科学方法论的反思，都旨在探究科学无所不在的力量与原则上的无能为力这一现代性悖谬的社会学性质及其历史机缘。无论将韦伯思想的主题规定为“理性化”还是“世界的除魔”，其核心意图都是揭示科学在我们时代的使命与根本的局限。[1]韦伯的伟大，必须通过他探索的失败来理解。

不过，韦伯揭示的科学——尤其是社会科学——的局限，往往被韦伯的批评者视为其社会学事业的根本缺陷或“错误”，是韦伯自身的失败。政治哲学家沃格林就指出，韦伯倡导的“价值中立科学”（value-free science），因为欠缺真正的秩序原理，只能将政治行动奠基在理性无法把握的决断上。但在现代大学体制中，当科学家试图向学生——未来的政治人——教导政治的现实时，他势必再次面临科学家与政治家之间活生生的社会关系。大学教育必然会唤醒科学与政治之间的关系，使社会科学无法停留在韦伯的方法论禁区中：“就韦伯是一个伟大的教师而言，他自己就证明了将价值看作守护神式的决断（demonic decisions）这一观念是虚假的。”因此，沃格林将韦伯在科学上的成就归为不可避免地对其自身科学“方法论”原则的克服。也就是说，韦伯作品的伟大，在于他并没有恪守自己的方法论设想，而是偷窥了秩序的奥秘，只不过他自己没有机会深入这一思想的圣

---

〔1〕 Friedrich Tenbruck, “The Problem of Thematic Unity in the Works of Max Weber”, *British Journal of Sociology*, Vol. 31（1980）, pp.316-51; Karl Löwith, *Max Weber and Karl Marx*, London: Routledge, 1993, pp.51-88; Wilhelm Hennis, *Max Weber's Central Questions*, Newbury: Threshold Press, 2000, pp. 3-101.

地。[1]无论将韦伯社会科学原则上的缺陷或错误，归咎于他对方法的实证主义迷恋，对人类生活非理性或无根基性的强调，对社会科学历史性的判定、价值与事实二分的坚持、表面的价值自由与内心的历史宿命论，乃至对人类终极价值多元性的相对主义甚至虚无主义的理解[2]，都未能充分说明，为什么我们在明确意识到其作品的所谓"局限"或"不足"的同时会强烈感受其伟大。面对世界无可奈何的清醒（韦伯所谓"清明"），以及担负这一绝望处境或必然命运的勇气（所谓"责任伦理"），这些经常令韦伯的读者肃然起敬的品质，是这个时代仍然能以某种悲剧性的严肃，而不仅仅是喜剧或闹剧现身的最后一线证明，但它并未能证明思想本身的力量。韦伯的"伟大"是一个问题。[3]

---

〔1〕 Eric Voegelin, *The New Science of Politics*, Chicago: The University of Chicago Press, 1987, pp.13-22, at. p.16; cf. Jürgen Habermas在1964年纪念韦伯诞辰一百周年的海德堡学术研讨会上针对帕森斯有关韦伯科学方法论的发言"价值自由与客观性"（*Value Freedom and Objectivity*）的评论，in Otto Stammer ed. *Max Weber and Sociology Today*, Oxford: Harper & Row, 1971, pp.67-9.

〔2〕 施特劳斯，《自然权利与历史》，第二章；卢卡奇，《理性的毁灭：非理性主义的道路——从谢林到希特勒》，王玖兴等译，山东人民出版社，1988年，第六章；Hilary Putnam, *The Collapse of the Fact / Value Dichotomy*, Cambridge: Harvard University Press, 2002, p.63; 马尔库塞，《马克斯·韦伯著作中的工业化与资本主义》，《现代文明及其困境》，上海：上海三联书店，1989年，李小兵译，第79-109页。

〔3〕 沃格林，《希特勒与德国人》，张新樟译，上海：上海三联书店，2015年，第8章"韦伯的伟大"。对韦伯的伟大，以毫无保留的方式给予最强烈表达的应属雅思贝尔斯。在1920年韦伯去世不久后的纪念演讲中，雅思贝尔斯庄严地宣告，"韦伯的存在使我们意识到，即使在今天，精（转下页）

二、外在的职业：经营

在他一生最后阶段完成的作品中，韦伯将西方理性化的普遍历史进程概括为专业官僚的支配：

> 别的地方出现过各种可能形式的高等教育（中国、伊斯兰世界），其外表和我们的大学或者我们的学术很相似。但对科学进行理性和系统的专业经营，以及受过训练的专业人士（Fachmenschentum），这些在今天的文化中占据了支配的地位。而接近这种形态的教育只存在

（接上页）神仍然能以最高的形式存在。因为我们在他的身上看到了，我们本以为只有那些死去的历史人物才具有的伟大人物的尺度"。任何读者都不难看出，雅思贝尔斯反复申明韦伯的伟大（"韦伯是我们时代最伟大的德国人"），其实仍根源于德国历史处境中个人强烈的困扰："我们思考的就是，在历史中实现的人的可能性，他们为我们打开了我们现在生活的可能性。但因为我们并未经历每个具体的历史人物所生活的时代，这些历史人物对我们是遥不可及的。而那些我们的同时代人，与我们分享共同的命运，曾经作为一个活生生的人对我们说话，他们是我们的现实，从中我们可以以一种独特的方式获得理解遥远而陌生的人性的标准。在德国，'一战'前和'一战'期间，我们许多人都认为，人的伟大就体现在马克斯·韦伯身上；我们信任他，追随他，而且首先，热爱他，正是这种热爱提升了我们，使我们身上真实的东西得以成长。"（John Dreijmanis ed. *Karl Jaspers on Max Weber*, New York：Paragon House, 1989, pp.26-7, 31, 35。比较摩根索的个人经验："韦伯的政治思想拥有我在当时大学内外的当代文献中徒劳地试图寻找的所有那些理智品质与道德品质……韦伯做到了他的大部分同事假装想做却从未做到的一切。" Hans Morgenthau, "Fragments of an Intellectual Autobiography：1904-1932", in Kenneth Thompson and Robert Myers ed. *Truth and Tragedy：A Tribute to Hans Morgenthau*, Washington, D. C.：The New Republic Book Company, 1977, pp.6-7.）

> 于西方。这一点首先就体现在职业官僚（Fachbeamten）上，这是西方现代国家和现代经济的基石。在别处只能找到他们出现的苗头，却从来没有像在西方这样成为社会秩序的构成要素。当然，“官僚”，甚至是专业分工的官僚，在各种文化中都是久已出现的现象。但任何国家、任何时代都不曾像现代西方一样经历这样的处境：我们的全部存在——我们的生存在政治、技术和经济方面的基本条件——都绝对无可逃避地被纳入到一个由受过专业训练的官僚组成的组织的硬壳（Gehäuse）下，社会生活那些最重要的日常职能都由技术官僚、商业官僚，特别是受过法学训练的国家官僚来承担。〔1〕

在西方独有的理性化进程中，人的整个生存状况都日益“无可逃避地”被纳入受过严格专业训练的职业官僚制造的“铁壳”之中。而这一生活秩序的“铁壳”，核心就是以专业化为原则的职业工作及其生活之道。〔2〕无论是现代国家，还是现代资本主义企业，这两个缔造现代世界最重要的力量，

---

〔1〕韦伯，《宗教社会学论文集》“引言”，李猛译，收入《理性化与普遍历史：韦伯文集》，北京：生活·读书·新知三联书店即出（*Gesammelte Aufsätze zur Religionssoziologie* I, Tübingen：J. C. B. Mohr, 1986, p.3）。下文引用韦伯著述，为作者主要参考的中译本，译文或有改动之处，不一一注明，括号中均标出德文版，如有可能尽量使用全集本（*Max Weber Gesamtausgabe*, Tübingen：J. C. B. Mohr），依次标出系列、卷和页码，以供查对。

〔2〕韦伯，《新教伦理与资本主义精神》，于晓、陈维纲等译，北京：生活·读书·新知三联书店，1987年，第141—143页（*Religionssoziologie* I：202-4）。

根据韦伯的诊断，都属于推动这一进程的“制度化经营”（Anstaltsbetrieb）[1]：“就其根本性质而言，两者完全是一回事。从‘社会科学’的角度看，现代国家，如同一间工厂一样，也是一种‘经营’，这正是它的历史性特征。”[2]在“科学作为天职”的演讲中，韦伯首先从“天职”（Beruf）一词的所谓“物质”含义，或者说，科学的“外部条件”，入手进行考察。这一问题的实质，正是科学作为职业的“经营”问题（der Betrieb der Wissenschaft als Beruf），也就是在上述引文中提到的所谓“对科学进行理性和系统的专业经营”（der Fachbetrieb der Wissenschaft）。韦伯发现，持续影响德国大学发展方向的美国大学体制，其核心特征就是一种类似资本主义企业的经营。德国大学美国化的问题，不过是人的整个生活美国化的一个缩影——经营的逻辑迟早会支配当时尚存不少传统等级制色彩和身份特征的德国大学。原本属于“精神贵族”的学术，注定会被彻底官僚制的大学经营所取代。[3]韦伯早在一百年前就预言，美国化的发展“已是势不

---

〔1〕韦伯将“经营”定义为“持续地针对目标的行动”，无论是政治、宗教还是其他志愿性社团，只要涉及这种“针对目标的持续性”，就都纳入到“经营”的概念中。这是韦伯对理性化的社会学分析最重要的概念之一。《社会学的基本概念》（I/23：212），顾忠华译，桂林：广西师范大学出版社，2005年，第70—71页。Cf. Andreas Anter, *Max Weber's Theory of Modern State: Origins, Structure and Significance*, London: Palgrave, 2014, pp.36-7.

〔2〕韦伯，《新政治秩序下的德国议会与政府》，《韦伯政治著作选》，阎克文译，北京：东方出版社，2009年，第121页（I/15：452）。

〔3〕韦伯，《科学作为天职》（I/17：72, 79）。

可当”[1]。

德国大学与美国大学这两种科学职业形态的对抗，有着相当深远的历史背景。[2]韦伯提醒我们，“在所有目前关于教育制度之基本问题的讨论背后，潜藏着一个‘专家’类型对抗古老的‘文化人’类型的关键斗争”。韦伯梳理历史发现，无论是古希腊、中古封建制或英国的望族行政，还是古代中国的家产官僚制，其教育的目标都不是“专家”（Fachmensch），而是“文化人”（kultivierte Mensch）。所谓“文化人”，即通过教育培养人具有可以称为“文化教养”的生活之道的种种品质。这种文化教养的人格（kultivierte Persönlichkeit），而非任何专业意义上的“有用”，才是教育的重点。[3]然而具有苦行色彩的现代职业劳动，却“与追求

---

〔1〕韦伯，《科学作为天职》（I/17：74）。美国大学的崛起，特别是这一过程中德国模式的影响及美国模式的形成，参见维赛，《美国现代大学的崛起》（*The Emergence of the American University*），栾鸾译，北京：北京大学出版社，2011年，第三章，下编各章；James Axtell, *Wisdom' s Workshop: The Rise of Modern University*, Princeton：Princeton University Press, 2016, ch.5-6.

〔2〕对当时德国学术界状况的系统分析，参见Fritz Ringer, *The Decline of the German Mandarins：The German Academic Community, 1890-1933*, Hanover：Wesleyan University Press, 1969。

〔3〕韦伯，《支配社会学》（I/22-4：232-3），康乐、简惠美译，桂林：广西师范大学出版社，2004年，第85—86页；《儒教与道教》，康乐、简惠美译，桂林：广西师范大学出版社，2010年，第323—326页（I/19：473-7）。当然从历史的角度看，现代官僚制的专业人及其“职业”理想，是人文教育理性化的结果。《支配社会学》，第259页（I/22-4：452）；《经济与社会》，阎克文译，上海：上海人民出版社，2010年，第一卷，第245页（I/23：341）。更根本地说，这一斗争乃根源于“市民社会”中“劳动”与（转下页）

完满与美的人性时代义无反顾地分道扬镳了”。在这样的专家时代，韦伯坚持认为，“局限于专业工作，抛弃人性浮士德式的全面养成，在今天这个世界中，是一般而言任何有价值的行动的前提”。[1]而对于究竟应该让大学“陶冶人们并灌输政治的、伦理的、艺术的、文化的或者其他信念”，还是主张“学校教室如今只有通过专业上具有特殊资格的人进行的专业训练才能发挥其真正具有价值的影响”，韦伯毫不犹豫地支持后者的立场。[2]

对这场古老的“文化人”与新兴的“专家”之间的文化斗争，韦伯始终不忘提醒我们注意背后的“支配结构与社会条件”。在西方独有的理性化进程中，以官僚制的法理支配为主要特征的现代国家，既是职业专家的教育形态最大的受惠者，同时也是其最强有力的推动者。[3]通过系统的科学或法学训练培养的“专业人”（Fachmenschentum），是现代法理支配所依赖的专业官员（Fachbeamte）的主要来源。“专业人”的兴起，与现代国家的兴起密不可分。

（接上页）“教养”之间的对立。洛维特，《从黑格尔到尼采》，李秋零译，北京：生活·读书·新知三联书店，2006年，第二部第二章、第三章。

〔1〕韦伯，《新教伦理与资本主义精神》，第141页（*Religionssoziologie* I：203）。

〔2〕韦伯，《社会学与经济学的‘价值自由’的意义》，《社会科学方法论》，李秋零、田薇译，北京：中国人民大学出版社，1999年，第93页（Max Weber, *Gesammelte Aufsätze zur Wissenschaftslehre*, Tübingen：J.C.B. Mohr, 1988：491）。

〔3〕韦伯，《宗教社会学论文集》“引言”（*Religionssoziologie* I：3）。

现代国家的制度化经营以官僚制支配为主要形式，这一官僚制的支配形式首先就意味着，职务与“职业”的等同：“职务即职业”（Das Amt ist Beruf）。将官职转变为一种职业，要求任何担任这一职务的人，必须经过专业性的训练和考试，同时形成一种以“事务性目标”（sachlichen Zweck）为导向的职业忠诚，这就是“专业官员”。[1] 自从16世纪绝对主义的兴起，专业官员就在欧洲的战争、财政和法律诸领域都取得了“决定性的胜利”。“训练有素的专家”，取代了“文化人”或“绅士”，逐渐垄断了对行政事务的管理。因此，系统全面的专业训练（Fachschulung）也就成为现代官僚制运转的功能性条件。从官僚制中职业、专业与官职的三者合一来看，韦伯断定，“现代官职系统正在发展成为一种通过长期的预备性培养形成的具有专业训练，从而具有专门化特征的高素质的精神工作制”（geistige Arbeiterschaft）。[2] 现代国家，仰赖专业化的职业官员主导的官僚机器；而这一机器能否运转良好，则取决于机器的每一个零件是否经过合格的“专业训练”。“受过大学教育，具有专业训练的官员等级”，或简言之，“专业官员群体”，逐渐终结了外行行政。韦伯预见，即使在“旧式民主”盛行的美国，受到“一战”的影响，将在行政管理方面经历一场“欧洲化”，由受过专

〔1〕 韦伯，《支配社会学》，第23—25页（I/22-4：159-61）。

〔2〕 韦伯，《政治作为天职》（《以政治为业》），《韦伯政治著作选》，第257—258页（I/17：175-7）。

业训练的官员支配政治生活，从而迈向一种大国民主所不可避免的"官僚化民主"。在韦伯看来，"这已经成为一切现代民主制的命运"。〔1〕与欧洲大学的美国化一样，美国民主也在欧洲化。这两个并行的进程，不过是专业—职业官僚制经营全面主宰现代社会生活的进程的不同侧面罢了。美国不复是托克维尔笔下"年轻的人民"建立的年轻政体〔2〕，而老欧洲也不再是茨威格缅怀的"昨日的世界"（die Welt von Gestern）。"一战"之后，大洋两岸都进入了官僚支配全面主宰政治与教育的时代——"官员专政"（die Diktatur des Beamten）的时代。〔3〕

对于现代政治的发展至关重要的是，"在受过专业训练的官员群体崛起的同时，也出现了'领导性政治家'的发展"。〔4〕法律是职业官员必不可少的"专业训练"，官僚支配的另一副面孔是法理支配。法理支配中的形式理性取代家产制官僚制的实质正义倾向，使受过严格大学教育的法律专家取代了各种法律望族对司法活动的控制，这一法律经营的专业化可以说是现代国家制度化经营的关键。〔5〕但韦伯指出，受过专业法律训练的律师，在现代国家与政党的发展

---

〔1〕韦伯，《社会主义》，《韦伯政治著作选》，第222—224页（I/15：604-6）；《政治作为天职》，第279页（I/17：218）。

〔2〕托克维尔，《论美国的民主》，董国良译，上卷，第一部分，第8章，论立法权。

〔3〕韦伯，《社会主义》，第234页（I/15：621）。

〔4〕韦伯，《政治作为天职》，第258页（I/17：177）。

〔5〕韦伯，《法律社会学》，康乐、简惠美译，桂林：广西师范大学出版社，2005年，第283—284页（I/22-3：578-80）。

中，更为重要的角色不是“职业官员”，而是“政治官员”（politische Beamte）。由大学训练的法律人士，而非僧侣、文人、宫廷贵族或绅士来担任职业政治家，这是“西方，尤其是欧洲大陆独有的现象，对这个大陆的整个政治结构产生了决定性的影响”。[1]在韦伯看来，法律人充当政治家，与其生活风格有着密切的关系。律师，“就纯粹经营技术的缘由”，往往更适合充当职业政治家（Berufspolitiker）[2]：“在一个法律人支配的时代，伟大的律师乃是唯一与官员形成了鲜明对照的法律人，他们接受的训练就是为了斗争并通过斗争有效代理诉讼。”[3]投身政治，在韦伯眼中，就意味着“斗争”（Kampf）。斗争不是官员的“事”。职业官员要求的是“保持超越党派的不偏不倚，压制自己的倾向与观点，从而以有良知、有意义的方式去执行职责的一般规定或对他的具体指令的要求”。但政治家不能保持中立，“为官员指定任务，领导官员系统”的政治家，必须通过斗争来解决权力政治与文化政治的重大问题。[4]官员的德性是政治家的缺陷，政治家必须知道如何为自己的信念而奋斗。

从“专业官员”与“政治领袖”这一区分入手，可以帮助我们澄清韦伯的科学学说遭受的政治批评。[5]根据韦伯这

〔1〕韦伯，《政治作为天职》，第261—262页（I/17：183-6）。

〔2〕同上文，第260, 255页（I/17：180, 171）。

〔3〕韦伯，《新政治秩序下的德国议会与政府》，第155页（I/15：502）。

〔4〕同上文，第145页（I/15：487）。

〔5〕经历20世纪60年代德语学者对韦伯思想的批判，Guenther Roth（转下页）

一关键的区分，沃格林针对韦伯方法论禁令提出的批评，其实主要适用"职业政治家"的情况。专业官员，承担的是现代国家制度化经营中纯粹技术性的功能，缺乏对生活秩序的整体性视野，在某种意义上正是其功能性角色的必然后果。"专业官员"，作为所谓"精神工人"，与制作扣针的十八道工序上的普通工人一样，只关注他们权限内的事务得以"精确、明晰、持续"地处置。[1]专业官员在经营上的这种"技术优越性"，与其思想或精神上的非政治性[2]，是一体之两面。专业官员保持中立性，是为了保证政治经营机器的功能性运转，等待政治家的"领导"来开动这部支配机器。[3]

根据韦伯的原则，"'企业家'或'政治家'的领导精神与'官员'不同。形式上未必尽然，但实质上的确如此"。而且在原则上，只有政治家"完全无须提供专业训练的资格证

（接上页）以卫道的心态将来自马克思主义、民族主义右派与所谓"自然法"或"自然权利"的批评，统统斥之为意识形态批判或政治批判（"Political Critique of Max Weber：Some Implications for Political Sociology"，*American Sociological Review*, Vol.30, no.3, 1965, pp.213-23）。这样"笼统"的做法，忽视了这些批评背后严肃的意图，错失了通过检验这些批评，更深入地思考韦伯问题的机会。对韦伯的批评，既有政治批评和社会批评，也有哲学意义的批评，我们会依次考察这些批评。

〔1〕韦伯，《支配社会学》，第45—46页（I/22-4：185-6）。

〔2〕"就其自身特有的职业而言，真正的官员是不应涉足政治的……而是'行政'（verwalten），而且他的首要特征是非党派性。即使对于所谓'政治性'的行政官员，这一点也有效。"韦伯，《政治作为天职》，第264页（I/17：180, 189-90）。与现代国家相对，"对于希腊人来说，思想彻头彻尾是政治性的，这一问题最为重要。人们就是为此经营科学的"。《科学作为天职》（I/17：90）。

〔3〕韦伯，《政治作为天职》，第264页（I/17：180, 189-190）。

明”。[1]但考虑到现代社会制度化经营的形式优先性，“专业官员”与“政治家”的实质区分，恰恰在“形式上”难以维持。就他们实际所受的训练，由此形成的生活技术，乃至他们在西方理性化进程中所起的历史作用来看，他们其实都是同一批人。在知识和精神上，政治家与专业官员往往并没有差别。在韦伯描述的理性化缔造的支配图景中，职业政治家实际上是从专业官员的群体中遴选出来的。而且，更为重要的是，现代政治的实际支配权，已经日益从无须专业训练的领袖，转移到了专业的官员手中：“在一个现代国家中，实际的支配必然且不可避免地会操之于官员群体手中，对日常生活实际发挥作用的既不是议会演说，也不是君主的文告，而是行政处置。”在韦伯看来，对于任何大众组织而言，无论政党、企业、教会还是国家，“具有专业训练的常任官员”都是“机器的核心”，而“官员的‘纪律’都是这一组织成功的绝对前提”。[2]事实上，理性官僚制的历史特点就是专业化官员日益把持日常的政治活动。韦伯不断提及的现代理性化的“无可逃避”的“命运”，就在于政治性官员日益等同于行政性的职业官员，而其背后的决定性力量就是“理性的技术专业化及训练”（die rationale fachliche Spezialisierung und Einschulung）：“在任何地方，只要受过训练的现代专业官员着手支配，他的

---

〔1〕韦伯，《新政治秩序下的德国议会与政府》，第131页（I/15：466-7）。

〔2〕韦伯，《新政治秩序下的德国议会与政府》，第120、126页（I/15：450，460）。

力量就是绝对不可摧毁的。”[1]因此，韦伯在“专业官员”和“政治家”之间建立的区分反而表明，现代政治生活因为受到以制度化经营为特征的官僚机器的左右，实际上其支配中心已经转向日常生活的行政处置，而非重大或紧急的政治抉择，从而日益“非政治化”。[2]沃格林有关专业性知识在政治生活中的局限，与其说是对韦伯的批评，不如说恰恰印证了韦伯有关官僚时代“政治”不成熟的论述。如果作为专业知识化身的“专业人”，不仅把持了专业官员的进入资格，也实际上决定了政治官员的遴选，并进一步主宰了政治权力的运作，那么，科学的职业化，就成为整个政治生活非政治化的关键，并进一步构成了现代社会种种制度化经营共同的结构性原则。

根据韦伯的社会学分析，正是政治的这一经营化，在历史上推动了整个教育的“官僚化”，使关注文化教化的旧式“精神贵族”教育，逐渐让位于专业化的“时代要求”。[3]而科学职业的经营化，与整个政治—社会生活的经营化，一同构成了韦伯在演讲中所谓科学的外部条件。这是理性化在官僚支配领域不可避免的趋势。

但这一不可避免的趋势，在韦伯眼中，并非胜利的凯

〔1〕韦伯，《新政治秩序下的德国议会与政府》，第128—129页（I/15：463）。

〔2〕整个现代职业工作，就其精神本身的“非政治甚至反政治”的倾向，尤其是反贵族的生活之道的特点，韦伯在《新教伦理与资本主义精神》的分析中就已经给予充分的关注了，特别见《新教伦理与资本主义精神》第117页以下对浸礼宗的讨论。

〔3〕韦伯，《新政治秩序下的德国议会与政府》，第128页（I/15：461-2），对比《科学作为天职》（I/17：78-9）。

旋，而是通向前景极为暗淡的悲剧性命运：

> 一部无生命的机器就是凝固了的精神。只有这一点才能像在工厂中实际发生的那样给这部机器提供权力，迫使人们为它服务并支配他们日常的劳动生活。然而，这种凝固了的精神也是一部活的机器，其特征就体现在官僚制组织，及其经过训练的专业工作的专门化，它对权限的划分，它的规章制度以及等级制的逐级服从关系。它和无生命的机器一样正在建构未来的农奴制之壳，有朝一日，人们也许只能像古代埃及国家中的农奴一样，无可奈何地被迫栖身其中——只要他们认为纯粹技术上好的，也就是一种理性的官员行政和福利管理，就是终极性的唯一价值，由它来决定安排其事务的方式。[1]

根据韦伯的诊断，俾斯麦之后的德国，因为“一直被‘官员’（就这个词的精神意义而言）统治着”，虽然具有世界最出色的军政与民政的官僚系统，却始终欠缺“政治家对国家的领导”。德国这一理性官僚制发育最为成熟的国度，却令人惊讶地伴随着德意志民族在政治上的极度不成熟[2]：

---

〔1〕韦伯，《新政治秩序下的德国议会与政府》，第130页（I/15：464）。

〔2〕韦伯，《民族国家与经济政策》，文一郡、甘阳译，《民族国家与经济政策》，北京：生活·读书·新知三联书店，1997年，第102页以下（I/4：568-574）。参见蒙森，《马克斯·韦伯与德国政治：1890—1920》，阎克文译，北京：中信出版集团，2016年，第86页以下。

"一个仅仅能产生优秀的官员、有价值的职员、诚实的商人、能干的学者和技师、忠心耿耿的仆人而在其他方面却服从于冒牌君主制旗号下不受控制的官员支配的民族，不可能是一个主宰者民族（Herrenvolk）"，也不可能担负"把握世界发展之舵的天职（Beruf）"。[1]从政府的专业官员中遴选政治领袖，被韦伯看作魏玛体制的主要弱点。[2]因此，韦伯对"官僚化的推进已经不可阻挡"这一事实的社会学分析，正为了提醒大家关注一个"最重要的问题"——"官僚制做不到什么？……其效能在公共的、国家政治的经营领域中，就如同在私人经济中一样有着明确的内在界限"。韦伯清醒地意识到，"理性的技术专业化及训练"，对于政治生活而言不仅是不够的，而且在许多时候是真正政治领导的巨大障碍。社会生活完全由官僚支配，这样一种东方—埃及式的未来图景，对于韦伯来说，是挥之不去的梦魇。

不过，韦伯对"专业官员"支配政治后果的严厉批评，乃至他在精神上与这一倾向始终不懈的对抗，并不能使其完全免受相关的政治批评。对于官僚制的历史形成与社会学性

〔1〕韦伯，《新政治秩序下的德国议会与政府》，第215—216页（I/15：594）。对"主宰者民族"这一具有高度争议性的概念，必须同时考虑韦伯对平民社会的"政治成熟"与"民主化"的理解：韦伯，《德国的选举权与民主》，《韦伯政治著作选》，第98—106页（I/15：386–96）。

〔2〕Raymond Aron, "Max Weber and Modern Social Science" , in *History, Truth, Liberty: Selected Writings of Raymond Aron*, ed. by Franciszek Draus, Chicago: The University of Chicago Press, 1985, p.351.

质，韦伯进行了系统而丰富的分析，但对于他所谓最重要的问题——“官僚制做不到什么？”——韦伯的论述就要薄弱而含糊得多。这里至关重要的是，面对我们政治与生活中“最重要的问题”，韦伯的科学知识能告诉我们些什么？如果社会科学知识最终不过是官僚统治机器的一个零件，那么，依靠这个零件的“格格不入”，并不能阻挡这部机器的运转。面对这一不可阻挡的所谓历史命运，人类只能乞灵于科学之外的力量。

因此，韦伯的思想并未忽视或回避现代政治生活面临的中立化和技术化的危险，从而使科学沦为非政治化的工具。“科学作为天职”与“政治作为天职”这两篇演讲，其理论前提就是现代政治生活为制度化经营所主宰的世界图景，而这两篇演讲，与韦伯的支配社会学和比较宗教社会学的思想努力一样，都试图面对这样的历史命运，寻找人类另一种生活的可能性。真正的问题在于，科学本身是否有可能指出逃脱这一历史命运的方向？

三、内在的天职：对事的激情

“经营”对于科学职业的影响，远不仅限于外在的物质条件或制度安排，而是渗透进了每个科学工作者内在的专业化精神。在韦伯的描述中，现代科学处于不断“进步”的过程中，每个人所进行的工作，都意味着必然被“超越”的命运，这一与“艺术”截然不同的处境，被韦伯描述为“永无止境地运转的专业化经营”。[1]每个从事科学的人，不再是只身面对世界秩序终极问题的观看者，而是置身于专业化经营的科学进步之流中的工作人员。“生前千载已逝，身后寂寞千年”（Jahrtausende mußten vergehen, ehe du ins Leben tratest, und andere Jahrtausende warten schweigend），不是“秋风将树叶吹落到地上，春天来临，林中又会萌发，长出新的绿叶，人类也是一代出生，一代凋零”中对人类必朽命运的喟叹，而是面对“一项实际上永无止境，也永远不可能有止境的事业”的感慨。现代科学不过是西方漫长的理智化进程中的一环，献身科学的人每时每刻的努力，不过是历史“分工”中微不足道的“一点点”。[2]想要为这样的事情找到“意义”或“价值”，似乎是一项徒劳的任务。

在“科学作为天职”的演讲中，科学始终被看作一项“工作”，甚至可以说“劳动”（Arbeit）。这一点并不奇怪，因为韦伯的演讲本来就是所谓“作为职业的精神工作”（Geistige Arbeit als Beruf）系列的开题演讲。[3]我们已经看到，专业化是所谓“高素质的精神工作”的前提：“只有通过严格的专业化，科学工作者才能真正有时，也许一生只有一次，充分地感受到，‘我取得了某种会持久的东西’。”[4]在

---

〔1〕韦伯，《科学作为天职》（I/17：85-6）。

〔2〕韦伯，《科学作为天职》（I/17：81-88）。

〔3〕Guenther Roth and Wolfgang Schluchter, *Max Weber's Vision of History*, Berkeley: University of California Press, pp.113-6.

〔4〕韦伯，《科学作为天职》（I/17：80）。

"业余者"或"外行"（Dilettant）与"专业人"（Fachmann）的对比中，在"想法"不能代替工作的告诫背后，我们都可以看到韦伯对科学职业在根本上是一种"工作"的理解。科学是专业人经过严格训练后才获得资格从事的"精神工作"（日益经营化的大学体制为这一工作资格设置了越来越高的门槛）。这一工作，其职业范围是"精神的"，不仅不意味着工作强度的降低或性质的变化；恰恰相反，精神工作，比任何只触及身体某些局部的劳动，要求工作者更严格的"纪律"，对整个人从内到外更加彻底地条理化，对其全部生活更为系统地理性化。简言之，精神工作要求人全部的日常生活都成为"工作"的一部分。他作为牺牲而奉献的"一生"，只是他为了在职业中做出一点点微乎其微的"贡献"所做的准备。在这个意义上，精神工作者是伦理理性化最系统和最彻底的承载者，他最大程度清除人在日常生活中的无计划性和无系统性，以融贯的方法统领全部的生活。学者是名副其实的"终生的僧侣"（ein Mönch... sein Leben lang）[1]，他必须把他的世界变成一座修道院。如果说，现代国家是西方理性化最重要的制度产物，那么，现代科学工作者，就是这一理性化最重要的精神产品。

将科学与政治（特别是其中的行政管理）看作一种"精神工作"，无疑与古典传统将二者视为摆脱了工作的必然性

〔1〕韦伯，《新教伦理与资本主义精神》，第90、93页（*Religionssoziologie* I：115, 119）。

束缚的所谓“自由行动”（闲暇）形成了鲜明的对比。[1]从历史的角度看，这是现代科学的一项重大成就：在培根的感召下，将科学转变为一种工作，科学家才能实现“知识即权力”的梦想。[2]受韦伯启发的一代科学社会学家，在分析现代科学的早期发展时，正是将这一特征视为西方科学得以实现突破的关键。在他们眼中，现代科学工作的形成不过是韦伯阐发的“新教伦理”命题的一个特例而已：新教伦理为新科学工作提供了精神上的动力。[3]

---

〔1〕阿伦特，《人的境况》，王寅丽译，上海：上海人民出版社，2009年。亚里士多德，《形而上学》，981b14—25；《尼各马可伦理学》，1177a13—78a7；《政治学》，1333a31—34b28。

〔2〕Bacon, *Novum Organum*, I.3, 98; *of The Advancement of Learning*, I.v.11.

〔3〕“这一要点（指在科学中对社会福利的关注——引者按）自始至终指向清教原则与科学研究公开宣称的属性、目标和结果之间的关联。这是当时科学的拥护者的观点。斯普拉特问道，倘若清教要求一个人在他的天职中坚持系统的有条理的劳动、坚持不懈的勤奋，那么还有什么比得上实验技艺这项‘单凭某个人的持续劳作或皇家学会这个最伟大的协会前仆后继的力量都无法完结’的事业，更活跃、更勤奋、更有系统性？”默顿，《十七世纪英格兰的科学、技术与社会》，范岱年等译，北京：商务印书馆，2000年，第四至六章（引文见第129页，译文有改动）。韦伯自己对这一问题的看法则有些复杂，他虽然在“科学作为天职”的演讲中承认现代科学工作受到新教（以及间接上清教）的影响（I/17：91），但他主张，“现代自然科学最初的试金石乃是产生于天主教地区和天主教徒的头脑中。‘新教徒’的主要作为毋宁说是把自然科学条理性地应用于实践目标”。但韦伯与默顿等科学社会学的真正差别在于，现代科学与宗教因素之间的关系，远不只是新教如何影响了科学的精神气质或清教造成了意外的“合法化”后果这些问题，而是涉及一些更为根本的问题。韦伯，“关于‘资本主义精神’的反批评结束语”，收入《新教伦理与资本主义精神》，阎克文译，上海：上海人民出版社，2010年，附录二，第424页（I/9：738）。Friedrich H. Tenbruck, “Max Weber and the（转下页）

依据韦伯对现代工作伦理形成的分析，乃至更进一步，对理性化的现代政治背后的革命动力的分析，这一高度形式化和专业化的工作，需要某种能够从内部全面塑造工作者的伦理理性化。[1]所谓“科学革命”，不仅仅是外部的技术革命，而必定涉及某种信念的“理智转变”（Metanoia），从而构成“现代科学的精神气质”。[2]正是基于比较宗教社会学和支配社会学研究中的这些洞察，韦伯在“科学作为天职”的演讲中，才得以从科学的外在物质条件推进到科学的内在处境，考察作为职业的Beruf与作为天职的Beruf之间千丝万缕的关联与无法解消的紧张。外在职业经营与内在天职伦理之间的关系，构成了科学作为理性化关键环节的动力，也最终规定了其悲剧性的命运，这往往是韦伯的批评者们忽视的。

科学在职业与天职之间的张力，突出体现在韦伯的激情（Leidenschaft）概念中。在韦伯看来，“人之为人，不能以激情去做的事情，就是没有价值的事情”。[3]在韦伯要求政治家必备的三项决定性品质中，第一项就是“激

（接上页）Sociology of Science：A Case Reopened”, *Zeitschrift für Soziologie*, Vol. 3, no. 3（1974）, pp. 312-321.

〔1〕参见李猛，《理性化及其传统：对韦伯的中国观察》，《社会学研究》，2010年第5期，第1—31页。

〔2〕默顿，《十七世纪英格兰的科学、技术与社会》，《科学、技术与社会：科学社会学研究的预示》（中文版前言），第7页；韦伯，《支配社会学》，第273页（I/22-4：482）。

〔3〕韦伯，《科学作为天职》（I/17：81）。

情”。[1]那么，在韦伯这里，究竟什么是“激情”呢？韦伯的回答出乎意料，激情就是“专注于事情”或者说“就事论事”（Sachlichkeit），是对一项事业的献身（leidenschaftliche Hingabe an eine „Sache“）。这一令沃格林极度惊讶的定义[2]，清楚地标识出了韦伯理解的科学天职的精神气质——激情就是纪律（Disziplin）。[3]

在韦伯的支配社会学中，就事论事的“事务性”被看作官僚制支配贯彻行政工作专业化的根本原则。在这个意义上，“就事论事”意味着根据可计算的规则“不考虑具体人”来处理事务（„Ohne Ansehen der Person“ nach *Berechenbaren* Regeln）。[4]“不考虑具体人”，从社会学的角度看，意味着这一支配克服了地位身份的等级制限制或对生活的圣俗区域分界，而完全基于夷平后的社会成员资格一视同仁地对待

[1] 韦伯，《政治作为天职》，第4页（I/17：227）。

[2] “因此，‘激情’的含义刚好跟人们通常使用这个概念时所理解的含义相反：不是要顺从激情，而是要驯服激情，让激情完全集中到事情上。”沃格林，《希特勒与德国人》，第330页。

[3] “一般所称的‘纪律’，与特殊而言，其最理性的子嗣——官僚制——一样，都是某种‘就事论事’，而且坚决地以‘事务性’（Sachlichkeit）效命于任何力量（只要这一力量谋求纪律的助力，又知道如何创造出纪律）。”因此，纪律作为“对命令一以贯之的理性化执行，即计划周全、训练完备、精确、完全无条件地排除一切个人批评地执行命令”，实际上是诉诸“强烈的‘伦理’动机”，建立对一项共同事业的“事务性”“献身”。它令人惊讶地将“理性计算下对群众心理生理的冲击力达到的最优效果”与“义务”或“良知”的伦理品质结合在了一起。尽管从历史的角度看，纪律作为克里斯马日常化的替代物，理性化的计算日益取代了伦理品质的作用。《支配社会学》，第332–335页（I/22-4：542-5）。

[4] 韦伯，《支配社会学》，第46页（I/22-4：186）。

人与事。可计算性的理性规则能在现代官僚制中发挥如此大的作用，仰赖这一支配以“事务性”，而非具体人的品性或身份，作为行政处置的根据，因此，“事务性”实际上构成了“通过计算支配”（durch Berechnen Beherrschen）这一现代支配原则的枢纽。韦伯将之视为现代官僚制最重要的特征，“同时也是市场（乃至所有对赤裸裸的经济利益的追求）的口号”，由此全面奠定了现代文化在“技术与经济的基础构造”方面的特质。这两个特质合在一起表明，就事论事的“事务性”始终意味着一种“无恨亦无爱”（sine ira ac studio）的“非人化”（entmenschlicht）原则，一种超越党派利益的官员职业伦理。[1]甚至在行政的所谓自由裁量空间中，官僚的行动也仍然会秉持“现代特有的、严格事务性的‘国家理性’思想”这一被视为“国家行政领域中最高与最根本的行为原则”。对“事务性”目标的理性追求与献身，以及接受这一目标的支配，被韦伯称为“官僚行为的规范”。[2]

专注于事情或事务的Sachlichkeit，这种“无恨亦无爱”的专业规范，同样也被韦伯用来描述一位真正的教师或学者的职业品格，用以反对在科学职业中千方百计展现自己所谓

〔1〕韦伯，《支配社会学》，第46页（I/22-4：187），《政治作为天职》，第264页（I/17：189-90）；参考韦伯，《中间考察：宗教拒世的阶段与方向之理论》，《中国的宗教·宗教与世界》，康乐、简惠美等译，桂林：广西师范大学出版社，2004年，第518页（I/19：491）。

〔2〕韦伯，《支配社会学》，第52—53页（I/22-4：195-6），对比家产制官僚制围绕人身（Ansehen der Person）建立的支配形式，《支配社会学》，第151页（I/22-4：314）。

“统一”人格（Persönlichkeit）的某种时代倾向：

> 对每一种职业的任务来说，事业自身（die Sache als solche）都要求有自己的权利，并且要按照它自己的规律来完成。对每一种职业的任务来说，负责的人都应当专心致志，排除一切不严格地属于事情的东西，大多数情况下也就是自己的爱和恨。认为强大的人格表现在，它在任何场合都首先探究一种仅仅为它自己特有的完全“个人色彩的”特性，这是不正确的。相反，我们应当期望，恰恰是如今正在成长的一代首先要习惯于这样的思想：形成“一种人格”，是某种不能刻意追求的东西。只有一种（也许！）使人格得以实现的途径，即毫无保留地献身于一项“事业”，不管它以及由它出发的“日常要求”在具体场合会是什么样的。将个人事务混入就事论事的专业讨论，这是不适宜的。如果没有实现“职业”所要求的这种特殊方式的自我约束，这就意味着取消了“职业”唯一在今日仍现实地起着重要作用的意义。[1]

在韦伯看来，“在科学的领域里，只有那些全心全意地为事业

〔1〕 韦伯，《社会学与经济学的“价值自由”的意义》，第95页（*Wissenschaftslehre*: 494）。

服务（rein der Sache）的人，才具有‘人格’”。[1]这种“毫无保留地献身于一项‘事业’”（die rückhaltlose Hingabe an eine »Sache«），在韦伯心目中，构成了科学内在天职的“激情”。[2]

但如果就事论事的“事务性”是官僚群体普遍奉行的理性生活之道[3]，向从事这一职业的政治家和科学家推荐这样的品质，似乎既无必要，也无可能：既然政治家或科学家其实都不过是专业官僚，他们难道不已经成为这种就事论事的“事务”或“事业”的化身了吗？对一种“通过计算支配”的原则，可以接受，可以严格履行其“日常要求”，直至超脱“自己的爱与

---

〔1〕韦伯，《科学作为天职》（I/17：84）。

〔2〕塔西佗自己的历史写作是否遵循了他提出的“无恨亦无爱”（或“不激不偏”）的非党派性原则，在古典学界是一个长期聚讼纷纭的话题（Tacitus：sine ira et studio, *Ann.* I.1）。而这一原则在现代社会分析中面临的困境，可以从一个例子看出。当沃格林援引修昔底德的例子隐晦地批评阿伦特的名著《极权主义的起源》未能使作品的情绪完全超越当时的党派意识形态时，阿伦特则申明，她的方法或“风格”，就是有意与“不激不偏”的所谓“客观性”方法论原则分道扬镳，因为后者在面对集中营之类的事实时，恰恰未能做到充分“客观”。不过，在这一争论发生前不久，在雅斯贝尔斯的推动下，阿伦特阅读了韦伯的作品后坦承，韦伯在理智上的清醒，是她远远不及的，她自己多多少少会留有那么一些教条的东西，特别是当她作为犹太人撰写历史时。值得一提的是，施特劳斯曾赞美洛维特的《从黑格尔到尼采》处理了大量具有政治性质的争议论题，却能脱离党派性，“以不激不偏的方式写成”。Eric Voegelin, Review of *The Origins of Totalitarianism*, *The Review of Politics*, Vol. 15, no.1（1953）, pp. 68-76 ; Hannah Arendt, “A Reply”, *The Review of Politics*, Vol. 15, no. 1（1953）, pp. 78-9; Arendt to Jaspers, Jun. 25, 1950, in Hannah Arendt and Karl Jaspers, *Correspondence 1926-1969*, New York ： Harcourt, 1992, p.150. Leo Strauss, *What Is Political Philosophy ?* , Chicago：The University of Chicago Press, 1959, p.268；但比较施特劳斯，《自然权利与历史》第54页。

〔3〕韦伯，《支配社会学》，第82页（I/22-4：228-9）。

恨”，但怎么可能让一个人为此充满激情地献身呢？

从早期的《中世纪商社史》的研究开始，韦伯就已经注意到，现代世界的理性化将决定人的行动取向、联结人与人的关系，将共同体的形态，决定且不可逆转地改造为社会性关系。在这一“大转变”中，现代国家的官僚制扮演了关键的角色：“官僚制一旦确立，即为社会组织中最难摧毁的一种。官僚制乃是将共同体行动转变为理性秩序安排的‘社会性行动’的特有手段。”但在现代国家和企业组织兴起之前，宗教团体，特别是教派，是将人按“社会化”组织起来的主要力量。[1]人的种种生活秩序的“社会化”（Vergesellschaftung）始终是韦伯分析西方理性化进程关注的焦点。[2]而“社会化”就意味着，基于人们共

---

〔1〕教派作为“社会化”组织，在培养资本主义“精神”方面的作用，在韦伯的《新教教派与资本主义精神》一文中得到了相同深入的阐发。收入韦伯，《新教伦理与资本主义精神》，阎克文译，附录一，第365—392页（I/9：435-62）；参见附录二，《关于“资本主义精神”的反批评结束语》，第412—417页（I/9：715-24）。

〔2〕韦伯，《社会学的基本概念》，第54—58页（I/23：194-8）；《支配社会学》，第65页（I/22-4：208）。虽然韦伯将“共同体”关系（Vergemeinschaftung）定义为参与者主观感情上的相互隶属，但在他的大量社会学分析中，对“共同体”概念的使用，要比滕尼斯宽泛得多（一个典型的例子就足够了，韦伯将现代政治称为“自由共同体的政治组织”——freie Gemeinwesen。《政治作为天职》，I/17：169）。从《新教伦理》的研究就可以看出，韦伯对现代社会中“共同体”与“社会”之间复杂关系的理解要远比滕尼斯深入而丰富得多。而我们这里关心的“文化人”与“职业人”的关系，也必须参照这对对立来理解。有关韦伯对“共同体”概念的使用，参考Joachim Radkau, *Maw Weber: A Biography*, Cambridge: Polity, 2009, pp.413-5。

识的“目标性组织的具体理性秩序”（konkreten rationalen zweckverbandmäßigen Ordnungen），为一种对共同行动更为广泛的目标理性秩序所代替，这就是目标理性安排的“制度”（Anstalt）。这一制度化的新秩序，虽然最初出于某种明确的特定目标而设置和安排，但对于大多数社会成员来说，并不清楚这些目标，只会基于习惯面对这些制度：“社会日益分化和理性化，虽然并不绝对适用于所有情况，但一般来说意味着，就整体而言，在实践上受理性技术和秩序影响的人，距离这些技术和秩序的理性基础越来越远……因此，共同体行动的理性化根本不意味着对于这些行动条件或相互关系的知识的普遍化，而是恰恰相反。”[1]社会性生活的“制度”，就像“科学作为天职”演讲中的“电车”，“只要想要了解，就能随时了解到”。但这些事务性安排的知识，并非我们世界图景的内在组成部分，它们只是在原则上，随时可以作为手段被调用，通过计算与我们的生活目标联系在一起。“事务”本身没有“价值”，它们不在我们的生活之中，也不是我们想要的。可是我们的生活秩序，却完全取决于这些事务性安排的功能运转，仰赖对这些事务的知识。不管我们各自打算追逐什么样的价值，我们真正共享的是联系在一起的事务构成的“社会”，关注的是其制度化的经营。而科学所关注的手段性知识，就是这一事务性的现代社会赖以构

〔1〕 Max Weber, “On Some Categories of Interpretive Sociology”, pp.299-301（*Wissenschaftslehre*：470-3）.

成的关键。

因此，就理性化进程中的理智化一面而言，以“事情”或“事务”为核心的专业化，意味着决定人类生活命运的“最重要”的知识，从有关生活目的的智慧或明智转变为手段的知识。韦伯对社会科学性质的广泛探讨始终坚持一个原则，社会科学是一种手段性的知识。[1]只有凭借这种知识，社会成员的行动才能从“情感”或“传统”这种所谓“边缘”类型成为真正有意义的社会行动。[2]在这个意义上，我们可以说，人的行动得以建立目标—手段的结构性关系，转化为严格意义上的“社会行动”，是人的生活成为名副其实的社会科学对象的历史前提。然而在行动的目标—手段结构，或者说，价值理性与目标理性的复杂伦理形态中，社会科学的知识，并不能提供人类行动的内在伦理动力，而更多是“就事论事”地评估这一伦理动力可能采取的各种路径：

> 假设我们把人类行动“理解”为受清晰的意识、意志想要的“目标”以及有关达到这些“目标”所需“手段”的明确知识所决定的，这种理解无疑可以达到特别高程度的“自明性”。假如我们现在问这么高的“自明

---

〔1〕韦伯，《社会科学认识和社会政策认识的“客观性”》，《社会科学方法论》，李秋零、田薇译，第3页（*Wissenschaftslehre*：150-1）；《社会学与经济学的“价值自由”的意义》，第103页（*Wissenschaftslehre*：508）。

〔2〕韦伯，《社会学的基本概念》，第31—33页（I/23：175-6）。

性”有何基础，显然其中缘故是，“手段”与“目标”之间是一种理性的关系，在特别的程度上可以为“法则”意义上的因果概括的考察所把握。没有任何理性行动，其现实中被考察到的部分不被视为因果作用的对象及手段从而实现了因果理性化……（1903—1906）[1]

对有意义的人类行动的基本要素所做的任何思想探索，都首先是与“目标”和“手段”这两个范畴密切相关的。具体来说，我们想要某种东西，要么是出于它自己的价值想要它，要么是把它看作服务于最终想要的东西的手段。而首先，手段对于给定目标的适当性问题，绝对是可以进行科学考察的问题。（1904）[2]

许多人依旧一直相信：人们应当、必须或者也能够从“发展趋势”中引申出对实践评价的指导。然而，即便是从如此明确的“发展趋势”中，也只是就实现某个既定立场最适合的手段而言，而不是针对立场本身，才能给行动明确的律令……对这些或多或少难以改变的“发展趋势”的知识在这里绝对没有特殊的地位。每一个新的个别事实都同样会导致重新在目标和不可避免的手段、期望的目标和不可避免的附带后果之间做出调整。然而，这种重新调整是否应当发生，以及它会带来

〔1〕韦伯，《罗雪尔与克尼斯：历史经济学的逻辑问题》，李荣山译，上海：上海人民出版社，2009年，第126页（*Wissenschaftslehre*：127）。

〔2〕韦伯，《社会科学认识和社会政策认识的“客观性”》第3页（*Wissenschaftslehre*：149）。

什么样的实践结论，却不仅不是一门经验科学的问题，而且如已经说过的那样，根本不是任何一门科学的问题，无论这门科学是什么样的。(1917)[1]

除非是讨论对一个既定的预设目标而言的手段问题，否则不可能“在科学上”为实践立场辩护的，这么说还有更深的理由。这样做在原则上没有意义，因为世界上各种不同的价值秩序，彼此之间处于不可解消的争斗之中……如果一个人采取某种特定的立场，那么，根据科学的经验，他要在实践中贯彻自己的立场，就不得不采用某种特定的手段。但是，这些手段也许恰恰是你相信自己必须抛弃的。这样一来，你就只能是在目标和不可避免的手段之间做出选择，看看目标是不是能够让手段也变得“神圣”？教师会让大家认识到这种选择是不可避免的。只要教师还想让自己保持教师的职责，不想成为一个煽动家，他所能够做的，也就仅限于此。(1917)[2]

在无数相似的段落中，韦伯倡导的社会科学始终试图把握的只是“手段对于给定目标的适当性”，对于目标本身或者立场本身，“根本不是任何一门科学的问题，无论这门科学是

〔1〕韦伯，《社会学与经济学的“价值自由”的意义》，第106页(*Wissenschaftslehre*：512-3)。

〔2〕韦伯，《科学作为天职》(I/17：103)。

什么样的"。[1]政治哲学家施特劳斯将韦伯的这一立场，视为事实/价值（Fact/Value）、实然/应然（Sein/Sollen）二分在社会科学中的典型症候。这一症候暴露出韦伯学说乃至整个新社会科学的痼疾，必然导致所谓"虚无主义"。[2]这是韦伯的科学学说面临的最致命的批评。要理解韦伯，无论其伟大，还是错误或局限，都必须面对这一批评。

不过，虽然施特劳斯对实证主义的新社会科学始终持有严厉的批评态度，并认为韦伯对狭隘而缺乏反思的"新政治

---

〔1〕一个非常有说服力的例子是韦伯著名的国家定义。在定义国家时，韦伯坚持，我们只能从"国家特有的手段"入手："从社会学的观点来看，什么是国家？按照社会学的理解，这也不可能根据其活动内容来定义。几乎没有什么任务不被某些政治联合体在这样那样的时候列为自己的工作。"《政治作为天职》，第247—248页（I/17：157-8）。

〔2〕施特劳斯个人的经历或许有助于我们理解他对韦伯的批评。1956年2月在芝加哥大学一次有关海德格尔"存在主义"的演讲中，施特劳斯对比了韦伯给他留下的印象："我第一次听说海德格尔是在1922年，那时我是个年轻的博士生。在此之前，和许多德国的同时代人一样，给我留下特别深刻印象的，是马克斯·韦伯，是韦伯毫不妥协地献身于理智的诚实，他对科学观念充满激情的献身，这种献身同时与一种对科学意义的深刻不安结合在一起。当我从海德格尔教书的弗莱堡北上时，我在美茵河畔的法兰克福遇上了罗森茨威格……我和他谈起海德格尔，我告诉他，与海德格尔相比，就准确、深入与能力而言，韦伯就是一个无家可归的孤儿。"（Leo Strauss, "An Introduction to Heideggerian Existentialism", in *The Rebirth of Classical Political Rationalism*, ed. Thomas Pangle, Chicago：The University of Chicago Press, 1989, pp.27-8）。海德格尔本人对"以韦伯为中心的自由民主的海德堡知识分子圈子"的轻蔑态度，可以从所谓鲍姆加腾事件中看出，雅斯贝尔斯始终对此耿耿于怀。对雅斯贝尔斯多次在信中提及韦伯，海德格尔冷淡地表示，"我对韦伯的认识无疑是不够的，他对我来说最终还是陌生的"。比默尔和萨纳尔编，《海德格尔与雅斯贝尔斯往复书简》，李雪涛译，上海：上海人民出版社，2012年，第71—72，249，367—368，232页。

科学”产生了巨大的影响，但他在许多时候却将韦伯视为一个例外，赞赏韦伯在处理科学问题上的“深度”（depth）与“思想开阔”（open-minded），使其幸免于“新政治科学家”这些常见的缺陷。[1]但韦伯究竟如何超越了“新政治科学”在实证主义与相对主义方面的“狭隘性”，施特劳斯语焉不详。但有一点颇值得注意，施特劳斯在“二战”后将彻底批判韦伯科学学说中的相对主义与虚无主义作为重返古典理性主义的出发点[2]，但他对韦伯思想的具体诊断却在许多方面响应了战前左派学者卢卡奇对韦伯的非理性主义批评。[3]在深入考察对韦伯思想的哲学批评之前，我们先要理解对韦伯思想的社会批评，这是理解前者的前提。

早在1922年，卢卡奇就试图通过韦伯的思想阐释马克思的物化概念。卢卡奇指出，现代资本主义的物化体现在国家的原则依据精确计算的方式进行系统的理性化。现代官僚制在形式上的理性化，恰恰通过片面的专业化，破坏了人之为人的本质。卢卡奇还特别强调，工人的“物化”，还只是部分精神能力与全面个性分离，遭受机械化的压抑，而官僚的“事务性”（Sachlichkeit），则是完全服从物的关系构成的

---

〔1〕 Leo Strauss, “Replies to Shaar and Wolin”, *The American Political Science Review*, Vol. 57, no. 1 (1963), p.153.

〔2〕 “在我看来，韦伯的命题必定会导致虚无主义……” 施特劳斯，《自然权利与历史》，第44页。

〔3〕 施特劳斯，《相对主义》，郭振华译，《古典政治理性主义的重生》，北京：华夏出版社，2011年，第62—63页。

系统。这种完全的服从，不仅意味着泰勒制式的分工侵入了心理领域和伦理领域，更重要的是，强化了整个社会的“物化意识结构”：“雇佣劳动中产生的各种意识问题以精致化、精神化，然而正因此而更加强烈的方式，出现在统治阶级那里。”这方面的范例就是——“专业化的‘大师’，即客体化和物化了的精神能力的出卖者，不仅成为社会事件的旁观者……而且对于他自己的客体化的和物化的能力所发挥的功能，也采取一种旁观的（kontemplative）态度”。[1]

卢卡奇，深受韦伯影响的匈牙利青年哲学家[2]，在将理性化学说转变为物化理论时，将韦伯在现代官僚制支配中发现的“事务性”原则与科学工作“面向事情”的“客观化”原则（韦伯著作中的两种Sachlichkeit）直接联系在一起，断定这是在资本主义社会才第一次得以实现的，与社会经济结构相对应的“整个社会的统一的意识结构”，即资本主义主体特有的意识结构。[3]这样，理性化、对象化与事物

---

〔1〕卢卡奇，《历史与阶级意识：关于马克思主义辩证法的研究》，杜章智等译，北京：商务印书馆，1992年，第157—164页。

〔2〕参见Éva Karádi, “Ernst Bloch and George Lukács in Max Weber’s Heidelberg”, in Wolfgang Mommsen and Jürgen Osterhammel, ed. *Max Weber and his Contemporaries*, London：Allen and Unwin, 1987, pp.499-514（尤其有关二人对文化与文明之间关系的不同看法）。

〔3〕马尔库塞的分析虽然在细节上略有不同，基本遵循了类似的思路。马尔库塞认为，西方的理论理性转变为资本主义的实践理性的关键在于，二者的共同基础是“抽象”，这种抽象“既是科学的工作，又是社会组织的工作。它确定了资本主义阶段的特性，即把质还原为量的过程”。马尔库塞认为，韦伯的这种形式性的技术理性，已经暗含了对脱离了（转下页）

化，几乎成为同一过程。[1]事物化（Versachlichung）与物化（Verdinglichung）有时也混为一谈。[2]而专业化分工在导致非人性的片面化的同时，将“理性的机械化一直推进到工人的‘灵魂’中”，从而塑造了一种所谓“资本主义主体行为”的“旁观性”。在这里，每个人都“被分裂为商品运动中的因素和这种运动的（客观的、无能为力）的旁观者”。而且，在官僚和专家这些所谓的“统治阶级”那里，这一旁观化造

（接上页）价值的资本主义的批判，只不过当资本主义的工业化变成了不可抗拒的命运时，“批判就停止了……转变成了辩解”。但事实上，这种形式理性的“抽象”，在一开始就预设了“人与人之间的斗争”这一“非人性”的前提。而与之不可分离的就是借助专门知识进行支配的“机器”。专业化的官僚支配，被马尔库塞视为这一形式理性物化登峰造极的形态，但这一“事务性”的管理机器，要么像在韦伯那里，听命于非理性的克里斯马，要么在历史的辩证法中否定了自身。但马尔库塞认定，韦伯分析的弱点就在于，他仍然是技术的形式理性与资产阶级的资本主义理性“同一性的牺牲品”，从而没有能力突破这一形式理性“奴役的硬壳”，看不到它也可能会成为“人的解放的工具”。《马克斯·韦伯著作中的工业化与资本主义》，第79—80，84，88，95—98，103，105页。

〔1〕“这一发展越来越把一切‘自然的’因素，任何一种与自然的直接关系，以及诸如此类的东西，从社会形式中剔除出去，以至于社会性的人恰恰就在他的远离人的甚至非人的客观性中表现为这种客观性的核心。恰恰是在一切社会形式的这种客观化，也就是理性化和事物化中（in dieser Objektivierung, in dieser Rationalisierung und Versachlichung aller gesellschaftlichen Formen），社会是从人与人彼此之间的关系中建立起来的这一点才第一次清楚地展现了出来。”卢卡奇，《历史与阶级意识》，第262–263页。

〔2〕卢卡奇，《历史与阶级意识》，第263页，“人与人的这种关系是依赖于物的……作为事务化关系核心与根基（Kern und Grund der versachlichten Beziehungen）的人”；特别见第316页：“社会生活条件的事务化或物化”（die Versachlichung, die Verdinglichung der sozialen Lebensbedingungen）。

成的精神分裂以更为系统、全面的方式体现出来。卢卡奇还特别提醒读者，这就是韦伯在新教中发现的“入世苦行”对所谓资本主义“精神”形成所起的作用。[1]

卢卡奇的这一批评，经过修正后，在“二战”后撰写的《理性的毁灭》中发展成为对德国帝国主义阶段社会学的系统批判。从这本书的副标题就可以看出，这是一部对现代德国思想的“非理性主义”通过“希特勒归谬法”（reduction ad Hilterum）予以全面清算的著作。根据卢卡奇的分析，方法论上的极端形式主义与完全的相对主义，很快就会退化为一种神秘的非理性主义。卢卡奇相当刻薄地指出，这种形式主义的学科分工，彼此相互推卸问题的方法，导致这些问题始终悬而未决，“与官僚机构将待理案件互相移送，极其类似”。卢卡奇指出，韦伯自己虽然也反对过度的形式主义，但他的社会学范畴仍“只不过是资本主义体系中善于计算的个人的抽象心理学”，因而，“在反对非理性主义的斗争中竟把非理性主义引向了一个更高的阶段”。韦伯社会学方法主张的价值自由，通过从社会学中清除“所有表面上非理性的因素”，实际上是“非理性主义至

---

〔1〕卢卡奇，《历史与阶级意识》，第249页注2，参见第148—154页。卢卡奇在1967年的“新版序言”中还特别检讨自己虽然在本书中努力克服“资产阶级思想中的纯粹旁观性质”，但因缺乏真正的概念基础，仍不免“重新陷入唯心主义的旁观中”（第12页）。换言之，在卢卡奇看来，韦伯的社会学就体现了这样一种“唯心主义的旁观”，而自己在20世纪20年代努力批判这一思想时并未能真正实现“实践”对“旁观”的克服。

今所达到的最高阶段”，是从新康德主义的认识论通向存在主义的虚无主义的关键一步。[1]

沃格林和施特劳斯，卢卡奇与马尔库塞，他们对韦伯的科学学说最重要的社会批评在于，科学通过“价值自由”发展的“手段知识”，是现代社会物化现实的某种镜像。而韦伯自身对科学使命的规定，并没能超出这一科学致力于研究的对象本身面临的根本困境，相反，韦伯恰恰是这一困境浓缩的反映。当韦伯坚持，“局限于专业工作”，是我们这个科学时代“任何有价值的行动的前提”，这一“局限”（Beschränkung），就不仅是现代精神工作者在知识上的指导原则，也是其生活之道不可逾越的纪律，并最终成为现代思想的“绝对命令”。在这个意义上，韦伯的伟大是与其错误息息相关的，他的思想是这个时代的“黑暗之心”——他之所以伟大是因为我们可以透过他的思想以最鲜明、最尖锐的方式把握这个时代的错误或狭隘。

四、内外之间：职业伦理的精神动力

然而，将韦伯有关科学“客观性”与“价值自由”的论述视为官僚制时代事务性倾向的反映或延伸，与韦伯自己对科学的大量论述直接抵触。

针对有人倡导大学教师在课堂上宣传自己的价值立

[1] 卢卡奇，《理性的毁灭》，第539页以下。

场，主张大学是国家机构，目标就是培养“忠于国家”的官员，韦伯明确反对，“这样就是把大学变成了‘专业技校’（Fachschule）”。[1]虽然韦伯反对将课堂变成“先知和煽动家”灌输意见的一言堂，但对那些试图将一切危险话题排除在课堂之外，使课堂完全失去激情的看法，韦伯斥为“每个独立的教师必然拒斥的官僚意见”。[2]对于那些不能运用“敏感”与“直觉”理解历史事件意义的“拙劣的历史学家”，韦伯不屑地称之为“历史学胥吏”（eine Art historischer Subalternbeamter）。[3]在韦伯看来，将科学视为“事业”，坚持科学的事业建立在对事情本身的激情上，这些主张绝不意味着社会学成为一门官僚科学，为“通过计算支配”的官僚制服务的“社会工程学”。虽然韦伯反复强调，社会科学是一门“技术”，对“手段对于给定的目标的适当性”进行科学考察，从而实现“技术性的批判”，但对于那些试图从专业知识为实践政治生活推导出各种规范的专家，韦伯禁不住感慨道，“真是太天真了”。技术批判从来不能直接给出“经济和社会政策问题”的答案：“一个问题的社会政策性质恰恰是，它不能根据从确定的目标出发的纯技术性考虑来解

〔1〕韦伯，《社会学与经济学的“价值自由”的意义》，第96页（*Wissenschaftslehre*：496）。

〔2〕同上书，第92页（*Wissenschaftslehre*：490）。

〔3〕韦伯，《文化科学逻辑领域的批判性研究》，《社会科学方法论》，李秋零、田薇译，第79页（*Wissenschaftslehre*：278）。

决。”[1]1909年，在社会政策协会的一次讨论中，韦伯强调，在一个科学协会中讨论任何实践问题，只能考虑手段或副作用，而最终立场则属于主观的价值判断。接着韦伯就直抒胸臆，他之所以在所有场合都学究气地坚持严格区分“实然”与“应然”，“恰恰不是低估应然问题，而是正相反，因为我不能忍受，那些事关推动世界的重大理念问题，在一定意义上最高的问题，能够打动人心的问题，被转变为‘生产率’这样的技术—经济问题，成为一门像国民经济学这样的专业学科讨论的对象”。[2]

韦伯清楚，任何一门像国民经济学这样的专业学科，就其作为考察手段的“技术”而言，其实都预设了某种相当明确的价值目标（比如财富的增长）。对科学的官僚态度，在专注于实现给定目标的适当手段时，事实上也在将这样一些目标默认为完全自明的价值。社会科学种种专门性科学的目标，归根结底，都是现代自然法缔造的理性主义整体世界图景的一部分，这一理性的世界观“相信现实在理论和实践上都是可理性化的”，并因此往往阻碍了人们发现那些所谓自明的预设是“成问题的”。[3]经验性的社会科学面临的最大

---

〔1〕韦伯,《社会科学认识和社会政策认识的“客观性”》，第5页（*Wissenschaftslehre*：153）。

〔2〕Max Weber, *Gesammelte Aufsätze zur Soziologie und Sozialpolitik*, Tübingen: J.C.B.Mohr, 1988, p.419.

〔3〕韦伯,《社会科学认识和社会政策认识的“客观性”》第24、25页（*Wissenschaftslehre*：185, 152-3）。韦伯与这一世界观的根本分歧，可以从他对“现实的非理性”的坚持中看出，参见下文的讨论。

障碍，就在于如何通过对手段性知识的厘清来揭示或暴露那些伪装在技术问题背后的社会目标或政治经济政策本身的“问题”，使社会科学的所谓技术性考察进一步成为技术批判，而这是只有当文化科学或历史科学克服现代国家缔造的官僚时代的桎梏或局限时，才能赢得的开阔思想。[1]官僚支配是摆在所有文化科学和历史科学面前最大的理论难题。

根据韦伯著名的支配社会学理论，“官僚制机器化的进展不可抗拒”，而且在经济生活中官僚机器的技术优越性也不容否认，但一旦这一官僚化和理性化的浪潮席卷了行政管理和政治的领域，甚至人的全部生活，每个工作者就都成了这部巨大机器中小小的螺丝钉，而他唯一关心的不过是，能不能成为一个更大的螺丝钉。韦伯以令人难忘的口吻预言了这一“埃及化”的前景——

> 更令人不寒而栗的是，想到有一天，世界充斥的都是这样的小螺丝钉，一个个小人物固守在自己的位置上，挣扎着想要得到一个大一点的位置，我们在纸草中见过的这种状态，将再次日益显著地出现在今天官员群体的精神中，尤其是他们的接班人——我们的学生那里。这种对官僚化的激情……令人绝望。仿佛我们的知识和意志都只是为了要成为一个需要命令，并且只要命令的人，一旦命令有片刻含糊，我们就紧张、畏缩；而

[1] Löwith, *Max Weber and Karl Marx*, p.68.

一旦脱离了将我们完全配置在命令体系上的链条，就浑然无助。世界只剩下这样的命令人——我们全都已经深陷在这一进程中，而核心问题不是我们如何进一步推动和促进这一进程，而是我们拿什么东西与这部机器对抗，让人类的一部分免于灵魂的这种碎片化，免于官僚生活理想舍此无他的主宰。[1]

韦伯在科学中捍卫面向“事情本身”的激情，就其意图而言，恰恰是要防范科学成为官僚事务性的附庸，成为安装或加固螺丝钉的说明书。然而问题在于，如果像韦伯已经指出的，科学作为职业的经营，不过是现代官僚支配体系制度化经营的一部分，科学如何可能超越“通过计算支配”的经营原则对知识的控制，探索和捍卫生活中问题化的力量？[2]

因此，针对韦伯思想“资本主义非理性主义”批评的关键，实际上触及科学与官僚制——韦伯眼中现代社会中最重要的两种力量——之间的关系问题。社会科学是手段的知识，这是否就意味着要寻求对任何目标而言“最适合”的手段，追逐最有希望成功的手段，放弃所有毫无结果的

〔1〕韦伯1909年9月28日在社会政策协会维也纳会议上的讨论发言（I/8：362–3）。

〔2〕“在任何情况下都应反对的可能是：人们可以在科学上满足于某些如此流行的实践表态的某种由习俗造成的事实上的自明性。科学的特殊功能在我看来恰恰相反：对它来说，习俗上不言而喻的东西成了问题。”韦伯，《社会学与经济学的“价值自由”的意义》，第99页（*Wissenschaftslehre*：502）。

"堂吉诃德式的行为"？恰恰相反！这并不是韦伯对资本主义社会"精神"或伦理特质的社会学界定。韦伯虽然倡导社会科学作为现实科学，却"坚决反对"伦理事物的"现实主义"科学。[1]韦伯承认人都有对成功的一种内在的"适应"倾向，但关注手段知识的科学并不为这样一种人性倾向，及其所谓的"现实政治"立场，提供来自"科学"权威的辩护。韦伯提醒他的读者，仅仅追求"适应"可能的事物，这样一种"儒家的官僚道德"[2]，"并未造就我们文化特有的那些性质，而对这些性质，尽管有些差异，但我们在（主观上）都或多或少赋予了积极的价值"。[3]韦伯在《儒教与道教》的结论中，明确将"我们文化"与儒家文化的伦理特质对立起来：

> 真正的先知预言会创造出一种生活之道，由内到外有系统地将这种生活之道作为价值尺度的取向。面对这一尺度，"世界"就被视为在伦理上应根据规范来赋予

---

〔1〕韦伯，《社会学与经济学的"价值自由"的意义》，第100页（*Wissenschaftslehre*：502）。

〔2〕根据韦伯的支配社会学论述，"儒家的官员伦理"关注的是维持传统的"生计"与安宁，虽然具有某种"事务性"的业务，但缺乏封建制中的英雄气质，也同样不具有后来理性官僚制中隐含的革命性。从韦伯所强调的儒家经济伦理的"生计"特征可以看出，儒家伦理的底色仍然是高度自然主义的。《支配社会学》，第259—260页（I/22-4：452-3）。

〔3〕韦伯，《社会学与经济学的"价值自由"的意义》，第106—107页（*Wissenschaftslehre*：513-4）。

> 形式的质料。相反，儒教则要向外适应，适应“世界”的状况。一个最优的适应者，只不过是将其生活之道的可适应程度尽可能理性化的人，并非形成一个有系统的统一体，而毋宁说是由种种有用的个别品质所构成的一个组合罢了。[1]

因此，韦伯的理性化是以对生活全面系统的伦理理性化为准的，而并不指向最容易获得世俗成功的“适应”。早在其职业生涯的开端，韦伯就鄙夷那种“以配置世界的普遍幸福的菜谱为己任”的庸俗经济学，而坚持主张，经济学不能以“对幸福的乐观期望为基础”，而应记住，人类历史不会注定通向和平与幸福，在这一未知未来的门口处是“放弃一切希望”（lasciate ogni speranza）[2]——韦伯在正式进入科学生涯时的这一自我告诫，也同样是他在二十多年后对年轻学者的提醒。[3]成功不仅不是科学知识唯一支持的价值，而且就其在根本上忽视人的可能性而言，与信念伦理中只关注目标本身的“加图主义”一样，与科学对“事情本身”的激情格格不入。从原则上，韦伯就坚决反对将伦理视为制度经营或外

〔1〕韦伯，《儒教与道教》，第311页（I/19：460）。

〔2〕韦伯，《民族国家与经济政策》，第89—90页，迟帅为新版修订的译文（I/4：558-9）。出于同样的理由，韦伯对德国社会福利政策持有相当的保留态度。Pual Honigsheim, *The Unknown Max Weber*, New Brunswick：Transaction Publishers, 2000, p.127.

〔3〕韦伯，《科学作为天职》（I/17：79-80）。任何了解现代学术生活状况的人都知道，但丁在地狱门口看见的这句话，不只写给犹太人。

部经济条件的“适应性”产物（Anpassung），这是对社会性关系中“制度”（社会秩序）与伦理或“精神”（生活之道）之间关系的典型误解。[1]

那么，社会科学的手段知识对于社会行动或政治生活究竟具有什么意义？从韦伯对“自由”问题的看法，有助于我们理解他为什么会如此坚决地反对适应性道德。将“自由”等同于行动的“非理性”，即“不可计算性”（Unberechenbarkeit），试图以此奠定“精神科学”特有的尊严，在韦伯看来，是一种显而易见的错误，属于“疯子的特权”。韦伯认为，对于我们现代人来说，“最高程度的经验上的‘自由感’”总是出现在那些“我们意识到自己是理性地采取的行动，即在没有物理或心理的‘强制’、不受激情‘情感’的左右，和对判断清明的‘偶然’损害的情况下采取的行动”。这些所谓“理性”的行动，都是借助我们的意识上建立的尺度，“即在经验规则看来最适当的‘手段’来追求一个清晰意识到的目标”。[2]越是能够借助“手段”和“目标”的范畴来完整理解行动的动机，行动越是自由的。[3]

---

〔1〕韦伯对Karl Fishcher有关《新教伦理》批评的第二次答复（1908）：*The Protestant Ethic Debate: Max Weber's Replies to his Critics, 1907-1910*, ed. David Chalcraft and Austin Harrington, Liverpool：Liverpool University Press, 2001, p.44（I/9：500）。参见蒙森，《马克斯·韦伯与德国政治：1890—1920》，第45页，“适应”与韦伯的Sachlichkeit或“理智诚实”尖锐对立。

〔2〕韦伯，《文化科学逻辑领域的批判性研究》，第49—50页（*Wissenschaftslehre*：226-7）；《罗雪尔与克尼斯》，第81页（*Wissenschaftslehre*：65）。

〔3〕韦伯在社会科学方法论中阐述的社会行动“自由”概念与其在（转下页）

人们津津乐道的所谓“人格”（Persönlichkeit），其本质就在于人作为自由行动者，与特定的终极性“价值”和人生“意义”建立了恒定的内在关系，具体而言，就是将这些终极价值或人生意义，熔铸为“目标”与“手段”的结构性关联，从而使理性的社会行动成为可能。而那些“人格”与“体验”的崇拜者，从韦伯的社会学角度看，不过是在“沉闷、模糊、植物性的人格‘地下’状态”中寻找“人格之谜”的答案。〔1〕

韦伯对“自由”与“人格”的看法清楚地表明，他对社会科学知识性质的理解是以他对现代社会的理性化与社会化的学说为基础的。以理性社会行动为核心的各门历史性学科，绝非“一门适应的实用术”（eine Pragmatik der Anpassung），只考虑“达成目标的最适当手段的经验规则的运用”，而是通过广泛考察影响人行动的各种“气质”“情绪”和“情感”，甚至“成见”“错谬”或“失误”〔2〕，从中找到在历史情势中，某种意义上也在今天，有助于理性生活秩序的生活之道。这种生活之道，能够借助个人伦理理性化的人格塑造，将各种终极价值与科学提供的手段性知识联结成

（接上页）政治学说中关注的“自由”概念，至少就生活之道而言，都要求人格对于外在生活的严格纪律约束。韦伯，《俄国的资产阶级民主》，《论俄国革命》，潘建雷、何雯雯译，上海：上海三联书店，2010年，第126—127页（I/10：270-1）。

〔1〕韦伯，《罗雪尔与克尼斯》，第129—130页（*Wissenschaftslehre*：132）。

〔2〕韦伯，《文化科学逻辑领域的批判性研究》，第49—50页（*Wissenschaftslehre*：227）。

为个人的理性行动，从而建立生活条理一贯、清晰明确的秩序。在这个意义上，社会学的“理想”对象，社会行动，就是将人生通过专业化的纪律转变为一项职业的行为。在这个意义上，“职业人”可以说是理智化与理性化的最终人性产物。[1]现代的“职业化社会”的典型生活之道，既不是“登山宝训”指引下不顾后果的信念伦理，但同样也不是对“意义”或“价值”毫不关心，只关注后果和工具的伦理现实主义或适应道德。恰恰相反，现代社会对“手段”和“后果”的精心计算与对“价值”或“意义”的无限需求，乃是职业生活中的伦理理性化的“双生子”。信念伦理与责任伦理都是人的生活之道去自然化的精神“证据”。[2]

从上述分析可以看出，卢卡奇们的“非理性主义”批判，将韦伯科学思想中面对“事情本身”的激情，等同于官僚的事务化倾向，是对韦伯思想主旨的一个致命误解。那么，这一误解从何而来呢？

根据卢卡奇从黑格尔的“总体性”概念出发对资本主义

---

〔1〕“最令我感兴趣的核心问题，不是什么因素促进了资本主义的扩张，而是宗教与经济成分的交汇造成的人的类型的发展（die Entwickelung des Menschentums）。”这一“人的类型”，在韦伯心目中，首先就是“职业人”。韦伯，《关于“资本主义精神”的反批评结束语》，第409页（I/9：709）。

〔2〕施路赫特，《信念与责任：马克斯·韦伯论伦理》，李康译，《思想与社会》第一辑，李猛编，上海：上海人民出版社，2001年，第242—336页。比较麦金太尔的批评，《追寻美德》，宋继杰译，译林出版社，2008年，第3章论“情感主义”，特别是第29页，“韦伯思想所体现的恰恰是情感主义所包含的那些两歧性”。

进行的文化批判，现代资本主义特征的专业化，实质是与可计算性原则联系在一起的理智化，是资本主义社会中“物化意识形态”的一部分。无论官僚的“就事论事”，还是专家所具有的“客观化”的才能，二者共有的形式理性化，并不能掩盖总体上的非理性和非人性，有关人的存在的终极问题被禁锢在不可把握的非理性中。因此，资本主义的形式理性主义只会导致人的世界与个性的破碎。然而卢卡奇自己已经注意到，片面的理性化与整体的非理性并存，在韦伯的宗教社会学中，是东方宗教（印度或中国）的特点，而非西方理性化的典型特征。〔1〕与对世界彻底除魔的苦行新教相比，中国和印度的宗教，都未能实现对巫术始终一贯的排除。因为东方宗教从未与现世构成完全的紧张关系，所以，也绝不会试图彻底地改造这一世界，只会从自身修养的角度来应对道德的缺失，这必然导致“对世界采取无条件肯定与适应的伦理”，因此，这些世界宗教难以挣脱各种巫术性的因素，势必受到传统主义的强烈束缚。在东方宗教广泛存在的“巫术的花园”中，“不会产生一种理性的实践伦理与生活方法论”。〔2〕韦伯眼中的儒教只是一种追求与生活状况外在适应的官僚道德，根本无法形成与人格概念联系在一起的“由内而外的统一”（Einheit von innen heraus）：“生活始终只是一

〔1〕卢卡奇，《历史与阶级意识》，第181页注1。

〔2〕韦伯，《儒教与道教》，第302—327页（I/19：450-78）；《印度的宗教》，第460—477页（I/20：526-44）。

连串的事故，而不是在一个超越的目标下有条理地设定出来的一个整体。”[1]卢卡奇从形式理性化与实质的非理性这一悖谬入手，将现代资本主义社会的专业化判定为理性化的脱节与破碎，与其说是对西方理性主义的批判，不如说更适用于缺乏整体理性化的东方宗教或官僚道德，因而，非理性主义的批评，在文化类型学上，无法有效区分作为形式理性化化身的专家与东方世界中的文人与僧侣。[2]

韦伯对旧俄国政权的官僚制改革的社会学剖析提供了一个绝佳的说明。在分析俄国沙皇试图从原来的“独裁”体制转向现代化的官僚制的集权化支配形态时，韦伯敏锐地指

[1] 韦伯，《儒教与道教》，第311页（I/19：461）；对比卢卡奇，《历史与阶级意识》，第162—165页。

[2] 韦伯指出，“儒教，就其欠缺一切形而上学，几乎没有丝毫的宗教根底的痕迹这一意义而言，是理性主义的，其理性主义的高涨程度，可说是处于我们可能称之为‘宗教’伦理的极端边缘位置。同时，就其缺乏且拒弃任何非功利性的标准而言，儒教比起任何伦理体系更理性主义，更清醒”（《世界宗教的经济伦理》，《中国的宗教·宗教与世界》，第492页；I/19：117-8）。所以，韦伯在《新教伦理与资本主义精神》修订时，在回应布伦塔诺批评韦伯的理性化学说是将“非理性生活之道理性化”（对比施特劳斯，《自然权利与历史》，第64—65页）时特别指出，“事实上，的确没错。没什么事情本身是‘非理性的’，而是从某个特定的‘理性’观点看来是如此。对于不信教的人来说，每个信教者都是非理性的，而对于享乐主义者来说，所有苦行的生活之道都是非理性的，然而就苦行者的终极价值而言，其生活之道却是‘理性化’的。如果说本篇论文有什么贡献的话，就是揭示了看似意义单纯的‘理性’概念其实具有多种多样的意涵”。事实上，“从个人幸福的观点看来，此种生活之道是如此的非理性，在其中，人是为他的生意活着，而不是反过来”。韦伯，《新教伦理与资本主义精神》，第156—157页注9，51页（*Religionssoziologie* I：35，54）。

出，传统的体制中包含了大量不合理性主义的安排或渠道，多少保护了臣民的自由或人性尊严，是一个事实上“尽可能少地进行有效统治”的体制。但在将这种家父长制转变为理性官僚制的改革过程中，人们最深恶痛绝的就是那些“学究气的德国人”，他们往往在德国受过严格的法律教育，按照德国法学的模式为俄国制定了一大套复杂的法律，而且还深信这些法律具有“圣职”般的尊严。但恰恰是这些“现代职业人”，将沙皇的“独裁”统治变成了一种引发巨大民怨，最终自掘坟墓的官僚制度。在这场“社会”与“官僚制”的永恒对抗中，“专家”之所以沦为“永不疲倦的官僚机器”令人憎恶的零件，正在于职业人缺乏根植于这一社会内在生活的真正的职业伦理，甚至缺乏真正自主意义上的专业化，而只剩下“政治尾随者”（politische Epigonentum）空洞而虚假的理性主义。[1]卢卡奇对现代西方理性主义背后非理性主义的批评无法说明这样的历史处境。

卢卡奇对现代哲学所谓“资产阶级思想的二律背反”的批判，实质上正是韦伯理性化社会分析的哲学应用，因此触及了现代文化整体上的非理性与形式理性化之间的悖谬关系。卢卡奇看到，只有现代理性主义，才将“世界”看作完全出于自身的产物，并最终完成了理性主义本身的历史化。但“任何一个理性的形式体系都要遇到非理性的界限或

---

〔1〕韦伯，《俄国向伪立宪主义的转变》，《论俄国革命》，第200—205，186—192页（I/10：403-14, 362-71）；“民族国家与经济政策”，第103页（I/4：569）。

限制”，这种“理性与非理性的必然关联”（die notwendige Korrelation von Rationalität und Irrationalität），乃至相互冲撞的绝对必然性，是仅仅从形式上分析理性主义不可避免的缺陷。卢卡奇还进一步指出，在印度苦行的例子中，将理性限制在某个局部的体系中，并设想一个理性不能把握的解脱的世界，这种将理性与非理性视为两个相对隔绝的世界的方案，只是把理性主义视为达至非理性的手段，绝不会因此产生理性“生活之道”的系统方法论问题。只有“当理性主义要求成为认识整个存在的普遍方法时”，也就是整个世界都被视为由理性支配的，“非理性原则的必然关联”才无法再通过区域存在论的方式解决〔1〕，而由此“取得了一种决定性的、消解和颠覆整个系统的意义”。〔2〕如果西方理性主义是借助非理性的原则或“根底”对整个世界建立了理性秩序的支配，那么现代社会真正的文化问题，就并不是理性化是否实质上是向非理性的迈向〔3〕，而是相反，什么样的非理性根底才能使一种理性的职业伦理成为可能，从而推动自由的社会行动，并最终有助于各种理性的制度化安排得以确立和发展。决定性的问题其实是，理性社会在制度化经营上的不断推进，是否最终会反噬其根本的精神动力。这才是韦伯面临

〔1〕在某种意义上，中世纪天主教的修道院苦行也是一种这样的做法，这构成标准的圣俗存在领域的二元论。参见韦伯，《经济通史》，姚曾廙译，上海：上海三联书店，2006年，第224、229页（III/6：388, 392）。

〔2〕卢卡奇，《历史与阶级意识》，第177—181页。

〔3〕Löwith, *Max Weber and Karl Marx*, p.68.

的虚无主义批评的伦理实质。

要回答这一问题，我们必须回到韦伯探讨这一问题的出发点——《新教伦理与资本主义精神》。在这部经典研究中，韦伯发现，“职业观念基础上的理性生活之道”（die rationale Lebensführung auf Grundlage der Berufsidee）是“现代资本主义精神乃至现代文化的一个构成要素”。[1]围绕“职业义务”（Berufspflicht）形成的“伦理精神”，建立了与关注自然需求的传统主义或者追求感官冲动的放纵享乐截然不同的生活之道，是“职业人”的灵魂（die Seele des Berufsmenschen）。[2]因此，《新教伦理与资本主义精神》的核心问题并非资本主义的兴起，而是与之相关的“职业人”的发展，特别是职业人的“职业义务”，这就是所谓“资本主义精神”的要素。[3]韦伯的这一研究，就是要探求这一职业性的生活之道背后的精神推动力。[4]根据韦伯的研究，新教徒赋予世俗职业活动以正面的价值，将之视为“驱散宗教疑虑”或者说“抵消宗教焦虑”的最适合的手段。[5]世俗的

---

〔1〕韦伯，《新教伦理与资本主义精神》，第141页（*Religionssoziologie* I：202）。Cf. Hennis, *Max Weber's Central Question*, pp.10ff.

〔2〕韦伯对Felix Rachfahl批评的第一次答复（1910）：*The Protestant Ethic Debate*, p.73（I/9：607）。

〔3〕韦伯对Felix Rachfahl批评的第一次答复（1910）：*The Protestant Ethic Debate*, p.76（I/9：617-8）。

〔4〕韦伯，《新教伦理与资本主义精神》，第二章以及全书各处。

〔5〕韦伯，《新教伦理与资本主义精神》，第85页（*Religionssoziologie* I：105-6）。

职业活动，并不指向世俗的成功，亦非作为善功成为“用来购买救赎的技术手段”，而是一种彰显其选民标志的“生活之道”。职业活动既是“与人生做永无休止的系统的斗争”，又是服从“现世的整体生活”的社会性工作。[1]与之相对，普通中世纪天主教平信徒的生活，是一种传统色彩浓厚的“信念伦理”，虽然需要履行许多职责，却无须将生活构成一个“理性化系统”，而只是“一系列具体行动”而已，其伦理意义是由行动的“具体意图”决定的[2]，只有在入世苦行主义的宗教眼中，世界才成为一种必须承担的“义务”。[3]

通过韦伯对现代资本主义工作伦理的研究，我们发现，带有道德义务色彩的职业活动，之所以成为现代文化的构成要素，关键在于专业化的职业活动，借助来自新教诸派入世苦行的精神，发展形成了现代资本主义与现代国家中各项的制度化经营活动。在韦伯看来，将职业视为天职的工作伦理，是现代生活之道得以挣脱传统共同体中种种自然束缚或人性依赖，与传统主义主导、自然情感左右的生活之道断然决裂的根本力量。现代职业伦理，究其实质，是一种具有内在精神紧张性质，以彻底改造世界（Weltbearbeitung）为核

---

〔1〕韦伯，《新教伦理与资本主义精神》，第82页（*Religionssoziologie* I：98-100）。

〔2〕韦伯，《新教伦理与资本主义精神》，第88—89页（*Religionssoziologie* I：113）。即使以严格生活纪律著称的托钵僧的宗教事业，也与世俗的职业要求没有任何内在的关联。韦伯，《宗教社会学》，康乐、简惠美译，桂林：广西师范大学出版社，2005年，第224页（I/22-2：339）。

〔3〕韦伯，《宗教社会学》，第206页（I/22-2：321）。

心要素的生活之道。摆脱对自然的依赖，杜绝自发的冲动性享乐[1]，尤其是要使人的理性人格不受自然“情感”或现世中当下的情感满足（哪怕是与上帝合一的情感）的侵扰[2]，这是工作作为生活之道的世界性前提。因此，以专业化为特点的职业生活，必须借助一种强有力的精神力量，压制、驯服，乃至彻底摆脱人的生活中无所不在的自然力量，才会导致“理性的实践伦理与生活方法论”这一现代生活之道的根本问题。生活本不是问题，问题始于生活之道的理性化。当日常生活完成了理性的系统化，人生活的“世界”就成为“神的意志通过世俗职业作用的舞台”，这个舞台“蔑视且忌讳尊严与美的善、美的迷狂与幻梦、纯属世俗的权力和英雄的骄傲”，一切其他生活之道赖以发挥作用的伦理力量在这个职业化的世界中都不再有效。在职业人或专业人生活的世界中，全部生活，包括其中的每一个日常细节，都被提升为具有伦理价值的“天职”的一部分，而为了实现这一系统的伦理理性化，全部自然因素，无论外部的自然力量，还是自身的自然本能，都必须纳入纪律的严格管控。[3]

要将人的日常生活理性化为一种具有伦理意义的“天

〔1〕韦伯，《新教伦理与资本主义精神》，第91页（*Religionssoziologie* I：116-7）。

〔2〕韦伯，《新教伦理与资本主义精神》，第105—107页（*Religionssoziologie* I：143–5）；《中间考察》，第511—513页（I/19：485-6）。

〔3〕韦伯，《世界宗教的经济伦理·导论》，第490页（*Religionssoziologie* I：263）。

职”，前提是整个世界彻底地去自然化，使“世界”成为本身毫无意义、毫无目的可言的“手段”或“工具”。只有借助一种强大的非理性力量，才能推动人这样一种具有自然人性的存在，将与自身遭遇的每一件事纳入伦理系统无微不至的纪律中。人的生活，通过职业这个“针眼”，被有条不紊、始终一贯地牵入具有伦理价值的世界秩序中，而专业化的职业工作者，不过是这一非理性的精神力量通过伦理理性化将生活纪律化的“人性表达”。[1]韦伯日后对世界各大宗教的经济伦理进行“理性化”的判教时，依据的并不是其教义或学说的理性程度（在韦伯看来，这属于仁者见仁、智者见智的价值多元论领域），而聚焦于其对“世界”在伦理上去自然化，从而对社会行动产生的“实践推动力”（praktische Antriebe）。[2]理性化的终极标准是“世界的除魔”。而“世界”之所以能够成为职业工作的舞台，就因为它不再是人的自然生活，也不是古代世界或中世纪天主教平信徒在“肯定现世”（Weltbejahung）时接受的那个“世界”——“不再是其曾经所是的东西，而是为了侍奉神，从而被有条理地理性化的日常行动”。这种被理性提升为天职的生活，是一种“圣洁的证明”，一种“使命”。[3]职业的“天职”一面，是将人的世界彻底去自然化，是人的“‘自然’事态毫

〔1〕 Löwith, *Max Weber and Karl Marx*, p.71.

〔2〕 韦伯，《世界宗教的经济伦理》，第463页（I/19：85）；《中间考察》，第510页（I/19：483）。

〔3〕 韦伯，《世界宗教的经济伦理》，第489—490页（I/19：114-5）。

无意义的颠倒”。[1]使人活在现世，却仿佛在彼岸，以彼岸的精神尺度对此世的一切行为加以评判和衡量[2]：“对基督教的职业伦理而言，世界尽管只不过意味着造物的堕落，但也唯有世界，依据那绝对超越世界的神的意志，成为通过理性行动来履行人的义务的对象，并因此才具有了宗教上的意义。”[3]对于一个职业人来说，在这一完全伦理化的世界中，一切都不再是自然的，而是神的“事情”（Sache），并受这一“事情”本身逻辑的支配[4]：“对于苦行者来说，他所在的世界就是他必须理性地践履的天职。”[5]通过苦行和锻炼，世界，奥古斯丁笔下“堕落或罪的团块”（massa perditionis或massa peccati），方能成为“天职”。这个世界本身，对于苦行者——“既定的职业人”，没有任何意义；甚

〔1〕韦伯，《新教伦理与资本主义精神》，第37页（*Religionssoziologie* I：36）。

〔2〕韦伯在研究新教伦理时反复强调的将人从“自然状态”带入“恩典状态”的巨大转变，不是发生在来世，而是发生在此世：“天主教会完全现实主义地算到，人并不是一个可以绝对清晰规定，并由此做出价值判断的统一体，其道德生活在正常状态下受到各种相互争斗的动机的影响，充满了矛盾……加尔文教的上帝要求其信徒的，不是个别的‘善功’，而是一个已经提升为系统的‘圣功’（Werkheiligkeit）……这样，日常人伦理实践中的无计划性和无系统性，就此被解除，而被形塑成完整生活之道中一以贯之的方法……因为，只有根本上改变体现在每一时刻、每一行动中的全部生活的意义，才能证明恩典的作用——把人从自然状态转变为恩典状态。”《新教伦理与资本主义精神》，第89—90页（*Religionssoziologie* I：113-4）。

〔3〕韦伯，《宗教社会学》，第224页（I/22-2：339）。

〔4〕韦伯，《中间考察》，第521页（I/19：493-4）。

〔5〕韦伯，《宗教社会学》，第206页（I/22-2：322）。

至对于他在整个世界中的“事务性的职业锻炼”（sachliche Berufsausübung），“他既不问，也不必去问”。对于苦行者来说，世界是毫无价值，毫无意义的纯属中性的手段。最彻底的苦行，其终极基础是动机莫测的神，只有他的意志才真正对世界的整体负责，而完全献身工作的职业人，他的整个理性生活恰恰奠基在对这个世界的根本怀疑和否定之上。[1]借助这种最深邃的非理性的精神力量，最彻底的理性化才能为自身奠基，才能推动自身的完成。对现代社会这一秘密的洞察，造就了韦伯社会学分析受到广泛推崇的思想深度。[2]这种韦伯式的“理性与非理性的必然关联”，也是韦伯考察不同文明生活之道差异的人性标尺。当然，这一“令人可怖的深度”[3]，能否在理智化的不断“进步”中，仍能构成文明的动力，则是韦伯不得不面对的问题。

由此看来，在韦伯的科学方法论作品和“科学作为天职”的演进中反复申明的面对事情本身，就是这种将职业活动及人的全部日常生活彻底伦理化的天职观念的体现。其背后的精神动力，是将人的世界“升华”的去自然化力量，是能够承受世界无意义，或者更进一步说，是使世界在根本上

---

〔1〕韦伯，《宗教社会学》，第213页（I/22-2：329）。

〔2〕“社会科学实证主义最伟大的代表，马克斯·韦伯，假定所有的价值冲突都是无法解决的，因为在他的灵魂渴望的世界中，失败——强大的罪，伴随着更为强大的信，所交配的后裔——而非幸福与安宁，才是人类尊贵的标志。”Leo Strauss, “What is Political Philosophy”, in *What Is Political Philosophy?*, p.23.

〔3〕施特劳斯，《自然权利与历史》，第78页。

无意义的精神力量。而构成韦伯科学天职最重要特征的激情，对事情本身的激情，本质上是一种彻底排除了自然激情的自我控制，或者说，精神纪律。针对科学的内在天职，韦伯给人留下深刻印象的论述，乃是将科学在最严格的意义上道德化。对待科学的激情，其实质是一种康德式的道德义务，借助不依赖于自然必然性法则的“人性”，对人的自然天性施加的“强制”。〔1〕

然而，韦伯的这一分析却不可避免地指向一个危机四伏的前景，职业工作的伦理化迟早会面临“科学作为天职”演讲中所揭示的困境。韦伯在分析新教塑造的现代工作伦理时就已指出，面对现代经济的“经营形态与结构”，人们现在往往以为，“尽职”（Berufserfüllung）其实只是纯粹“适应”的产物，因为资本主义的经济秩序虽然需要这种“对职业的献身”让人们投身于赚钱，但“今天”却已不必在“精神”上推动这一生活之道的一体性“世界观”了。〔2〕“尽职”作为“经营形态与结构”的一部分，已经成为现代资本主义的制度性构件，“大获全胜的资本主义，依赖于机器的基础，已不再需要这种精神的支持了”。〔3〕韦伯在《科学作为天职》

---

〔1〕康德，《道德形而上学的奠基》，李秋零译，《康德著作全集》第4卷，第456—471页，尤其参见人以双重方式表象自己的分析与“定言命令的演绎”；对比韦伯，《社会学与经济学的“价值自由”的意义》，第102页（*Wissenschaftslehre*：506）。参见海德格尔的批判，《形而上学导论》，熊伟、王庆节译，北京：商务印书馆，1996年，第197—199页。

〔2〕韦伯，《新教伦理与资本主义精神》，第52页（*Religionssoziologie* I：55-6）。

〔3〕同上书，第142页（*Religionssoziologie* I：204）。

中对“体验”崇拜毫不留情的批评，正是因为，这种崇拜恰恰表明，职业与人格中最内在的伦理内核之间的统一，在“我们这个时代”，已经破裂或消解了，“职业人”逐渐丧失了在现代社会中支撑性的作用——现代资本主义“早就不需要这个支柱了”。[1]“清教徒想要成为一个职业人，而我们却是出于被迫。”[2]高度发达的资本主义在经济上的“社会化”，早就使现代人的伦理个性及其文化价值，成为无关紧要的陈年往事。[3]科学工作面临同样的命运。随着大学经营体制日益的美国化，科学的职业工作也势必更多地凭借外在的职业经营方式确保“尽职”，而不再信赖“精神工作者”的“精神”了。专家没有“精神”，是因为机器不再需要“灵魂”了。

现代职业人面临的这一悲剧性命运，揭示了科学作为一项天职真正的危机所在。根据韦伯对现代职业人的分析，现代科学中对“事情”本身的客观性关注，作为这一职业的伦理气质，与现代资本主义经济及官僚制支配中的“事务化”倾向一样，同样为现代社会世界的“理性构造”服务，都展示了其生活之道的突出特征，“一种特别的‘对事不对人’的特性”。[4]因此，无论从外在的经营形态，还是内在的伦理特质，作为我们世界理性化的组成部分，现代科学与现代

---

〔1〕韦伯，《关于“资本主义精神”的反批评结束语》，第421页（I/9：731）。

〔2〕韦伯，《新教伦理与资本主义精神》，第142页（*Religionssoziologie* I：203）。

〔3〕韦伯，《俄国的资产阶级民主》，第127页（I/4：271）。

〔4〕韦伯，《新教伦理与资本主义精神》，第83页（*Religionssoziologie* I：101）。

政治或经济，都是对传统取向或情感性的人身关系的超越。但官僚制的“事务性”，在挣脱了传统支配形式的人身化依附关系之后，其革命性的力量会迅速蜕变为一种高度循规蹈矩的日常化管理。在这一过程中，科学提供的手段性知识，成为这一支配将人的生活“可计算化”，从而纳入制度化经营最有效的工具。正是专业化，使官僚制“无可逃避”。[1]凭借科学知识，并依靠受过严格专业训练的职业人，现代官僚制得以将人的社会世界按照“理性构造”加以经营和管理。全部现代世界的形式理性化，是以科学的经营与专业教育为枢纽，因此，前提就是科学作为天职的“经营”。

在“科学作为天职”的讲演中，韦伯提醒他的听众们，“千百年来，我们一直在经历着理智化的进程，科学的进步是其中的一部分，而且是最重要的一部分”。[2]科学永无止境的进步，通过理智化带来了世界最终的除魔：“在原则上，所有发挥作用的力量都不是神秘莫测的，相反，人们原则上可以通过计算支配所有事物。这就意味着世界的除魔”。[3]理智化的力量，一旦将所有神秘莫测的力量都从世界中扫除，这一完全理性化的世界，至少对于科学家来说，将不再有任何“非理性”的角落。在科学征服的世界中，没有任何东西，能够逃脱理性点石成金的手，结果没有剩下任何仍然

〔1〕韦伯，《新政治秩序下的德国议会与政府》，第128—129页（I/15：463）。
〔2〕韦伯，《科学作为天职》（I/17：86）。
〔3〕韦伯，《科学作为天职》（I/17：86-7）。

活着的“事情”，能赋予世界以意义。科学越是进步，世界越失去意义。[1]一旦科学理智化支配了整个世界，世界就彻底除魔了，都成了实现某种目标的手段，可问题是，为了什么目标？难道这不就意味着“所有科学中一切价值观点的末日黄昏”（die Götterdämmerung aller Wertgesichtspunkte in allen Wissenschaften）[2]，甚至是人类生活一切意义的末日黄昏吗？

科学在理智化上的彻底胜利，不仅意味着世界本身的空虚与贫乏，也转而在根本上侵蚀科学职业的伦理内核。这才是官僚时代科学工作的真正危机。人的生活越是被理性化的经营所统摄，整个世界越是为形式理性化的官僚机器所笼罩，制度化经营无所不在、无远弗届的力量不仅清除了所有巫术与魔法的残余，也不再为任何超越此世生活的精神动力留下任何空间。当整个世界成为修道院时，“入世苦行”就成了一个毫无意义的概念，它既无从入世，也没有真正人格意义上的“苦炼”（Übung），只要服从理性规则就可以了。这一理性化的世界，最终吞噬了理性化最根本的“非理性根底”，将那些作为理性化生活之道根本的超越源泉，也变成其支配的对象。[3]世界的除魔，在最接近胜利的凯旋时刻，

〔1〕韦伯，《科学作为天职》（I/17：92）。

〔2〕韦伯，《社会科学认识和社会政策认识的“客观性”》，第24页（*Wissenschaftslehre*：186）。

〔3〕“清教的伦理—理性特征与儒教的对比一清二楚：这两种伦理都有它们非理性的根底，一个是巫术，另一个则是一个超越此世的上帝最终不可测度的神意。不过，从巫术衍生出来的是传统的不可冒犯——因为那些巫术手段业已证明是有效的，而最终，如果要避免鬼神震怒的话，（转下页）

突然丧失了全部的动力。入世苦行主义得以催生和培育职业人对“事业”的献身与理性自律的那种精神根基[1]，在科学的理智化和除魔的进程中，似乎已经穷途末路、无处遁形了。只有从这一危机出发，我们才能理解，为什么韦伯一方面始终坚持现代文明的理性化是不可避免的进程，但另一方面对这一进程的未来，却仿佛一位不祥的先知，不放过任何场合发布悲观的预言。[2]

（接上页）所有传承下来的生活之道都是不可变更的。而与此相对，从超越此世的上帝与因为造物的堕落从而在伦理上非理性的世界之间的关系中衍生出来的，却是传统绝对不具有神圣性，因此人面临绝对无止境的任务，就是要将既有的世界在伦理上予以理性的驯服和支配：这就是‘进步’的理性实质。与儒教的适应世界恰恰相反，清教的任务是理性地转化世界……这两种伦理的精神里皆罕有‘理性主义’。但是只有超越现世（*über*weltich）取向的清教的理性伦理，将现世内的经济理性主义贯彻得最为融贯，这就是因为……入世的工作只不过是表达了追求一个超越目标的努力。世界，落入清教徒之手，因为只有清教徒‘求上帝的国和他的义’（《马太福音》6：33）。这就是这两种‘理性主义’的根本差异所在：儒教的理性主义意味着理性地适应（Anpassung）世界，清教的理性主义指的是理性地支配世界。清教徒与儒教徒都是‘清醒的’。但是清教徒的理性‘清醒’的根基是一种强有力的激情（Pathos），曾经鼓舞过西方的僧侣，这是儒教徒完全缺乏的。因此，西方的苦行，将拒世与支配世界的渴望难以理喻地联系在了一起……再没有比儒教的高贵理想更与‘职业’思想相冲突的了。‘君子’是个审美的价值，因此，也就不是上帝的‘工具’。而真正的基督徒，完全出世而又入世的苦行者，希望自己什么也不是，而只是上帝的意见工具：在其中，他寻得了他的尊严。既然这是他所期望的，那么他就成为理性地转化与支配这个世界的有用工具。”韦伯，《儒教与道教》，第317—318，325—326页（I/19：467, 476）。

〔1〕韦伯，《关于“资本主义精神”的反批评结束语》，第406页（I/9：703）。

〔2〕“没人知道将来会是谁在这一铁笼中生活……”（《新教伦理与资本主义精神》，第143页，1905, I/9：423）；“人类未来弥漫着难以穿透的迷雾……”（《俄国的资产阶级民主》，1905，第128页，1905, I/4：272）；（转下页）

然而，作为一个科学家，韦伯并不认为，没有精神的专家，能履行科学家的使命。在演讲中，他就批评在年轻人中广泛流传的错误观念：科学已经成了一种计算，可以在实验室或统计资料处理中制造出来，就跟“在工厂里”的生产一样，只需冷静的理性，而非一个人的全部“灵魂”。[1]科学的职业，即使存在各种专业化的经营，仍然必须付出一个人的全部灵魂。韦伯对启蒙时代“自由主义”试图采用某种现实的客观主义来代替新教伦理，颇为不以为然。在韦伯看来，这种“浅薄的市民式的自鸣得意”丧失了人真正的伦理生活的“决定性根基”（das entscheidende Fundament im persönlichen Leben）。没有这种真正的非理性根基，就没有具备真正精神的职业生活，韦伯一针见血地指出，“真正贯穿所谓资本主义‘精神’的生活的所有那些明确特征，与人性格格不入的冷静的‘事务性’、‘计算性’、理性的融贯，摆脱了一切生活天真的对工作的严肃态度，以及专业人的局限，所有这些特征……即使在那些身体力行的人，也缺乏伦理上完整统一的自我证成”。[2]对于其他职业而言，天职精神动力的丧失或许只意味着现代职业人的“职业义务”不再

（接上页）“无论是哪一群人现在获得了表面上的胜利，我们的前面都不是‘夏日的繁花’，而是冰冷黑暗的极地寒夜”（《以政治为业》，1919，第296页，I/19：251）。

〔1〕韦伯，《科学作为天职》（I/17：81）。

〔2〕韦伯，《关于“资本主义精神”的反批评结束语》，第403—404页（I/9：698-9）。

具有真正的伦理意涵，而蜕变为经济或政治制度组织的角色要求。但一旦科学的手段性知识彻底转化为官僚日常管理的计算工具，成为社会福利目标的游标卡尺，这一适应性道德，势必摧毁整个科学职业内在的精神推动力，使专家沦为鼠目寸光的冷酷官僚。韦伯在“科学作为天职”的演讲中希望捍卫科学的伦理天职，对抗科学的职业经营活动往往不可避免牵涉的各种官僚支配的力量。在韦伯的希望中，科学中“回到事情本身”的“事务性”，成了科学家抵挡官僚无所不在的事务性扩张最后据守的战壕。因此，对于科学的天职来说，真正的危机，并不是其理性主义的专业“计算”背后隐藏了非理性的渴望与热情，而恰恰是这一作为科学职业工作精神内核的纪律与激情，还能在多大程度捍卫科学的职业伦理，避免科学工作为官僚经营所蚕食，最终科学只能靠为官僚机器提供技术服务来证明自身存在的意义？

今天，每个真正的学者，作为韦伯精神上的同道，在内心深处，都会感受到外在职业的专业要求与内在的天职使命之间的巨大重负，而这不过是“职业义务”这一“历史个体”渐趋消亡的缩影罢了。韦伯曾经预言，“‘职业义务’的思想，像之前宗教信仰的幽魂一样，在我们的生活中徘徊。当‘尽职’已不再与文化中最高的精神价值发生直接的关联，或者说，它已经完全变成经济力量的强迫，而不再主观上产生任何感受的话，那么一般来说，一个人在今天也没有必要再去为它找什么理由辩护了”。[1]韦伯最终的结论，所有读过的人都难以忘怀：“品尝了知识之树的文化时代，其命运就是必须要知道，无论对世界中发生的事情有多么完善的研究，都不可能从中获知它们的意义，而是必须能够自己去创造这种意义本身；‘世界观’绝不可能是经验知识进步的产物。因此，最强有力推动我们的那些最高的理想，在任何时代都只能在与其他理想的斗争中实现，这些理想对于其他人来说，正如我们的理想对于我们来说一样，都是神圣的。”[2]问题在于，在一个除魔的世界中，我们是否还有机会为这样的理想而斗争。

五、活累了的科学

韦伯在“科学作为天职”中指出，现代科学奠基于两次关键的革命，一次是概念的发现，一次是理性实验的发现。后者是与“文艺复兴的伟大创新者”的名字联系在一起的，而前者的范例则是《理想国》第七卷开篇“那个令人惊奇的图景”[3]：

---

〔1〕韦伯，《新教伦理与资本主义精神》，第141页（*Religionssoziologie* I：204）。

〔2〕韦伯，《社会科学认识和社会政策认识的“客观性”》，第5—6页（*Wissenschaftslehre*：154）。

〔3〕有关韦伯与柏拉图之间仍有待深入研究的思想关系，参见Wilhelm Hennis, *Max Weber's Science of Man: New Studies for a Biography of the Work*, Newbury：Threshold Press, 2000, pp.91-4。

> 洞穴之中，那是一群身缚锁链的囚徒，面朝眼前的岩壁。光源在他们的身后，可他们却看不见，满脑子只是光在岩壁上投射出的各种阴影，试图揣摩这些阴影之间的关系。直到最后，在他们中间，终于有一个人成功地挣脱了锁链，转过身去，看见了太阳。他的眼睛一下子花了，他四下摸索，结结巴巴地述说着自己看见的景象。可其他的人都说他疯了。但是，慢慢地，他的眼睛学会了如何直视光。然后，他的使命便是回到洞穴的囚徒中去，引导他们走向光明。他，就是哲学家；而太阳，就是科学的真理。只有它才能捕捉到真实的存在，而不是捕捉幻象和阴影。[1]

“可是，今天又有谁对科学持有这样的态度呢？”韦伯发现，“今天的年轻人”对科学采取了与柏拉图完全相反的立场：“科学的思想图景是通过人为抽象建立的一个彼岸王国，这一抽象凭着自己瘦骨嶙峋的双手，企图把握血肉饱满的真实生活，却从未成功地捕捉到它。”[2]然而，年轻人的这一立场，与韦伯自己对待科学的看法，却有许多相似之处：

> 我们要推进的社会科学是一门*现实科学*。我们想要

〔1〕韦伯，《科学作为天职》（I/17：88-9）。
〔2〕韦伯，《科学作为天职》（I/17：89）。

> 理解我们置身其中、包围我们的生活的现实特性，一方面是这一生活现实在现今形态中表现出来的个别现象的联系和文化意义，另一方面则是它在历史上成其为这样而非那样的缘由。一旦我们试图思考我们直接遭遇生活的那种方式，生活就向我们呈现出前后相继地或并列出现和消失的事件的一种绝对无限的多样性，无论是“内在于”我们的还是“外在于”我们的……因此，通过有限的人类精神对无限现实的所有思想认识，都建立在一个隐蔽的前提条件上，即每次都只有现实的一个有限部分构成了科学把握的对象，只有它才在“值得认识”的意义上是“本质的”。[1]

“文化科学”或“社会科学”的预设正是“今天年轻人”的科学观。我们直接遭遇的事件“绝对无限的多样性”，才是“血肉饱满的真实生活”，是“真真切切的现实在脉动着”，是科学从来未能成功捕捉到的东西。[2]科学并不是挣脱锁链，

---

〔1〕韦伯，《社会科学认识和社会政策认识的“客观性”》，第15页（*Wissenschaftslehre*：170-1）。

〔2〕在这些对哲学的理解中，我们可以清晰地听到尼采的声音：“您问我，哲学家都有哪些特异体质？……比如他们缺乏历史的意识，他们对于生成表象本身的憎恨，他们的埃及主义。当他们从永恒的样式出发，对一件事进行非历史化时，——当他们把它做成木乃伊时，自以为在向一件事表示尊敬。几千年来，哲学家们处理过的一切，是概念的木乃伊，没有什么真实的东西生动活泼地出自他们之手。这些概念偶像的侍从，当他们在朝拜时，他们在杀戮，他们在制作标本……”《偶像的黄昏》，卫茂平译，上海：华东师范大学出版社，2007年，第54页。

转身，走出洞穴迈向太阳，而只是“通过有限的人类精神对无限现实的思想认识”，因此，只能依据某种科学之外的标准从现实中抽取“一个有限部分”，只有这一部分令我们感兴趣，对我们具有文化的意义，从而才是“值得认识的”或“值得知道的”（wissenswert），是历史事实在文化意义上的“本质之物”。[1]“概念”就是从特定的文化价值的立足点出发，从无限丰富的现实之流中捕捞“意义”的工具，或者用韦伯自己的比喻，“进入经验事实的浩瀚海洋前的避风港”。[2]而通过“概念”建立的文化科学，只不过是人类试图在现实无限多样的无政府状态中建立一个意义秩序的暂时性尝试。科学，和它能够把握的“本质”或“意义”一样，都是一种文化现象。[3]

因此，柏拉图笔下“墙壁上的影子戏”成了科学试图把

---

〔1〕韦伯，《社会科学认识和社会政策认识的“客观性”》，第19–20页（*Wissenschaftslehre*：177-8）。

〔2〕同上书，第23、36页（*Wissenschaftslehre*：184, 206）。

〔3〕“每一种具体感知的现实都总是展现无限多的个别成分，在感知判断中不可能详尽无遗地表述它们。给这种混乱带来秩序的，只有这样一种状况，即个体性的现实在任何情况下都只有一个部分使我们感兴趣，对我们具有意义，因为只有它才与我们探讨现实所借助的文化价值理念相关。因此，在始终是无限多样的个别现象中，只有某些方面，即我们认为具有一种普遍的文化意义的那些方面，才是值得认识的。只有它们才是因果说明的对象”；“‘文化’是从世界进程无意义的无限性产生的一个从人的观点出发用意义和重要性来思考的有限断面”。韦伯，《社会科学认识和社会政策认识的“客观性”》，第19、21页（*Wissenschaftslehre*：177-8, 180）。这与日常生活中一个给了自己孩子一记耳光的家庭主妇为自己行为的辩解，在本质上没什么两样。韦伯，《文化科学逻辑领域的批判性研究》，第80页（*Wissenschaftslehre*：279-80）。

握的“现实”，而哲学家发现的太阳——所谓“真理”——反而在文化科学中没有位置，真正让文化科学发挥作用的，是韦伯对洞穴寓言重述中有意无意忽略的“矮墙后面人造的傀儡”（“用木料、石料或其他材料制作的假人和假兽”。514b—515a），这才是科学关注的焦点——“意义”。“概念”不过是为了把握这一意义的工具或途径：所有的“一般项”、抽象的类概念、“法则”或“合规则性”都是“认识的手段”，而非目标。打算将经验现实还原为这些“法则”，从而作为对文化进程的“客观”研究，韦伯的态度斩钉截铁，“毫无意义”。〔1〕

韦伯对现实非理性的强调〔2〕，颠倒了柏拉图洞穴寓言中现实与科学的关系：科学只是从洞穴墙壁上脉动的“生命”中“派生的、没有生命的幽灵。”〔3〕这一颠倒，使韦伯得以捍卫生活不被历史穷尽的可能性，这是其社会学分析或文明研究始终能保持“思想开阔”的主要原因。凭借这一颠倒，也使韦伯得以毫无困难地将这一科学寻求的“意义”，与《理想国》第十卷神话描述的灵魂选择等同起来：

对这些情况所做的所有的经验的考察，如穆勒老年

〔1〕韦伯，《社会科学认识和社会政策认识的“客观性”》第20–21页（*Wissenschaftslehre*：178-80）。

〔2〕Guy Oakes, *Weber and Rickert: Concept Formations in the Cultural Sciences*, Cambridge：The MIT Press, 1990, pp.19-21; Comp. Dieter Henrich, *Die Einheit Der Wissenschaftslehre Max Webers*, Tübingen：J.C.B. Mohr, 1952, pp.9-16.

〔3〕韦伯，《科学作为天职》（I/17：89）。

> 评论的那样，都将最终承认绝对的多神论是唯一适合它们的形而上学。此外，一种并非经验性而是揭示意义的考察，即真正的价值哲学，还要更进一步地意识到，它不可以忽视，无论安排得怎样完美的“价值”概念图式，都不能解决现实中最需要抉择的问题。也就是说，在各种价值之间，归根结底在任何地方和任何时候都不仅涉及取舍，而且涉及不可调和的生死斗争……知识之树的果实，是一切舒适生活不欢迎的，但又是不可避免的。它不过意味着：必须知道这些根本的对立，而且必须看到，每一个具体的重要行动，乃至整个生活，如果不是像一个自然事件那样平平淡淡地发生，而是应该有意识地度过，都意味着一连串终极的抉择，通过这些抉择，灵魂就像柏拉图所说的那样，选择了自己的命运，即它的行为和存在的意义。[1]

灵魂选择的是命运，知识之树的果实，并不能告诉我们哪一个选择更好，只是让我们面对这一艰难的现实，我们必须在没有知识引导的情况下选择，这是价值的选择，用讲述这一神话的苏格拉底的原话，大多数人的选择，“不是因为哲学，而是因为习性”（619c—d）——韦伯所谓的“精神”（ethos）。

---

〔1〕韦伯，《社会学与经济学的“价值自由”的意义》，第103页（*Wissenschaftslehre*：507-8）。柏拉图《理想国》第十卷的这一意象，与苏格拉底守护神的某种形象混合在一起，构成了《科学作为天职》给人留下深刻印象的结尾：“只要每个人都找到主掌自己生命之线的守护神（dämon），听从它”（I/17：111）。

在柏拉图看来，这是灵魂缺乏知识的后果（618c—9b）；而在韦伯眼中，这是品尝知识之树的时代的命运，也是必须搁置知识才能面对的抉择。〔1〕

自从雅思贝尔斯将韦伯称为一个哲学家以来〔2〕，试图从韦伯的思想中寻找正视这个贫乏时代的现实，从而提供真正的意义与价值的学者，代不乏人。韦伯对科学的学说，往往被看作洞察其哲学的窗口。而两篇“天职”演讲，更被视为具有哲学意义的“锁钥文本”（Schlüsseltexte），是把握韦伯回应现代文化核心问题的线索。〔3〕

---

〔1〕“只有那些一味从纯粹柏拉图式的技术专家兴趣出发的人……才会相信从研究材料本身中他就能得出价值判断的固有尺度。”韦伯，《民族国家与经济政策》，第96页（I/4：563）。

〔2〕“在我们许多人眼中，韦伯是一个哲学家。这样一个伟人不适宜用特定的专业或学科来限制他。如果他是一个哲学家，那么也许他是我们时代唯一一个哲学家，与今天某些人所谓哲学家大不相同。他的哲学存在是我们此刻不能完全把握的”；“对于我们来说，韦伯是他生活的时代真正的哲学家。因为哲学不是一门认识永恒真理的进步性科学，它必须在着眼于超越的情况下，不断从无条件的转变为历史性存在的现实。韦伯不传授哲学，他就是哲学”（*Karl Jaspers on Max Weber*, p.3, 103）。洛维特认为，韦伯和马克思一样，都是“不同寻常意义的哲学家”（Löwith, *Max Weber and Karl Marx*, p.47）。在有关《科学作为天职》的评论中，洛维特特别在一个长注中指出，韦伯有关科学的思考，针对的是“我们整个现代生活的方向”，因此不能像施特劳斯那样低估其中的“哲学色彩”。Karl Löwith, “Max Webers Stellung zur Wissenschaft”, *Vorträge und Abhandlungen: Zur Kritik der christlichen Überlieferung*, Stuttgart: W. Kohlhammer Verlag, 1966, p.239（参见本文集中洛维特的《韦伯的科学观》）。对比李凯尔特的判断，尽管韦伯的思想对哲学具有重大意义，“韦伯不想做哲学家，事实上也未曾当过，他是‘专家’（Fachmann）”，《韦伯及其科学观》。

〔3〕Schluchter, “Einleitung”, I/17：1.

但严格来说，韦伯的社会学或历史性学科，并不是“另一名目的哲学”[1]，虽然韦伯经常提到“社会哲学”“历史哲学”“文化哲学”，但韦伯从未以哲学家自诩。而且，对于那些过于迷恋通过外在的方法论工作来代替具体的科学实践的学者，韦伯鄙夷地称为“用哲学粉饰的外行”。[2]在韦伯眼中，哲学的任务是对其他精神科学进行解释，有时会思考科学的最终界限这样的原则性问题，但无论如何，它与其他科学都没有什么差别，同样是一门“专业学科”(Fachdisziplin)。[3]指望哲学提供世界观或人生的意义，是对我们时代历史处境的决定性误解。[4]事实上，在今天，“几乎所有科学，从语文学到生物学，偶尔都会声称，不仅能生产专业知识，也能生产‘世界观’”。[5]但在经验科学的基础上构建“世界观”，在韦伯看来，就像力学或生物学基础上的“自然主义”，或基于文化史原理的“历史主义”一样，“都同样无意义，也是危险的”。[6]一个问题的“文化意义”越是重大，越难从经验知识的材料中得到明确的答案，

---

〔1〕 *Karl Jaspers on Max Weber*, p.7.

〔2〕 韦伯,《文化科学逻辑领域的批判性研究》, 第44页(*Wissenschaftslehre*: 217)。

〔3〕 韦伯,《科学作为天职》(I/17: 95, 104)。

〔4〕 韦伯,《科学作为天职》(I/17: 95, 105)。

〔5〕 韦伯,《社会科学认识和社会政策认识的“客观性”》, 第13页(*Wissenschaftslehre*: 167)。

〔6〕 韦伯,《罗雪尔与克尼斯》, 第80页(*Wissenschaftslehre*: 63)。

“世界观绝不是经验知识进步的产物”。[1]而在课堂上，“‘以科学的名义’兜售世界观问题的权威性的课堂决断”，其实不过是在灌输教授自己的世界观，不仅损害了教育的目的，同样也暴露了整个时代的文化缺陷。[2]世界观的泛滥，不过是五光十色的主观文化价值的拼凑而已，这除了指示时代的贫乏，也同样表明，自称能替代哲学的这些科学，根本无力满足这一需要。科学专业期刊的号外，成不了世界观的秘籍。

不过，韦伯至少承认有一门真正的哲学，“价值哲学”。是这门哲学，而不是具体的经验学科，关注人的政治抉择或实践评价[3]：“各哲学学科以自己的思维手段能够发现各种评价的‘意义’，从而发现它们最终在意义上的结构和它们在意义上的后果，指出它们在一般可能的‘终极’价值的总体内部的‘位置’，划定它们在意义上的有效性范围。”[4]事实上，“各哲学学科”，与关注手段的经验科学不同，其真正的工作，是发现评价的“意义”，确立价值之间的关系。韦伯“科学学说”中那些文化科学与历史科学的方法论讨论，归根结底，都是对评价的意义与价值问题的厘定，在某种意义

---

〔1〕韦伯，《社会科学认识和社会政策认识的“客观性”》，第5—6页（*Wissenschaftslehre*：153-4）。

〔2〕韦伯，《社会学与经济学的“价值自由”的意义》，第93—94页（*Wissenschaftslehre*：491-2）。

〔3〕同上书，第99页（*Wissenschaftslehre*：501）。

〔4〕同上书，第103页（*Wissenschaftslehre*：508）。

上都以一门价值哲学为前提。

然而，韦伯却一再强调，“一门真正的价值哲学”应该清楚地意识到，“无论安排得多么完美的‘价值’概念图式，都不能解决现实中最重大的抉择问题。也就是说，在各种价值之间，归根结底，在任何地方和任何时候都不仅涉及可以相互替换的选择，还涉及不可调和的生死斗争，就像在‘上帝’与‘魔鬼’之间的抉择一样”。[5]换言之，这样一门哲学或形而上学，与其说是知识，不如说是意志或命运。[6]根据韦伯对文化科学的理解，“世界观”决定了人的价值或实践评价。[7]是世界观，而非科学的手段性知识，决定了每个社会行动者个人抉择的生活目标以及与之相关的政治决断。这些实践抉择，最终源于那些赋予我们生活以意义的“最高的、终极的价值判断”，来自我们“‘人格’最内在的要素”。[8]在韦伯看来，构成现代人人格中最内在的东西，是人终极性的“个人决断”：“信仰和价值理念中最终的、极为个人性的公理”（die letzen höchst persönlichen Axionme

〔5〕韦伯，《社会学与经济学的“价值自由”的意义》，第103页（*Wissenschaftslehre*：507）。

〔6〕“主宰诸神及其斗争的，当然是命运，而不是什么‘科学’。”韦伯，《科学作为天职》（I/17：95, 100）。

〔7〕韦伯，《社会科学认识和社会政策认识的“客观性”》，第5页（*Wissenschaftslehre*：153）；《社会学与经济学的“价值自由”的意义》，第92页（*Wissenschaftslehre*：489）。

〔8〕韦伯，《社会科学认识和社会政策认识的“客观性”》，第4页（*Wissenschaftslehre*：151）。

des Glaubens und der Wertideen）或“一个人应当从自身出发做出的终极性的、最高的、人格性的生活决定”（die letzen höchst persönlichen Lebensentscheidungen）。这些事关“人格”的终极价值公理，并不来自专业教育，与经验科学无关。[1]“究竟什么是科学作为一种天职的意义？”在驱除了从柏拉图到斯瓦姆默丹的一切“幻觉”后，价值哲学的最终结论简单清楚——它是没有意义的。[2]而韦伯追随尼采倡导的“理智诚实”（intellectuale Redlichkeit）[3]，不过就是在精神

---

〔1〕韦伯,《社会科学认识和社会政策认识的“客观性”》，第2—5页（*Wissenschaftslehre*：149-53）;《社会学与经济学的“价值自由”的意义》，第93页（*Wissenschaftslehre*：491）。

〔2〕韦伯,《科学作为天职》（I/17：93）。科学最终的无意义，或许恰恰来自其对世界意义无止境的追求，而后者正是职业人将世界彻底伦理化，建立最严格的生活纪律的一部分。Friedrich Tenbruck多少触及了这一关键：“‘Science as a Vocation’Revisited”, in Ernst Forshoff and Reinhard Hörstel ed. *Standorte im Zeitstrom: Festschrift für Arnold Gehlen zum 70. Geburtstag*, Frankfurt/M.: Athenäum Verlag, 1974, pp.351-64。

〔3〕“你们在此可要小心啊，你们这些高等人！因为在我看来，如今没有比诚实更珍贵、更稀罕的了”（尼采,《查拉图斯特拉如是说》，第四卷“高等人”，第八节。孙周兴译，上海：上海人民出版社，2009年，第372页）。“一个人必须在精神之事上保持诚实，直至坚忍不拔，才能忍受我的严峻、我的激情”；“一个人必须在每一步都要竭尽全力地获取真理，必须为真理几乎牺牲一切，牺牲我们的心、我们的爱、我们对生命的信任所依赖的东西。这需要灵魂的伟大：为真理服务是最艰辛的服务。——那么，对精神事务保持诚实意味着什么？意味着：一个人必须严格地抗拒自己的心，必须蔑视‘美的情感’，必须将每一个‘是’与‘否’都变成一种良知。——信仰带来幸福：因此，信仰在撒谎……”（《敌基督者》前言，第50节，吴增定译，收入吴增定著《〈敌基督者〉讲稿》，北京：生活·读书·新知三联书店，2012年，第121、230页）。

上有能力直面这一没有科学或知识指引的生活。[1]

针对韦伯的价值哲学得出的这一相当绝望的结论，特洛尔奇和舍勒都认为，韦伯科学的危机，在于否定或排除了作为“对人的本质认识”的哲学，最终将所有实质的哲学都消解为“纯粹的‘世界观学说’”，结果是将哲学与宗教混为一谈。[2]不过，韦伯的宗教社会学明确区分了先知与“教师”（Lehrer）。哲学家的思想尽管会对社会伦理产生相当大的影响，“但就我们的定义而言，并非先知”，“真正的‘哲学学派’的创始人及领导者更不能与我们意义上的‘先知’混为一谈”。在韦伯看来，无论孔子还是柏拉图，都只是学校教育的哲学家，与先知通过高度情绪性的“布道”实

---

〔1〕雅斯贝尔斯讲述的一件逸事很能说明韦伯的这一悲剧性的立场。在《科学作为天职》发表后不久，他和韦伯有机会讨论其中表达的科学的“意义”，经过一番讨论，他对在场的一位朋友说，“韦伯自己并不知道学术有什么意义，也不知道他为什么献身学术”。韦伯的回答是，“我要看看我能承受多少”（Jaspers to Arendt, Nov. 16, 1966, *Correspondence 1926-1969*, pp.660-1）。正如学者指出的，尼采给出了类似的回答：“没有人会仅因为一种学说使人幸福或使人有道德就如此轻易地把它看作是真的……某个东西可以是真的，尽管它仿佛在最高程度上是有害的和危险的；确实，人们毁灭于其完全的认识，甚至这也会属于生存的基本状况——衡量一个精神之强大的标准是：这精神在‘真理’方面恰恰还坚持到何种程度。”《善恶之彼岸》，宋祖良、刘桂环译，桂林：漓江出版社，2000年，第178页；Tracy Strong, *Politics without Vision: Thinking without a Banister in the Twentieth Century*, Chicago: The University of Chicago Press, 2012, p.123 n.99.

〔2〕舍勒，《哲学还是世界观学说？》，同时参见收入本文集的特洛尔奇的《科学的革命》与舍勒的《韦伯对哲学的排斥》。对舍勒式的批评，韦伯的回答是，“想看秀的人，可以去电影院”。《宗教社会学论文集》“引言”（*Religionssoziologie* I：14）。

现的宗教使命相比，他们对生活之道的影响，最多只能像苏格拉底的“守护神”一样，施加“伦理性的、强烈功利主义的理性主义的外在限制”，无法对生活之道从救赎角度进行完整一贯的塑造。从社会学的角度看，柏拉图这样的希腊哲学家，与印度、阿拉伯和中世纪犹太的哲学家一样，其生活之道，更类似传授秘法的仪轨型先知（mystagogisch-rituelle Prophetie），最多像在犬儒派那里接近典范型的先知（exemplarische Heilsprophetie），但都不是韦伯最重视的伦理型的希伯来先知（ethische Prophetie）。[1]只有真正的宗教先知，才能借助启示，赋予自然与社会以系统的意义，将人的生活建立起“具有自觉意识的、一体的、有意义的生活态度”。[2]正是先知对人的生活施加的这一系统的方法论影响，才使现代社会的职业人及其天职伦理成为可能，使每个专家能够投身日常的工作。[3]作为教师的哲学家，代替不了先知。[4]苏格拉底的哲学智慧，和孔子的教诲一样，本就无法成为充实现代职业生活的内在源泉。

不过，在韦伯的价值哲学中，就其最为关心的生活之道而言，“没有精神或见识的专家与没有心灵的纵欲者”，并不能与阿摩司或苏格拉底等量齐观，这些“价值”并非同样

---

〔1〕 韦伯，《宗教社会学》，第65–68页（I/22-2：185-8）。

〔2〕 同上书，第75页（I/22-2：193）。

〔3〕 韦伯，《科学作为天职》（I/17：111）。

〔4〕 施特劳斯，《自然权利与历史》，第75—78页；比较韦伯，《中间考察》，第539—542页（I/19：512-5）。

有道理。[1]虽然根据韦伯的价值多神论，“不同的秩序和价值都有自己的神”，每种世界观或终极价值标准，都会影响这一价值的信奉者的实践评价与生活抉择。[2]然而，韦伯从《新教伦理》开始的研究，无论是宗教社会学或支配社会学，还是科学方法论，都在表明，只有某些“神”或价值，才能迫使其“信徒”将生活的每一次际遇都看作“神”的考验，要求这些信徒在内心深处为自己在这个世界中的所有行为承担伦理上的义务，并尽可能在整体上依据终极的价值标准改造这个不够完美的世界，无论生活中来自自然或传统的阻力有多大。这些“神”的信奉者就是职业人，他们的行动才是目标自觉明确、手段清晰的社会性行动。因此，尽管在现代社会中，价值的诸神会造就多种多样的生活和政治选择，但根据韦伯的社会学分析，只有少数选择才是依据人格性的终极价值标准做出的，因而可以看作这个人“找到一个立足点，能够根据自己的终极理想，选取立场”（“这就是我的立场，我只能这样”）。[3]更为重要的是，其中又只有部分抉择，才有可能开动制度化经营的机器，从而能成为真正意义上的政治抉择。[4]职业人在韦伯思想中的中心位置，是其价值哲

〔1〕比较施特劳斯，《自然权利与历史》，第44页。

〔2〕韦伯，《科学作为天职》（I/17：99-100）。

〔3〕韦伯，《政治作为天职》，第295页（I/17：250）；《科学作为天职》（I/17：96）。

〔4〕韦伯的《社会主义》演讲，探讨宗教拒世的阶段与方向的《中间考察》，以及接管《社会科学与社会政策文库》（*Archiv für Sozialwissenschaft und Sozialpolitik*）时撰写的办刊宗旨（《客观性》一文）都是非常有代表性的文献。

学的必然结论。

韦伯举过的一个小例子可以很好地说明这方面的区别："假定一个男人谈到自己同一个女人的情爱关系时说，'最初我们两人的关系只是一种激情，而现在它却是一种价值'。"在韦伯看来，从康德伦理学的"客观性"（Sachlichkeit）态度来看，前半句话不过意味着，最初两个人相互之间"只是手段而已"，因此"从某个立场来看"，也就是"对生活内在上最真实、最本真的东西的一种亵渎，是对从非人格的或超人格的，因而也是与生活为敌的'价值'机制中走出，从与日常生存毫无生气的顽石般的锁合中走出，从自称为'既定'的非现实性中走出的唯一道路，也是庄严的道路，的亵渎"。[1] 即使在性爱的领域中，从"手段"到"价值"，从日常生存中的自然冲动提升到人格的锻造，从禁锢可能性的"非现实性"或者"与生命为敌的'价值'机制"中走出，都是韦伯眼中真正的伦理价值与意义的前提。否则，这些价值，就只能以适应性的方式在理性化的时代中幸存，就像韦伯眼中的儒家官僚道德一样。因此，韦伯在讨论诸神之争的个人世界观时，才明确规定，"当我们认为它们有效，认为它们是从我们的最高生活价值派生出来、彰显自己，并在面对生活阻力的斗争中得以发展的时候"，它们也会成为某

---

〔1〕韦伯，《社会学与经济学的"价值自由"的意义》，第102页（*Wissenschaftslehre*：508）；参见韦伯，《中间考察》，第529页以下（I/19：502-11）。

种"'客观'的东西"。[1]文化科学赖以关注的价值，并非个人随机性的主观意义，而恰恰是要排除自然随机性与主观冲动才能建立的，面对生活阻力进行斗争才能发展出来的"客观"价值。在韦伯的历史世界中，"职业人"是文化产物，不是个人的发明。

那些痛惜"当代世界观主要是韦伯式的世界观"的批评者[2]，往往把韦伯的多神论等同于价值多元主义甚至伦理相对主义。事实上，根据韦伯主张的价值哲学原则，将科学的"事务性"（严格区分科学与"世界观"或实践评价，并将终极的命运抉择留给生活本身），理解为"相对主义"的立场，是"极其粗率的误解"。[3]在韦伯眼中，"相对主义"意味着出于幼稚的乐观主义追求的"折中"或"政客式的妥协"，无视生活中令人不快的严酷现实，因此恰恰无法实现科学的"客观性"，而且"在规范上是最缺乏明晰的"。[4]在

〔1〕韦伯，《社会科学认识和社会政策认识的"客观性"》，第4页（*Wissenschaftslehre*：151）。

〔2〕麦金太尔，《追寻美德：道德理论研究》，宋继杰译，译林出版社，2008年，第122页；Allan Bloom, *The Closing of the American Mind*, New York：Simon & Shuster, 1987, pp.150-1, 337-8, 194-5, 208-9.

〔3〕韦伯，《社会学与经济学的"价值自由"的意义》，第103页（*Wissenschaftslehre*：508）。

〔4〕韦伯，《社会科学认识和社会政策认识的"客观性"》，第6页（*Wissenschaftslehre*：154-5）；《社会学与经济学的"价值自由"的意义》，第98页（*Wissenschaftslehre*：499）。有关相对主义在规范问题上的"含糊"，也参见韦伯对罗雪尔"历史取向的相对主义"的批评，《罗雪尔与克尼斯》，第60—62页（*Wissenschaftslehre*：37-42）。

韦伯的思想中，“相对主义”实际上是生活秩序理性化的撤退或逃跑，是人格的失败。[1]韦伯价值哲学的价值多样性原则，正如施米特敏锐点出的，暴露了生活的斗争特性：评价无穷无尽的多样性，不仅是价值的“立足点”，更是斗争的“攻击点”。[2]而相对主义，却是对这一生活真相的逃避，无法把握社会行动和社会关系的真实性质。[3]韦伯的价值多神论，前提是“价值绝对主义”，而非价值相对主义。[4]而一旦这一绝对意义上的价值冲突，成为价值主体的主观自由抉择，那么所谓价值的多神论，就成了一切人反对一切人的战

---

〔1〕“在各种价值之间，归根结底在任何地方和任何时候都不仅涉及取舍，而且涉及不可调和的生死斗争，例如‘上帝’与‘魔鬼’之间的生死斗争。在它们之间，不存在相对化和妥协。准确地说，在真正意义上不存在相对化和妥协。因为如同每个人在生活中都经验到的那样，在事实上和表面上，到处都有相对化和妥协……最本真意义的‘日常生活’的肤浅恰恰在于：在日常生活中混日子的人意识不到，尤其是不愿意意识到部分地受心理制约、部分地受实用制约的各种价值的混杂，毋宁说，他回避在‘上帝’和‘魔鬼’之间做出选择，回避自己对这些相互抵触的价值中哪一种由前者支配、哪一种由后者支配做出最终的决定。”韦伯，《社会学与经济学的“价值自由”的意义》，第103页（*Wissenschaftslehre*：507）。

〔2〕韦伯，《文化科学逻辑领域的批判性研究》，第61页（*Wissenschaftslehre*：246）。Carl Schmitt, *The Tyranny of Values*, ed. and tr. By Simona Draghici, Corvallis：Plutarch Press, 1996, p.22. 或许最能印证施米特这一观察的，正是韦伯充满论战色彩的所谓“科学学说”。参见韦伯夫人的观察：玛丽安妮·韦伯著，《马克斯·韦伯传》，阎克文、王利平、姚中秋译，南京：江苏人民出版社，2002年，第353页以下。并参见Friedrich Tenbruck的评论，*Das Werk Max Webers*, Tübingen：J.C.B Mohr, 1999, pp.223ff。

〔3〕韦伯，《社会学的基本概念》，第50—54页（I/13：192-4）。

〔4〕Wolfgang Schluchter, *Rationalism, Religion, and Dominion：A Weberian Perspective*, Berkeley：University of California Press, 1989, p.47.

争状态的重演。[1]

正是从绝对价值的斗争中，我们看到了韦伯的价值哲学真正的困难。文化科学或历史科学面对的经验现实，不是行动者的主观意义，而是研究者参与建构的客观的文化意义或文化价值。[2]因此，任何想要献身科学的职业人，首先必须是一个文化人：

> 任何文化科学的先验前提都不在于我们认为某一种或任何一种文化有价值，而在于我们就是文化人，有能力和意志，自觉地对世界采取立场，赋予世界以意义。无论这种意义是什么东西，它都会使我们在生活中从它出发对人类相互关系的某些现象做出价值判断，把这些现象视为有（正面或负面）意义，并采取立场。无论这种立场的内容是什么，这些现象对我们来说都具有文化意义，对它们的科学兴趣也仅仅建立在这种意义之上。[3]

没有这一所谓“价值关联”，任何历史性的经验科学都无从着手。韦伯科学方法论中著名的“价值关联”学说，是韦伯式的经验科学最重要的哲学前提。因为，在韦伯看来，所谓“价值关联”这一说法指的就是“对支配着经验

---

〔1〕 Schmitt, *The Tyranny of Values*, pp.19-20.

〔2〕 Henrich, *Die Einheit Der Wissenschaftslehre Max Webers*, pp.72-83.

〔3〕 韦伯，《社会科学认识和社会政策认识的“客观性”》，第21页（*Wissenschaftslehre*：180-1）。

研究对象的选择与塑造的那种纯属科学的‘兴趣’的哲学解释”。而“文化兴趣（Kulturinteressen），也就是价值兴趣（Wertinteressen），正是为纯粹经验性的、科学的工作指示了方向”。[1]在这个意义上，文化科学是将科学家实现的“客观价值”或文化价值，通过科学家的切合“事情本身”的伦理激情，转变为科学必须面对的“事情”。[2]韦伯在《宗教社会学论文集》开篇就坦承，他对世界宗教的比较研究都是从“现代欧洲文化世界之子”（der Sohn der modernen europäischen Kulturwelt）的眼光出发的，这一声明正是出于客观文化价值的方法论原则。[3]而韦伯在弗莱堡大学就职演讲中颇受争议的主张——“经济政策的科学是一门政治的科学”——也基于完全相同的原则，德国经济学的理论只能以“整个民族长远的权力政治利益”作为价值尺度。[4]韦伯的社会学思想始终有一个基本预设：“在任何社会生活中都不能排除斗争。”[5]因此，“任何要处置现世政治的人，必须

---

〔1〕韦伯，《社会学与经济学的“价值自由”的意义》，第103—104页（*Wissenschaftslehre*：511-2）。

〔2〕Oakes, *Weber and Rickert*, pp.26ff.

〔3〕“一个现代欧洲文化世界的后裔，在处理普遍历史问题时，都不免会合乎情理地问：究竟哪些情势一起作用，导致了那些在西方，并且仅仅在西方这里，才出现的文化现象——而这些现象，至少我们通常都以为，它们的发展具有普遍的意义和效力？”韦伯，《宗教社会学论文集》“引言”，（*Religionssoziologie* I：1）。

〔4〕韦伯，《民族国家与经济政策》，第92—93页（I/4：560-1）。

〔5〕韦伯，《社会学的基本概念》，第50—54页（I/23：192-4）；《社会学与经济学的“价值自由”的意义》，第109页（*Wissenschaftslehre*：517）。

抛弃一切幻觉，承认一个根本的事实——在世界上一切人对一切人的永恒斗争是不可回避的”。在韦伯眼中，这一永恒的战争状态，发生在民族与文化之间，而非个体之间：“各共同体之间相互交战，同样，各共同体的守护神也相互交战，在这样的斗争中证明他们自己的神力。”〔1〕无论30岁的年轻国民经济学家，还是临终前作为一位世界宗教文明的比较学者，韦伯始终秉持的方法论原则是：文化科学的出发点是文化意义，而文化意义的前提是“我们是文化人”，而非我们是职业人。科学工作的前提不是专家的职业共同体，而是“‘文化人’的共同体”。〔2〕

然而，科学，作为西方文明理性化最重要的成果之一，却正在无可挽回地丧失这一前提性的“价值关联”。正如韦伯在演讲中承认的，在这个“理性化与理智化”的“除魔”时代，“那些最崇高的终极价值，已经退出了公共生活”。〔3〕文化价值不再具有公共的力量，这是贯穿韦伯整篇演讲的强烈的孤寂感的真正根源。

韦伯为了坚持文化科学的生命力，试图用研究者的价值关联，从经验现实无尽的可能性洪流中采掘有待研究的生活

〔1〕韦伯于1896年参与福音派基督教社会协会的埃尔福特会议的发言（I/4：622）；《中间考察》，第517—518页（I/19：490）。参见蒙森，《马克斯·韦伯与德国政治：1890—1920》第36页以下的讨论。为了避免对韦伯整体立场片面的理解，比较韦伯《俄国的资产阶级民主》，第126页（I/10：270）。

〔2〕韦伯，《科学作为天职》（I/17：95）。

〔3〕韦伯，《科学作为天职》（I/17：109）。

的意义，以此来对抗官僚制机器的僵化力量。正是出于这一考虑，韦伯才反复强调，无论国民经济学，还是社会学，都属于历史性学科。因为只有历史性学科，才能从“不断向前迈进的文化之流”中汲取新的问题化力量，才因此是“永远年轻的”（ewige Jugendlichkeit）。只有历史性学科的问题化生命力，才能使社会科学避免沦为僵死的技术。[1]“永远年轻”代替“永恒真理”，成为科学为我们时代不断创造新的文化意义，从而避免文明在理性化中陷入铁一般的冰冷和死寂的唯一保证。

然而，这一对历史科学“永远年轻”的“文化”期待却受到了理智化进程本身的巨大威胁。早在分析理智主义对各世界宗教命运的影响时，韦伯就指出，这些理智主义形态的努力（包括希腊的哲学），并没有像入世苦行的新教一样，能够有效地影响世界内的各种宗教实践。[2]“科学对生活的征服”（die Eroberung des Lebens durch die Wissenschaft）是现代自由的历史性前提。但这一黑格尔式的“精神返回其自身”似乎已经走到了尽头。虽然通过科学，人类在原则上实现了对外在生活的理性控制，但为了实现这一控制，人不得不付出的代价是“无数价值的虚无化”。因此，人的生活风格虽然可以根据“商务”要求轻而易举地实现“标准

〔1〕韦伯，《社会科学认识和社会政策认识的“客观性”》，第36页（*Wissenschaftslehre*：206）。

〔2〕韦伯，《宗教社会学》，第150—153页（I/22-2：268-9）。

化”意义上的整齐划一，但科学却再也无力创造出“普遍人格”（Universalität der Persönlichkeit）。[1]科学本身的进步似乎是以祭献科学人的文化基体作为巨大的精神代价。只有当科学人不再是体现文化的普遍人格，他才能在伦理上实现科学时代的文化对他的日常要求。科学家对价值的虚无化，属于科学天职的伦理要求。悖谬地说，斩断了文化根基的科学家，与文化整体的疏离，正是这一反传统的科学时代的文化特征。然而问题在于，科学家个人的主观意义，并不能代替文明本身的客观价值。一旦我们将文明的命运，寄托在科学家个人的主观价值选择上，而同时我们又完全清楚，他的所有选择，既无法从他的专业化科学工作中获得任何帮助，也最终因为理智化的“除魔”，无法倚靠那些早已丧失信用的“世界观”。科学的“永远年轻”，就成了一种孩子气的“天真”：“除了我们的确可以在自然科学领域找到几个长不大的孩子，又有谁还相信，天文学、生物学、物理学或化学的知识，会告诉我们什么关于世界的意义之类的东西呢？”[2]价值哲学作为经验科学的构成性前提，将柏拉图洞穴外的真理，转变为洞穴内价值的决断与斗争，观看者变成了社会行动者，以此维护文明的可能性，这一英雄般的悲壮努力在哲学上根源于现代主体思想有待深刻检讨的前提。[3]而在实践

〔1〕韦伯，《俄国的资产阶级民主》，第126—127页（I/10：271）。

〔2〕韦伯，《科学作为天职》（I/17：92）。

〔3〕“柏拉图洞穴比喻中所叙述的故事描述出现在和将来依然在由西方所烙印的人类历史中真正发生的事件的景象：人在作为表象之正确性（转下页）

中，它早已使文化价值褪尽了她最后一丝血色，成为在个体身上徘徊不散的幽魂，无论喂养多少活的血，也无法再让她开口说话。

面对理智化导致的这一困境，韦伯在演讲中多少有些意外地提到了“死亡”的问题，这是他分析科学的内在天职的起点。在传统社会，死亡意味着终结，意味着可以最终评判一个人的幸福。[1]而托尔斯泰——韦伯心目中真正的现代哲学家——发现，对于文明人来说，他不再像古人一样“活够了”，而只是“活累了”（Lebensmüde）。在科学家、艺术家

（接上页）的真理之本质意义上根据‘理念’来思考一切存在者，并且根据‘价值’来估价一切现实。唯一的和首要的决定性事情，并非何种理念和何种价值被设定了，而是人们根本上根据‘理念’来解释现实，根本上是根据‘价值’来衡量‘世界’”；“对于现代的存在者解释来说，与体系同样本质性的乃是对价值的表象。唯当存在者成为表象之对象之际，存在者才以某种方式丧失了存在。这种丧失是十分不清晰和不确实地被追踪到的，并且相应地很快就得到了弥补，因为人们赋予对象和如此这样解释的存在者以一种价值，并根本上以价值为尺度来衡量存在者，使价值本身成为一切行为和活动的目标。由于一切行为和活动被理解为文化，价值便成为文化价值，进而，文化价值竟成为对一种作为主体的人的自我确证服务的创造的最高目标的表达。由此出发，仅只还有一步之遥，就可以把价值本身变成自在的对象了。价值是对那种在作为图像的世界中的表象着的自身设立活动的需求目标的对象化”。海德格尔，《柏拉图的真理学说》，收入《路标》，孙周兴译，北京：商务印书馆，2000年，第273页；《世界图像的时代》附录，《林中路》，孙周兴译，上海：上海译文出版社，1997年，第98—99页。如果价值的主体化，源于“理念”的价值化，那么，主体价值面临的虚无危险，是否最终源于世界的理念化？因此，虚无主义的真正根源，正在于世界本身的问题化？为这个世界寻求过多意义的努力，最终使世界完全失去了意义。

〔1〕亚里士多德，《尼各马可伦理学》1100a5—1a21。

和教育家这些“精神工作者”不断创造的成果中，他抓不住任何真正有效的东西，更不用说文明精神产品的整体了。[1]正是因为个体面对文明无法从中找到客观有效的价值，韦伯点出了托尔斯泰的发现，“死亡对他来讲就成了一桩毫无意义的偶然事件。而由于死亡没有意义，文明的生活本身也就没有了意义。文明的生活正是通过自身毫无意义的‘进步性’，给死亡打上了‘毫无意义’的印记”。[2]对于个人来说，文明永无止境的进步，意味着个人享有的微不足道的生命,抓不住任何有价值的“文明内容”。文明越是进步，个人能够担负的文明越少，而文明本身的追求也就越丧失意义。如果科学家真正秉持理智的诚实，他就不得不承认，科学具有某种毁灭其自身价值的“无意义性”（Sinnlosigkeit）。[3]对

---

〔1〕“人必须生活。但要生活，人必须要知道如何生活，而人一直在取得这样的知识——好些或糟些，然后按照这样的知识生活。而自从摩西、梭伦和孔子的时代，有关人应该如何生活的知识，就一直被看作一门科学，科学的真正本质。只有在我们的时代，这一问题，人们认为，告诉我们如何生活的科学根本就不是一门科学，而唯一真正的科学是实验科学——始于数学，止于社会学。”Leo Tolstoy, “Modern Science”, in his *Recollection & Essays*, London：Geoffrey Cumberlege（Oxford University Press）, 1937, p.178.

〔2〕韦伯,《科学作为天职》（I/17：88）。对比《中间考察》中论战士之死：“死在战场上，跟人类共同命运的那种死亡，是不一样的……在战争中，也只有在战争中才见得到的这种大量生死际会的现象里，个人得以相信自己知道是‘为了’什么而死。他受死，何以死、为什么面临死亡，对他而言，无论依据什么规则，都是毫无疑问的，以至于有关死亡的‘意义’对他根本不成问题——在他之外，只有那些‘受天职召唤’的人才同样如此。”第520页（I/19：493）。

〔3〕韦伯,《中间考察》, 第545—547页（I/19：517-9）。

于这个活累了的文明，科学的职业是其衰老与疲惫的真正根源。没有什么“进步”，比科学的进步更能展现韦伯所说的“毫无意义”。在这里，不仅个体的死亡，甚至文明的死亡，也找不到任何意义。

如果说“虚无主义”指的是“拒弃文明之为文明的那些原则”（the rejection of the principles of civilization as such）〔1〕，那么韦伯的全部工作就是努力对抗官僚时代制度化经营必然伴随的这一危险，对抗这种文明的疲惫、衰老与死亡，捍卫人类生活的可能性。他坚持，相对于注定有限的科学，“生活就其非理性的现实而言以及生活在可能意义方面的内容是永世不竭的”，无论多少次，科学借助文化意义进行“拣选”，“仍会留下无限丰富的成分”。〔2〕除非，韦伯担忧地指出，“中国式的精神僵化使人类戒除对总是同样不可穷尽的生活提出新问题的习惯”。然而，根据韦伯自己的社会学分析，造成这一危机的根源性力量，其实并非东方式的制度僵化带来的外在威胁，而是西方文明最重要的成果——现代科学。现代科学的理智化力量，在使世界除魔的同时，也使文化的客观价值赖以形成的“世界观”无处藏身。科学家在这个时代面临的真正危机，不是现实的非理性或世界的物化，而是科学本身亲手毁灭了从现实中

---

〔1〕 Leo Strauss, “German Nihilism” , *Interpretation*, Vol. 26, no.3（1999）, pp.364-5.

〔2〕 韦伯，《社会科学认识和社会政策认识的“客观性”》，第40、52页（*Wissenschaftslehre*：213, 232）。

捕捉意义的工具，从而丧失了所谓创造意义的问题化能力。[1]当世界本身成为彻底的工具，文化就完全沦为权力斗争的产物，作为历史科学的文化科学也就无法从中找到任何残存的生机。科学，作为现代文明世界的缔造者，今天恰恰是这一文明在精神上最强有力的毁灭力量。这是我们时代最根本的文明问题。

因此，如果“虚无主义”指的是建立在苦行主义道德基础上的欧洲文明的最高阶段，是这一基督教道德在转化为科学的职业义务与“理智诚实”之后“最严厉、最精神的形式”，也是重估价值前最后一个文明阶段——“彻底的虚无主义”[2]，那么，在韦伯的演讲中，在磨盘一样的勤奋工作中献身天职的科学家，正是在“所有外围工事”都已被摧毁的绝境中这一文明最后的坚守者，他们没有比虚无主义更多的信念，却仍然试图在疲惫和衰竭中捍卫这一文明最后的尊严。韦伯的科学家是已经失去了自己要献身的事业（Sache），却仍能坚持事业伦理（Sachlichkeit）的虚无

---

〔1〕文化科学在对象构成问题上的困难，而非经验科学家无法超越中立研究者角色的无力，正如哈贝马斯针对帕森斯指出的，才是韦伯科学学说虚无主义问题的关键。Habermas, “Discussions on Value-Freedom and Objectivity”, in Stammer ed. *Max Weber and Sociology Today*, pp.61, 64-5.

〔2〕尼采，《论道德的谱系》，第三章第二十七节，谢地坤译，桂林：漓江出版社，2000年，第129页以下；《1887年—1889年译稿》，孙周兴译，北京：商务印书馆，2010年，第231—232页；《1885年—1887年遗稿》，孙周兴译，北京：商务印书馆，2010年，第147—149，397—404页。参见海德格尔，《尼采》，第五章，“欧洲虚无主义”，孙周兴译，北京：商务印书馆，2002年，第669页以下。

主义战士。[1]

当一个专家通过漫长的训练、严苛的纪律和长期艰苦的准备进入科学，他却找不到任何真正值得研究的东西。在科学不断推进的理性化过程中，个人还能从这一无穷无尽的“非理性的现实”中找到比彻底实现虚无本身更多的目标吗？正如韦伯自己已经意识到的，“一旦这个世界……在理智上‘满足’（satt）了”，就不再有可能赢得真正的个性与自由的领域。[2]在理智化的尽头，并没有什么可以称为真正的个体或人格的东西，可以为我们的科学发现或构成可值得研究的“意义”，除非，在这个世界中，除了献身工作的职业人，还有仍然在生活的文化人。表面上，文化人属于一个古老的文明传统，而职业人面对的是不断向前的进步之流，然而实际上，正如韦伯反复指出的，职业人培养的是成熟——“一种训练有素的冷静”，而文化人，经历政治生活考验的文化人，却肩负真正的政治责任，唯有这样的责任，才能使一个民族重新年轻，使其文明具有从衰朽和疲倦中重新振奋起来的生命力。[3]在一个已经完全为职业工作理性组织起来的文明中，没有文化生活和文明理想的科学职业，只

---

〔1〕阿隆在1959年为韦伯演讲的法文译本作序时，在检讨施特劳斯的批判时也承认，尼采式的虚无主义是韦伯的一个思想倾向。Aron, “Max Weber and Modern Social Science”, pp.360-2.

〔2〕韦伯，《俄国的资产阶级民主》，第127—128页（I/10：272）。

〔3〕韦伯，《政治作为天职》，第294页（I/17：250）；《民族国家与经济政策》，第106—108页（I/4：571-4）。

能将这个活累了的文明带向“更具毁灭性的无意义境地”。[1]科学家的事业是否可能，取决于作为这个世界最重要的行动者，他们是否仍然是文明的担纲者（Träger）。

韦伯喜欢援引《浮士德》中的一句诗，描述理智主义培养的对现实的冷静与责任：“魔鬼是个老人，要理解他，先要变老！”[2]这就是一门试图理解现代社会的所谓“理解社会学”（verstehende Soziologie）的责任伦理。那个困坐在拥挤的书斋中的博士，渴慕生命的源泉，盼望力与行动，与魔鬼订立了契约，如果有一个瞬间，他可以感受到在安宁中品尝的美好，不再投身无止境的行动，只要说一声，“请停一下，你是这么美！”（Verweile doch！ Du bist so schön！），那就是他的末日。这就是理性化，为了不受局促人生之苦，获得行动的力量，与理智化订立的契约。所有人都知道，科学是造就我们今天文明最重要的力量，是它的魔力，使现代的职业人装备了前所未有的法术，革命性地塑造了他的伦理小世界，并由此推动职业的经营，变革社会的大世界。然而，职业人在一开始就承诺，他永远不会停下来，永远不会感到安宁，永远不会有机会品尝他所缔造的世界。因为他知道，他的一切力量，都来自这一永不止息的行动的义务。或许他还不知道，他战胜这个魔鬼——“永远否定的精神”——

〔1〕韦伯，《中间考察》，第547页（I/19：519）。
〔2〕歌德，《浮士德》第二部第二幕第一景，“哥特式的居室”（6717—8）。韦伯，《科学作为天职》（I/17：105）；《政治作为天职》，第294页（I/17：249）。

的唯一办法就是停下来。“专家没有精神，纵欲者没有心灵”（Fachmenschen ohne Geist, Genußmenschen ohne Herz）。[1]对于这个趋向虚无的“末人的文明发展”（die letzten Menschen dieser Kulturentwicklung）[2]，唯一避免毁灭的道路，是学会用心品尝的智慧，在每天重新争取自由与生存的同胞中，才有机会品尝“最高的瞬间”，而不会让尘世时日的痕迹最终消散在理性化的永劫之中。

从正式成为学者的那一天，韦伯就将他献身的科学称为“人的科学”。[3]随着他研究的扩展，他的这门“人的科学”从经济的领域延伸到了宗教与政治，甚至音乐与性爱，从近代西方的基督教文明回溯至天主教与古代犹太教，并旁及中国、印度与伊斯兰的宗教传统。但韦伯思想的开阔与深邃，主要却并不在于他涉猎领域的广阔或分析问题的复杂。韦伯自己承认，在这些领域中，他往往是一个业余者，一个外行。[4]韦伯的伟大，在于他近乎顽固地坚持，在

---

〔1〕韦伯，《新教伦理与资本主义精神》，第143页（*Religionssoziologie* I：204）。在这句尼采式的引文之前，韦伯预言道，“没有人知道将来是谁在这铁笼里生活；没有人知道在这惊人的大发展的终点，会不会又有全新的先知出现；没有人知道会不会有一个古老思想和理想强有力的再生；如果不会，那么会不会在某种骤发的妄自尊大情绪掩饰下产生一种机械的麻木僵化”——在1905年最初发表时，最后这种可能性，韦伯明确称之为“中国式的石化”（Chinesische Versteinerung. I/9：423）。

〔2〕韦伯，《新教伦理与资本主义精神》，第143页（I/9：423）。

〔3〕韦伯，《民族国家与经济政策》，第90—91页（I/4：559）。Hennis, *Max Weber's Central Questions*, pp.105-47.

〔4〕韦伯，《宗教社会学论文集》“引言”（*Religionssoziologie* I：13-4）。

对人类文明的历史和社会的研究中，通过一门“人的科学”，我们仍然能够找到我们文明未来的可能性。所有的文明，借用韦伯最重要的概念，最终就是如何过日子的生活之道（Lebensführung）。职业，凭借系统的生活方法论，给人生以纪律，但职业的激情，哪怕是面向事情本身的激情，都带不来事情本身。生命的可能性，文明的可能性，并不是职业人个体孤寂而疲惫无力的价值创造。在先知逝去，生活革命性的动力彻底衰竭之后，专家并没有替代先知预言的声音，教室也成不了布道的神坛，而论文更不可能找到一丁点儿克里斯马的火星。面对我们的学生，如果我们今天仍然敢于像韦伯那样说，“伟大的文化问题继续闪烁着它的光芒”〔1〕，那么，我们必须走上一条与韦伯相反的道路，重新回头面对专家的精神一再压抑或克制的自然的情感与传统的纽带，找到那些被科学的人生修道院关在门外的道理，找到将科学家个体与他身处的文明联系在一起的伦理关系，找到一条进入传统的道路，不是为了回到传统，而是通过传统，回到人性本身。只有通过这条专业化科学以为斩断才能维持其职业义务的脐带，“人的科学”才能回应文明问题，“教育自己的民族成为文化民族（Kulturvolk）”，并在此基础上，原原本本从头开始（von Grund aus）建设在民族的历史生活中真正可能的自

〔1〕韦伯，《社会科学认识和社会政策认识的“客观性”》，第41页（*Wissenschaftslehre*：214）。

由文化。[1]传统包含了每一种文明离自然本身最近的道路，包含了这个文明的生活之道与自然最初的约定。只有回到传统的根源，科学家才能重新找到生活真正的可能性。只有在这个机器的轰鸣声不得不沉默的地方，我们才能捕捉到人性最微弱的声音。科学，只有在这个传统与人性联结和冲撞的地方，才能重新开始。我们这些职业人不能忘记一个朴素、简单的事实，对于生活，我们所有人都是外行。只有找到通向人性的道路，对于我们这些科学家来说，活着才不再是一种与死亡只有物理温度差异的经营问题，不是只有苦难驱使下的纪律与义务，而在内心中拥有可以品尝的喜悦和学而不已的快乐。

---

〔1〕韦伯，《文化科学逻辑领域的批判性研究》，第71页（*Wissenschaftslehre*：264）；《俄国的资产阶级民主》，第128页（I/10：273）。这正是为什么，文化科学必定首先是历史性的科学。没有这一在文明传统的问题化中展开的文化意义，任何“人的科学”都是不可能的。